高等学校创新性数智化应用型经济管理规划教材（会计系列）

总主编 / 李雪　　主审 / 徐国君

李雪◎主编

任文艳　陈德英◎副主编

会计学

立信会计出版社
LIXIN ACCOUNTING PUBLISHING HOUSE

图书在版编目(CIP)数据

会计学 / 李雪主编. --上海：立信会计出版社，2024.8. -- ISBN 978-7-5429-7675-8(2025.7重印)

Ⅰ.F230

中国国家版本馆CIP数据核字第202403N6S9号

策划编辑　　方士华
责任编辑　　孙　勇
美术编辑　　吴博闻

会计学
KUAIJIXUE

出版发行	立信会计出版社
地　　址	上海市中山西路2230号　　邮政编码　200235
电　　话	(021)64411389　　传　真　(021)64411325
网　　址	www.lixinaph.com　　电子邮箱　lixinaph2019@126.com
网上书店	http://lixin.jd.com　　http://lxkjcbs.tmall.com
经　　销	各地新华书店
印　　刷	上海华业装潢印刷有限公司
开　　本	787毫米×1092毫米　　1/16
印　　张	16.25
字　　数	396千字
版　　次	2024年8月第1版
印　　次	2025年7月第2次
书　　号	ISBN 978-7-5429-7675-8/F
定　　价	49.00元

如有印订差错，请与本社联系调换

总 序

教材是高校实现人才培养目标的重要载体,教材及教材建设对高校发展具有举足轻重的作用。与培养模式相对应的教材是培养合格人才的基本保证,是实现培养目标的重要工具。由于历史的原因,在财经类教材的出版方面,相关出版社出版研究型本科或者高职高专、中等职业等层次的教材较多,应用型本科教材较少。虽然近年来一些应用型本科教材也陆续出版,但总体而言,这些教材还是缺乏权威性、普适性、实用性、创新性。造成这种状况的原因主要在于:出版社对财经类应用型本科教材的出版还不够重视,没有进行有效的组织;财经类应用型本科院校多为新建院校,教材建设相对滞后,主观上也较愿意使用研究型本科教材;在教材使用中存在比较严重的混用现象,教材目标读者群不明确,如不少教材既适用于研究型本科院校又适用于应用型本科院校,或者既适用于本科院校又适用于高职高专院校。

由于目前财经类应用型本科教材种类和数量匮乏或质量欠佳,财经类应用型本科院校不得不沿用传统研究型教材。这些教材本身的质量很好、级别很高,但是并不适用于应用型本科院校的教学,教师和学生普遍反映不好用。即使在全国范围看,也还没有相对成套、成熟的适合财经类应用型本科院校的教材。现有教材存在的主要问题包括:①教材的定位和要求过高;②教材的内容偏多、难度偏大;③教材着重于理论解释,相关案例、实训等内容较少,缺乏普适性、实用性。

与此同时,信息技术的快速发展使学生的学习习惯和阅读习惯发生了改变,不断朝个性化、自主学习的方向发展,传统的单一纸质教材已经无法适应这种变化。翻转课堂、慕课、微课等网络课程的兴起,混合式教学的不断推进,也对立体化教材建设提出了新的要求。教材作为一种课堂上的教学工具、一种传播媒介,理应顺势而为,随课堂形式、学生学习方式的改变而改变,朝着数字化、立体化、可视化的方向发展。因此,需要编写适应学生水平、便于学生接受的立体化财经类应用型本科教材。

我们组织具有多年应用型人才培养经验的优秀教师和实务界专家编写了这套教材。本系列教材有《会计基本技能》《出纳实务》《基础会计》《中级财务会计》《成本会计》《管理会计》《会计信息系统》《财务管理》《审计学》《高级财务会计》《商业分析》《税法》《经济法》《金融学》等品种。为了保证教材的质量,本系列教材聘请了知名高校的专家教授进行专门指导和审核。每本教材至少有一名本学科的知名专家或学科带头人提出审核指导意见,至少有一名高等院校教学一线的高级职称教师组织编写,至少有一名行业协会、实务界专家或教学研究机构人员提出编写建议。

本系列教材的特色如下。

1. 应用性

应用型本科的教材建设应坚持培养应用型本科人才的定位,充分吸收和借鉴传统的普通本科教材与高职高专类教材建设的优点和经验,以就业为导向,做到理论上高于高职高专类教材、动手能力的培养上高于传统的本科院校教材。本系列教材体现了应用型本科的定位,体现了素质教育和"以学生发展为本"的教育理念,遵循了高等教育教学基本规律,重视知识、能力和素质的协调发展,根据应用型人才培养模式对学生的创新精神、实践能力和适应能力的要求,在内容选材、教学方法、学习方法、实验和实训配套等方面突出了应用性特征。

2. 针对性

本系列教材的编写符合会计学、财务管理和审计学等专业的培养目标、培养需求、业务规格和教学大纲的基本要求,与各专业的课程结构和课程设置相对应,与课程平台和课程模块相对应。教材在结构纵横的布局、内容重点的选取、示例习题的设计等方面符合教改目标和教学大纲的要求,把教师的备课、试讲、授课、辅导答疑等教学环节有机地结合起来。

3. 立体化

本系列教材为立体化教材,实现了由传统纸质教材向"纸质教材+数字资源"的转变,通过技术手段将晦涩难懂的理论知识转变为直观的具体知识,以立体化、数字化的方式呈现,包括图文、动画、音频、视频等多种形式,生动、有趣且易懂,不仅可以激发学生的学习兴趣,还有利于教学效果的提升。

4. 趣味性

本系列教材注重趣味性,使用了大量的例题和案例,每章都加入了"思政育人""相关思考""延伸阅读"等内容,使读者能够加深理解,便于掌握相关内容。在案例、例题等的设计选用上重点突出趣味性,易于引发读者的共鸣。

5. 先进性

本系列教材反映了应用型会计人才教育教学改革的内容,能够反映学科领域的新发展。教材的整体规划、每一种教材的内容构建等均体现了创新性。教材还强调了系列配套,包括了教材、学习参考书、教学课件等。立体化教材在内容修订上更具有明显优势,线上资源可以随时根据政策法规、理论知识或工作实务等的变化进行调整,更有利于保持教材内容的先进性。

6. 基础性

本系列教材将打破传统教材自身知识框架的封闭性,尝试多方面知识的融会贯通,注重知识层次的递进,体现每一门科目的基本内容,同时在具体内容上突出实际运用能力,做到"教师易教,学生乐学,技能实用"。

7. 易于自学

自学能力是大学生的一项基本能力。学生只有具备了自主学习的能力,才能最终建立起终身学习的保障体系,这也是应用型本科人才培养的客观要求。应用技术型高校的生源素质与普通高校相比存在一定的差距,除了一部分是高考发挥失误的学生,还有一部分学生在学习习惯、基础知识等方面存在一定的欠缺,这就要求教材能够调动这部分学生的学习积极性,在理论方面尽量通俗易懂,在实践方面尽量采用案例式教学。为了有利于学生课后自主学习,本系列教材配套了学习指导书和教学课件。

因此,本系列教材的定位准确,特色明显,适用于应用型本科院校教学,容易得到学生和市场的认可,便于学生的自学和教师的教学。

"十四五"高等学校创新性数智化应用型经济管理规划教材凝聚了众多领导、教授和专家多年来的经验和心血。当然,由于我们的经验和人力有限,教材中难免存在不足,我们期待着各位同行、专家和读者的批评指正。我们将伴随着经济发展和会计环境的变迁不断修订教材,以便及时反映学科的最新发展和人才培养的最新变化。

本系列教材自2014年出版后,得到市场的认可,深受广大高校师生的欢迎。为了更好地回馈读者,本系列教材从2017年起启动第二版的修订工作,2019年启动第三版的修订工作,2021年启动第四版的修订工作。各种教材的修订版将陆续出版。我们会一如既往地做好教材修订和相关服务工作,希望广大读者对本套系列教材继续给予支持。

李 雪

2024年1月

前　言

随着经济的快速发展,企业对管理人员的素质要求越来越高,读懂会计报表、根据会计信息进行决策是对管理人员的基本要求。"会计学"是一门专业基础课,学生通过学习"会计学"能站在会计信息使用者的角度掌握会计学的基本理论,了解会计核算方法、会计信息的处理过程;能解读有关会计报表,具备运用会计信息进行分析和决策的能力。

本书根据我国企业会计准则体系和税法改革的最新成果编写。本书为"十四五"高等学校创新性数智化应用型经济管理规划教材(会计系列)之一,具有应用性、针对性、先进性、基础性、自学性的特点。全书共分为八章,主要内容包括总论、会计要素与科目、会计等式与复式记账、会计凭证与会计账簿、账务处理程序、制造业企业主要经济业务的核算、财务报告、管理会计基础。在编写风格上,本书循序渐进,由浅入深,注重会计基础性内容的阐述和基本方法的应用,每章都设置了"内容提要""重点难点""学习目标""知识框架""思政育人""本章小结""本章重要概念""本章练习"等模块,有助于学生理解和把握各章的基本内容,也有助于培养学生的分析能力和创新能力。在编写过程中,本书将理论知识点与实际工作紧密结合,帮助学生掌握会计学的基本理论并具备会计实务工作的思维和技能。本书主要作为普通高等教育会计等相关专业的教材,也可作为相关专业人员的参考用书。

本书的主要特点如下:

(1) 本书包括财务会计、管理会计的内容,既丰富了学生的会计理论知识,又培养了学生的系统思维能力。

(2) 本书注重理论联系实际,重视知识、能力和素质的协调发展,以培养应用型人才为目的,注重提升学生的创新精神和实践能力。

(3) 本书利用图、表等方式对知识点进行讲解,图文并茂,同时穿插鲜活案例,通俗易懂。

(4) 本书为立体化教材,主要通过多媒体、多形态、多用途、多层次的教学资源呈现。

(5) 本书结合专业知识,加入课程思政内容,每章都设置了"思政育人"模块,将知识传授与价值引领、能力提升、素质养成有机融合。

本书由李雪担任主编,由任文艳、陈德英担任副主编,其他参编人员包括孙晓彤、李小林、于群、张念念、刘梦、李龙飞。各章撰写分工如下:孙晓彤负责编写第一章,任文艳、李小林负责编写第二章、第三章,刘梦负责编写第四章,陈德英负责编写第五章,李龙飞负责编写第六章,陈德英、张念念负责编写第七章,于群负责编写第八章。

在本书的编写过程中,编者参考了大量相关教材和论著,在此向有关作者致以深深的谢意!

编者对本书的编写进行了多次讨论研究,力求内容编排合理、避免错误,书中若仍有疏漏、不足之处,敬请读者批评指正,以便再版时修订和完善。

编者

2024 年 7 月

目 录

第一章　总论 1
第一节　会计的产生与发展 3
第二节　会计的本质与概念 4
第三节　会计的职能与目标 5
第四节　会计基本假设与会计基础 6
第五节　会计方法体系 9
第六节　财务会计与管理会计、财务管理的关系 11
本章小结 13
本章重要概念 13
本章练习 13

第二章　会计要素与科目 15
第一节　会计对象 16
第二节　会计要素 18
第三节　会计科目与账户 23
本章小结 29
本章重要概念 29
本章练习 29

第三章　会计等式与复式记账 32
第一节　会计等式 33
第二节　会计记账方法 35
第三节　借贷记账法 37
本章小结 44
本章重要概念 44
本章练习 44

第四章　会计凭证与会计账簿 48
第一节　会计凭证概述 49
第二节　原始凭证与记账凭证 50

第三节　会计账簿概述 ··· 59
   第四节　账簿的启用与登记 ··· 62
   本章小结 ··· 70
   本章重要概念 ·· 70
   本章练习 ··· 70

第五章　账务处理程序 ·· 72
   第一节　账务处理程序概述 ··· 73
   第二节　记账凭证账务处理程序 ·· 74
   第三节　汇总记账凭证账务处理程序 ·· 75
   第四节　科目汇总表账务处理程序 ·· 81
   本章小结 ··· 84
   本章重要概念 ·· 84
   本章练习 ··· 85

第六章　制造业企业主要经济业务的核算 ··· 88
   第一节　制造业企业主要经济业务概述 ·· 89
   第二节　资金筹集业务的核算 ··· 91
   第三节　供应过程业务的核算 ··· 98
   第四节　生产过程业务的核算 ··· 105
   第五节　销售过程业务的核算 ··· 112
   第六节　财务成果形成和分配业务的核算 ·· 117
   本章小结 ··· 125
   本章重要概念 ·· 125
   本章练习 ··· 125

第七章　财务报告 ·· 128
   第一节　财务报告概述 ··· 130
   第二节　资产负债表 ··· 132
   第三节　利润表 ··· 144
   第四节　现金流量表 ··· 153
   第五节　所有者权益变动表 ··· 157
   第六节　附注 ·· 160
   第七节　财务报表分析 ··· 161
   本章小结 ··· 181

本章重要概念 ··· 181
　　本章练习 ··· 181

第八章　管理会计基础　186
　　第一节　管理会计的形成、发展和定义 ································· 188
　　第二节　管理会计的基本内容、职能、职能作用和目标 ··················· 190
　　第三节　全面预算 ··· 192
　　第四节　经营预测 ··· 196
　　第五节　决策管理 ··· 202
　　第六节　业绩评价 ··· 208
　　第七节　管理会计报告 ··· 215
　　本章小结 ··· 222
　　本章重要概念 ··· 222
　　本章练习 ··· 222

会计学模拟试题　224
　　模拟试题(一) ·· 224
　　模拟试题(二) ·· 227

本章练习参考答案　231
　　第一章　总论 ··· 231
　　第二章　会计要素与科目 ··· 231
　　第三章　会计等式与复式记账 ··· 232
　　第四章　会计凭证与会计账簿 ··· 234
　　第五章　账务处理程序 ··· 234
　　第六章　制造业企业主要经济业务的核算 ································· 235
　　第七章　财务报告 ··· 236
　　第八章　管理会计基础 ··· 240

会计学模拟试题参考答案　241
　　模拟试题(一)参考答案 ·· 241
　　模拟试题(二)参考答案 ·· 243

参考文献　246

第一章 总 论

> 内容提要
> 重点难点
> 学习目标
> 知识框架
> 思政育人
> 第一节 会计的产生与发展
> 第二节 会计的本质与概念
> 第三节 会计的职能与目标
> 第四节 会计基本假设与会计基础
> 第五节 会计方法体系
> 第六节 财务会计与管理会计、财务管理的关系
> 本章小结
> 本章重要概念
> 本章练习

内容提要

本章主要讲述了会计的产生与发展,会计的本质与概念,会计的职能与目标,会计基本假设与会计基础,会计方法体系,财务会计与管理会计、财务管理的关系。

重点难点

本章重点为会计的本质与概念、会计基本假设;难点为会计方法体系。

学习目标

通过本章学习,学生应掌握会计的概念、职能和目标;明确会计基本假设、会计基础和会计核算方法;了解会计的产生与发展。

知识框架

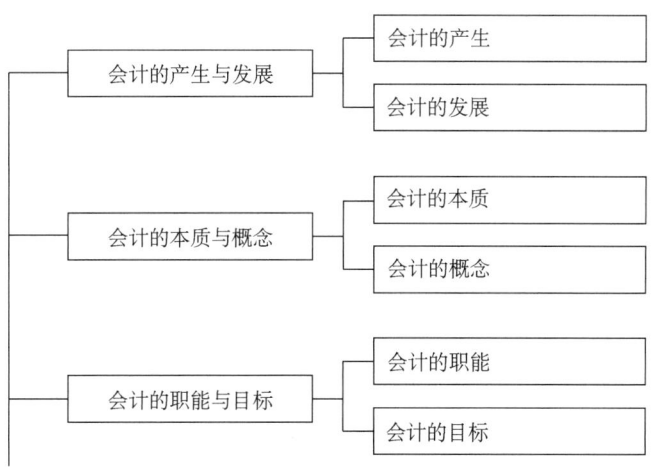

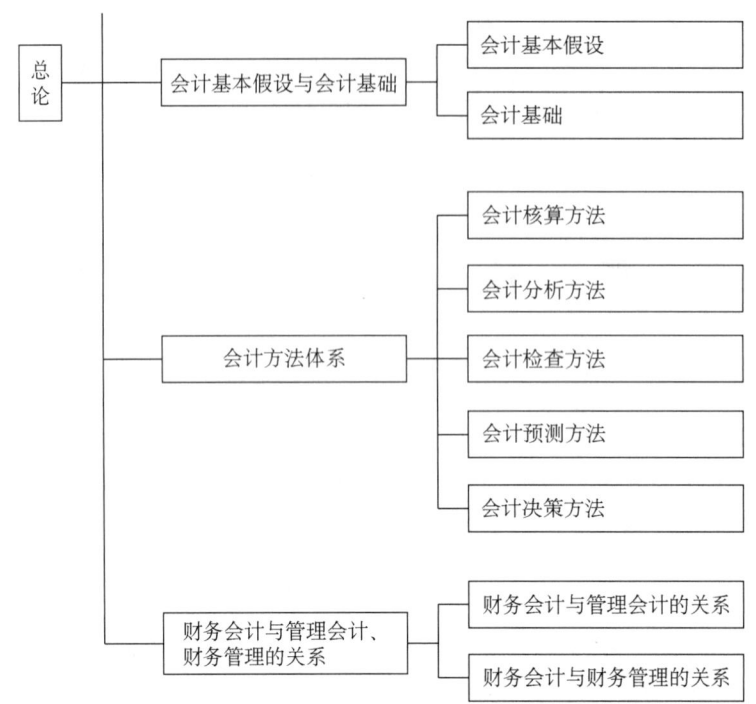

 　　　　　　　　会计与道德

"会计学"作为经济管理类专业的必修课程,课程目标是培养会计信息的使用者,教学内容应侧重于会计要素及会计信息的理解与分析,同时将求真务实、坚持原则的职业道德教育贯穿整个教学过程,以促进学生健全、高尚人格的塑造和培养。

1. 诚信信念

社会主义核心价值观强调诚信原则,诚实守信是会计学科的根本理念,也是会计行业得以健康发展的基本保证。相关性和可靠性是会计信息质量的最基本要求,离开了诚信,会计的可靠性也就无从谈起。

2. 谨慎性原则

谨慎性也称稳健性,是会计核算的重要原则,是管理者对于不确定性的一个谨慎反应,是建立社会主义市场经济的客观要求。

3. 公允与平衡

会计学中的基本恒等式是"资产 = 负债 + 所有者权益",左侧是拥有的资源,右侧是承担的责任和义务。从资产负债表的角度来看,学生们要有"先天下之忧而忧,后天下之乐而乐"的政治抱负,"苟利国家生死以,岂因祸福避趋之"的报国情怀。只有讲求奉献,才能得到越来越多的净收益。

财务会计报告(又称财务报告)要求真实、公允,能够反映事物的实质。财务会计报告如果偏离公允原则,会给国民经济带来负面影响。会计政策的制定需要依赖大量的主观判断与估计,管理者应坚持公允原则,不夸大或缩小事实,切实反映企业的能力与风险。

4. 责任与担当

会计中的权责发生制强调责任与担当,恪尽职守、敬业奉献是每个人应有的责任和担当。学生应树立正确的权利观、责任观,以及可持续发展的长远业绩观。

5. 会计职业道德

会计职业道德倡导独立、诚信、保密、客观公正、敬业爱岗的优良品质,学生要养成慎独、慎欲、慎省、慎微的好习惯,培养高尚的道德品质,任何时候都要自觉遵守会计职业道德。

6. 合规意识

遵纪守法、树立合规意识是开展各项工作的重要保证。会计学涵盖会计方面的大部分法律、法规,教师在教学时,应注重培养学生的合规意识,要求他们自觉遵守各项法律制度,恪守职业道德,知法、守法、敬法,切实保护国家、社会公众和投资人等利益。

资料来源:陈丽英.会计学课程如何融入思政元素:以上海市高校课程思政领航计划(精品改革领航课程)为例[J].国际商务财会,2020(09):52-55.

第一节 会计的产生与发展

一、会计的产生

人类社会生产和发展的基础是物质资料生产。由于生产的发展,人们十分关注生产投入的耗费和产出的成果,以及投入与产出的效益和成果分配的状况,从而要求对生产进行全面核算和管理。生产越发展,对生产的核算与管理就越重要。

在原始社会的初期,生产比较简单,人们对生产的耗费与成果的关心是通过头脑记忆成一定方式而记载的,如绘图记事、刻画记事和结绳记事等。到了原始社会的中期,第一次社会大分工使畜牧业和农业分离,生产有了很大的发展,出现了剩余产品,有了物物交换,人们开始关心有多少剩余产品、剩余产品怎样分配和怎样交换,同时也开始以牛、羊、兽皮、贝壳为等价物进行交换,从而促进了对生产的核算和管理。到了原始社会的末期,第二次社会大分工使手工业和农业分离,生产进一步发展,有了商品,交换随之扩大,并形成以某种商品(如麻布、单线、茶叶等)为"一般等价物"的交换;人们对生产的耗费与成果的关心,促使会计从生产过程的一种必要的附带工作,逐步成为一种专门的工作,开始有了专门的人员对其进行核算和管理。马克思在研究古代印度历史时发现,原始社会的末期,规模小的印度公社已经有一位记账员负责登记农业账目以及与此有关的一切事项。

二、会计的发展

会计的发展可以分为古代会计阶段、近代会计阶段和现代会计阶段三个阶段。

(一) 古代会计阶段

古代会计阶段是从会计产生到1494年世界上第一部专门论述借贷复式簿记的书籍——《算术、几何、比及比例概要》出现之前的阶段,这是会计发展史上最漫长的一段时期。文明古国古埃及、古巴比伦等都留下了对会计活动的记载。

我国有关会计事项记载的文字,最早出现于商朝的甲骨文。战国时期,我国进入了封建社会,生产力有了发展,已将黄金、白银作为货币。孔子曰:"会计当而已矣"。唐宪宗元和元年(806年),有"飞钱",其已具有纸币性质,类似汇票。大和元年(827年),韦处厚撰写了《大和国计》二十卷,是我国最早的会计专著。宋代"四柱"式会计方法(旧管+新收-开除=实在)的运用,使我国中式会计达到比较科学、系统、完善的地步。我国在北宋淳化五年(994年)已运用"四柱"式会计方法,而英国在1855年才用法案形式确立下列公式:上期结存+本期收入-本期支出=本期结存。宋高宗(1127—1162年在位)在太府寺中专设"审计司",掌管查账的工作。这是我国专设会计、审计机构的开始。明朝末年,商界有人把"官厅会计"的账簿格式及登记方法改为适应商界的"龙门账"。

(二) 近代会计阶段

近代会计以复式记账法的产生和《算术、几何、比及比例概要》的问世为标志。1494年,意大利数学家卢卡·帕乔利出版了《算术、几何、比及比例概要》一书,其中一章"簿记论"较为详细地阐述了日记账、分录账和总账以及试算表的编制方法,介绍了复式记账法的原理和方法。《算术、几何、比及比例概要》的问世,使会计界在关注会计实务的同时,开始致力于会计理论的研究,不仅结束了簿记作为一种技术性工作的阶段,使簿记成为一门科学,而且在世界会计发展史上开创了一个影响极其深远的时代——"卢卡·帕乔利时代"。卢卡·帕乔利也因此被誉为"会计之父"。

从16世纪末到19世纪,意大利的复式簿记迅速在欧洲传播,取得了很大发展。德国、法国、英国等国资本主义的迅速发展,尤其是英国工业革命的兴起,促使许多专门研究和论述簿记、会计理论等方面书籍的出版,会计知识得到普及。鸦片战争前的我国清朝,在较大的工场手工业中,已专设"账房",设置账簿,用来考核费用、成本与利润。

(三) 现代会计阶段

20世纪20年代末30年代初,美国发生的经济危机促成了《证券法》(1933年)和《证券交易法》(1934年)的颁布,以及对会计准则的系统研究和制定。会计准则体系的形成不仅奠定了现代会计法制体系和现代会计理论体系的基础,而且促进了传统会计向现代会计的转变。进入20世纪50年代,在会计规范进一步深刻发展的同时,为适应现代管理科学的发展,以全面提高企业经济效益为目的、以决策会计为主要内容的管理会计逐渐形成。1952年,国际会计师联合会正式通过"管理会计"这一专业术语,这标志着会计正式划分为财务会计和管理会计两大领域。

第二节 会计的本质与概念

一、会计的本质

会计的本质是一种管理活动,这可以从以下三方面来理解:

(1) 从理论上讲,会计工作既包括核算,又包括管理。正如马克思指出的,过程越是按社会的规模进行,越是失去纯粹个人的性质,作为对过程进行控制和观念总结的簿记就越是必要。

(2) 从实际工作上看,财政部于1995年12月15日在发布的《会计改革与发展纲要》中,提出要建立与社会主义市场经济发展要求相适应的会计模式。会计模式的基本要求是以提高经济效益为目标,适应企业内部运行机制,建立有利于推行和落实内部经济责任制,有利于对经济活动实行全过程、全方位核算和监督的管理型会计。会计工作是一项完整的工作,会计核算和会计管理,是会计实际工作中不可分割的两个方面。从国家财政部门和行业管理部门的要求出发,无论国家宏观管理还是企业微观管理,都需要会计人员和会计机构对经济活动进行核算和管理。

(3) 从法律规定上看,《中华人民共和国会计法》(以下简称《会计法》)第五条规定,"会计机构、会计人员依照本法规定进行会计核算,实行会计监督"。这一条规定了会计机构、会计人员的主要职责,既要进行会计核算,又要实行会计监督。

(4) 从发展趋势上看,随着高科技的发展和社会信息化程度的提高,会计工作在会计电算化的基础上,为加强会计管理创造了条件。

可见,会计工作既是会计信息系统,又是一项经济管理活动,其本质是一种管理活动。

二、会计的概念

会计已经成为现代企业一项重要的管理工作。企业的会计工作主要是通过一系列会计程序,对企业的经济活动和财务收支进行核算和监督,反映企业的财务状况、经营成果和现金流量,以及反映企业管理层受托责任履行情况,为会计信息使用者提供决策有用的信息,并积极参与经营管理决策,提高企业经济效益,促进市场经济的健康、有序发展。

会计既是一个信息系统,又是一种经济管理系统。从管理活动系统和过程上看,会计主要有反映经济情况、监督经济活动、控制经济过程、分析经营成果、预测经济前景、参与经济决策等几项工作,从而形成会计预测与决策、会计控制与检查、会计考核与分析等会计管理运行的一套体系。从会计作为一个信息系统方面看,不难看出,会计是由若干个子系统组成的。会计的子系统按照其所提供的信息性质和用途的不同,可分为财务会计信息系统和管理会计信息系统。如再细分,还可按内容的不同分出成本会计、责任会计、预算会计、社会会计等多个子系统。

综上所述,会计是以货币为主要计量单位,利用专门程序和会计方法,对企业、行政、事业单位的经济活动,进行连续、系统、全面的核算和监督,以便向会计信息使用者提供有关的会计信息的一项经济管理活动。

1-1 知识拓展:会计的特点

第三节 会计的职能与目标

一、会计的职能

会计的职能是指会计在经济管理中所具有的功能,具体来讲,就是会计是用来做什么的。现代会计的基本职能应当归纳为会计核算职能和会计监督职能。

(一) 会计核算职能

会计核算职能是指会计人员以货币为主要计量单位,通过确认、记录、计算和报告等环节,对特定单位的经济活动进行记账、算账和报账,为经济管理提供信息的职能。企业日常中会发生许多经济业务,对其记账、算账,最后形成会计报告,这些是会计的最基本工作,体现了会计核算职能。会计核算职能是会计首要的基本职能,是其他会计管理工作的基础。

(二) 会计监督职能

会计监督职能是指会计人员利用会计核算所提供的会计信息,以国家财经法规、政策等为依据,对各特定对象发生的经济业务的合法性、合理性进行检查的职能。

会计监督包括事前监督、事中监督和事后监督。对已经发生或已经完成的经济业务进行合规性、合法性检查的会计监督,是事后监督。例如,对原始凭证、记账凭证进行审核。体现在经济业务发生过程之中的会计监督,是事中监督。例如,在预算执行过程中进行分析和控制。对经济业务尚未发生之前的会计监督,是事前监督。例如,对预算、计划的审定。

(三) 两者之间的关系

会计核算职能和会计监督职能是密切结合、相辅相成的。会计核算职能是实行会计监督职能的前提和基础,会计核算为会计监督提供核算资料,是会计监督的客观依据;而会计监督职能是会计核算职能的合法性和正确性的保证,即保证会计核算信息的真实和可靠。没有会计核算,会计监督就没有了客观依据;没有会计监督,会计核算就失去了意义。

二、会计的目标

会计产生和发展的历史告诉我们,人类在社会实践中运用会计的目的是借助会计对经济活动进行反映和监督,为经营管理提供财务信息,并考核、评价经营责任,从而取得最大的经济效益。那么,会计能提供什么信息呢?这就要明确会计的目标是什么。会计的目标概括来讲就是设置会计的目的与要求。具体而言,会计的目标是对会计自身所提供经济信息的内容、种类、时间、方式和质量等方面的要求。也就是说,会计的目标是要回答会计应做些什么的问题,即对所从事的工作,要先明确其应符合何时以何种方式提供何种信息。

会计的目标指明了会计实践活动的目的和方向,同时也明确了会计在经济管理活动中的使命,成为会计发展的导向。制定科学的会计目标,对把握会计发展的趋势,确定会计未来发展的步骤和措施,调动和借助会计工作者的积极性和创造性,促使会计工作规范化、标准化、系统化,更好地为社会主义市场经济服务等都具有重要的作用。

1-2 知识拓展:会计的作用

会计的目标与会计的目的不同。会计的目的是对于会计实践活动而主观提出的,它不属于会计信息系统,是在该系统以外回答人们利用会计信息来做些什么;而会计的目标则属于会计信息系统的组成部分,它一经明确,作为其具体化的会计职能就确定了。会计的目标提出后,不论是从质的方面,还是从量的方面,都规定了会计能提供什么种类和内容,以及什么方式的信息,此时,会计的目标不能超出这个范围,除非又提出新的目标。

总体而言,会计的目标主要是向会计信息使用者提供有关企业财务状况、经营成果和现金流量等相关的会计信息,这些会计信息旨在反映企业管理层受托责任的履行情况,帮助会计信息使用者作出经济决策。

第四节 会计基本假设与会计基础

一、会计基本假设

会计基本假设是企业会计确认、计量和报告的前提。会计基本假设包括会计主体、持续经营、会计分期和货币计量。

(一) 会计主体

会计主体是指会计确认、计量和报告的空间范围,即进行会计核算和监督的特定单位或组织。

在会计主体假设下,企业应当对其本身发生的交易或事项进行会计确认、计量和报告。明确界定会计主体是开展会计确认、计量和报告工作的重要前提。

第一,只有明确会计主体,才能划定会计所要处理的各项交易或事项的范围。在会计实务中,只有那些影响企业本身经济利益的各项交易或事项才能加以确认、计量和报告,那些不影响企业本身经济利益的各项交易或事项则不能加以确认、计量和报告。会计工作中通常所讲的资产、负债的确认，收入的实现，费用的发生等，都是针对特定会计主体而言的。

第二，只有明确会计主体，才能将会计主体的交易或事项与会计主体所有者的交易或事项以及其他会计主体的交易或事项区分开来。例如，企业所有者的经济交易或事项是由企业所有者主体所发生的，不应纳入企业会计核算的范围，但是企业所有者投入到企业的资本或企业向所有者分配的利润，则属于企业主体所发生的交易或事项，应当纳入企业会计核算的范围。

会计主体不同于法律主体。一般而言，法律主体必然是一个会计主体。例如，一家企业作为一个法律主体，应当建立财务会计系统，独立反映其财务状况、经营成果和现金流量。但是，会计主体不一定是法律主体。例如，企业集团中的母公司拥有若干个子公司，母公司和子公司虽然是不同的法律主体，但是母公司对子公司拥有控制权，为了全面反映企业集团的财务状况、经营成果和现金流量，有必要将企业集团作为一个会计主体，编制合并财务报表，在这种情况下，尽管企业集团不属于法律主体，但它却是会计主体。又如，由企业管理的证券投资基金、企业年金基金等，尽管不属于法律主体，但属于会计主体，企业应当对每项基金进行会计确认、计量和报告。

（二）持续经营

持续经营是指可以预见的将来，会计主体的生产经营活动将会按既定目标正常地持续进行下去，企业不会面临破产、清算，也不会大规模削减业务。在持续经营假设下，会计核算应当以企业持续、正常的生产经营活动为前提。持续经营规定了会计核算的时间范围。

企业是否持续经营，在会计核算原则、会计业务处理方法的选择上有很大差别。一般情况下，我们应当假定企业将会按当前的规模和状态继续经营下去，不会停业，也不会大规模削减业务。明确这个基本前提，就意味着会计主体将按照既定的用途使用资产，按照既定的合约条件清偿债务，按照受益期间合理分配发生的各项费用，会计人员就可以在此基础上选择会计核算原则和会计业务处理方法。例如，一般情况下，企业的固定资产可以在一个较长的时期内发挥作用，如果可以判断企业能持续经营，就可以假定企业的固定资产会在生产经营过程中长期发挥作用，并服务于生产经营过程，固定资产就可以根据历史成本进行记录，并采用折旧的方法将其价值分摊到各个会计期间或相关产品的成本中；如果判断企业不能持续经营，这时固定资产就不应采用历史成本进行记录并按期计提折旧。

持续经营是根据企业发展的一般情况所作的假设，而实际上任何企业都存在破产、清算的风险，也就是说，企业不能持续经营的可能性总是存在的。因此，企业需要定期对其持续经营基本前提作出分析和判断。企业经营一旦终止或破产清算，就必须改变会计核算原则和会计业务处理方法，并在企业财务会计报告中作相应披露。

（三）会计分期

会计分期是指将一家企业持续经营的经济活动划分为一个个连续的、长短相同的期间，以便分期结算账目和编制财务会计报告。

根据持续经营假设，一家企业将按当前的规模和状态持续经营下去。但是，无论企业的生产经营决策还是投资者、债权人的决策都需要及时的信息，需要将企业持续的生产经营活动划分为一个个连续的、长短相同的期间，分期确认、计量和报告企业的财务状况、经营成果和现金流量。由于有了会计分期，才产生了当期与以前期间、以后期间的差别，才使不同类型的会计主体有了记账的基准，进而出现了折旧、摊销等会计处理方法。

在会计分期假设下，企业应当划分会计期间，分期结算账目和编制财务报表。会计期间通常分为年度和中期。在我国，会计年度自公历1月1日起至12月31日止。中期是指短于一个完整的会计年度的报告期间，通常包括半年度、季度和月度。

（四）货币计量

货币计量是指会计主体在会计核算过程中采用货币作为计量单位，计量、记录和报告会计主体的生产经营活动。

之所以在会计核算过程中选择货币作为计量单位，是由货币的本身属性决定的。货币是商品的一般等价物，是衡量一般商品价值的共同尺度，具有价值尺度、流通手段、贮藏手段和支付手段等特点。其他的计量单位，如重量、体积、面积、长度、只、件、台、工时等，只能从一个侧面反映企业的生产经营情况，无法在量上进行汇总和比较，不便于管理和会计计量。所以，为全面反映企业的生产经营、业务收支等情况，会计核算选择货币作为计量单位。当然，统一采用货币尺度，也有不利的一面，影响财务状况和经营成果的因素并不是都能用货币来计量的，如企业经营战略、企业在市场中的信誉度、企业的地理位置、企业的技术研发能力等。企业经济活动中凡是能够用货币进行计量的，就可以进行会计核算，凡是不能用货币进行计量的，就不必进行会计核算，但要求企业采用一些非货币指标对财务报表作必要的补充说明。

1-3视频：
会计基本假设

货币计量是以货币价值不变、币值稳定为条件，对于货币购买力的波动不予考虑。这是因为只有在币值稳定或相对稳定的情况下，不同时点的资产的价值才具有可比性，不同时间的收入和费用才能进行比较，才能计算、确定企业的经营成果，会计核算提供的会计信息才能真实、可靠地反映企业的经营状况。然而，现实中货币的币值是不稳定的，币值变动时有发生，这就需要假定币值稳定不变。当币值波动较大时，可以通过会计核算原则和会计处理方法的选择，尽可能消除通货膨胀的影响。会计核算中计量用的货币称为记账本位币。我国企业的会计核算以人民币为记账本位币。业务收支以人民币以外的货币为主的企业，可以选定其中一种货币作为记账本位币，但是编报的财务会计报告应当折算为人民币。在境外设立的中国企业向国内报送的财务会计报告，也应当折算为人民币。

二、会计基础

会计基础是指会计确认、计量和报告的基础。其主要包括收付实现制与权责发生制。

（一）收付实现制

收付实现制也称现金制，是指以收到或支付现金作为确认收入和费用的标准，是与权责发生制相对应的一种会计基础。

事业单位会计核算一般采用收付实现制；事业单位部分经济业务或者事项，以及部分行业事业单位的会计核算采用权责发生制核算的，由财政部在相关会计制度中具体规定。

（二）权责发生制

权责发生制也称应计制或应收应付制，是指收入、费用的确认应当以收入和费用的实际发生作为确认的标准，合理确认当期损益的一种会计基础。

在权责发生制下，凡是当期已经实现的收入和已经发生或应当负担的费用，无论款项是否收付,都应当作为当期的收入和费用,计入利润表;凡是不属于当期的收入和费用,即使款项已在当期收付,也不应当作为当期的收入和费用。为了真实、公允地反映特定时点的财务状况和特定期间的经营成果,企业在会计确认、计量和报告中应当以权责发生制为基础。

1-4视频: 收付实现制　　1-5视频: 权责发生制　　1-6扫一扫, 练一练　　1-7扫一扫, 练一练答案

第五节 会计方法体系

会计方法是指用何种手段去实现会计的目标,完成会计的职能。会计方法体系究竟包括哪些方面的内容,在会计理论界和实务界存在着不同的看法。但多数会计学者认为,从会计所要实现的目标和职能分析,会计方法体系包括会计核算方法、会计分析方法、会计检查方法、会计预测方法和会计决策方法。本节重点介绍会计核算方法。

一、会计核算方法

会计核算方法是指对会计对象进行连续、系统、全面、综合地记录、计算、反映和监督所采用的方法,包括从对经济业务的确认开始,通过会计数据的加工,到编制财务报表为止的一系列最基本、最主要的方法。

会计对象的多样性和复杂性决定了用来对其进行反映和监督的会计核算方法不能采取单一的形式,而应该采用方法体系的模式,因此,会计核算方法由设置会计科目和账户、复式记账、填制和审核凭证、登记会计账簿、成本计算、财产清查和编制财务会计报告等具体方法构成。这七种方法构成了一个完整的、科学的方法体系。

1. 设置会计科目和账户

会计科目是对会计要素的具体内容进行分类核算的项目。账户是根据会计科目设置的,具有一定的格式和结构,用于分类反映会计要素增减变动情况及其结果的载体。

设置会计科目和账户是企业根据生产经营特点和管理要求在会计制度中事先确定会计科目,然后根据这些会计科目在账簿中开立账户,分门别类地连续记录各项经济业务。

2. 复式记账

复式记账是指在两个或两个以上相互联系的账户中进行登记,全面、系统地反映会计要素增减变化及其结果的一种记账方法。复式记账是会计核算方法的核心。登记会计账簿简称记账,企业必须以审核无误的会计凭证为记账的依据。

3. 填制和审核凭证

填制和审核凭证是为了保证会计记录完整、可靠,并审查经济业务是否合理、合法,而采用的一种专门方法。这里的凭证是指会计凭证,是记录经济业务、明确经济责任的书面证明,是登记会计账簿的依据。会计凭证必须经过会计部门和有关部门的审核。只有经过审核并认为正确无误的会计凭证,才能作为登记会计账簿的依据。填制和审核凭证是会计核算工作的起点,正确填制和审核凭证,是进行核算和实施监督的基础。

4. 登记会计账簿

登记会计账簿是指在账簿上连续地、完整地、科学地记录经济活动与财务收支的一种专门方法。账簿是指用来连续、系统、全面、综合地记录各项经济业务的簿籍，是保存数据资料的重要工具。登记会计账簿必须以会计凭证为依据，利用所设置的账户和复式记账的方法，将所有的经济业务按其发生的时间顺序，分门别类而又相互联系地加以反映，以便提供完整而系统的核算资料。

5. 成本计算

成本计算是对生产经营过程中发生的各种生产费用，按照各种不同的成本计算对象进行归集和分配，进而计算产品的总成本和单位成本的一种专门方法。通过成本计算，可以确定材料的采购成本、产品的生产成本和销售成本，可以反映和监督生产经营过程中发生的各项费用是节约或超支，并确定企业的经营成果。

6. 财产清查

财产清查是指通过对货币资金、实物资产和往来款项等的盘点或核对，确定其实存数，查明账存数与实存数是否相符的一种专门方法。通过财产清查，可以查明各项财产物资的保管和使用情况以及往来款项的结算情况；监督各项财产物资的安全与合理使用。

7. 编制财务会计报告

编制财务会计报告是指对会计日常核算资料定期加以总结，总括地反映经济活动和财务收支情况、考核计划、预算执行结果的一种专门方法。财务会计报告是根据账簿记录定期编制的，总括反映企业、行政事业等单位一定时期财务状况、经营成果和现金流量的书面文件。编制财务会计报告不仅可以满足单位内部管理者进行决策的需要，还可以满足与单位有利害关系的团体和个人了解本单位财务状况和经营成果的需要，同时满足税务部门了解本单位纳税情况的需要。提供会计信息是会计核算的重要环节，企业必须遵循真实性、相关性和明晰性等原则，及时地向会计信息使用者提供会计信息。

二、会计分析方法

会计分析方法是指依据会计核算提供的各项资料及经济业务发生的过程，对企业的经营过程及其经营成果进行定性和定量的分析所采用的方法。会计分析方法是会计检查、会计决策、会计预测的主要依据。

三、会计检查方法

会计检查方法是指通过会计核算及会计分析所提供的资料与有关标准的比较，来考核、检查企业生产经营过程或单位的经济业务是否合理、合法及其与标准有多大偏差的方法。其目的在于考核会计主体的经营业绩、控制经济按预定的轨道运行。

四、会计预测方法

会计预测方法是指通过会计核算及会计分析所提供的资料与市场环境因素的相关性，对会计主体的财务指标及未来发展趋势作出测算、预计的方法。会计预测可以为会计决策提供可选择的方案。

五、会计决策方法

会计决策方法是指按财务指标的一定目标,从若干个备选方案中选择最优方案的方法。参与经营决策,选择经济效益较高的方案,是会计工作的一项重要内容。

上述各种会计方法紧密联系、相互依存、相辅相成,形成了一个完整的会计方法体系。其中,会计核算方法是基础,会计分析方法是会计核算方法的继续和发展,会计检查方法是会计核算方法和会计分析方法的保证,会计预测方法和会计决策方法是其他会计方法的延伸。

作为广义的会计方法,它们既相互联系,又相对独立,它们所应用的具体方法各不相同,并有各自的工作和研究对象,形成了较独立的学科。学习会计应从基础开始,即要从掌握会计核算方法入手。人们通常所说的会计方法,一般是指狭义的会计方法,即会计核算方法。

第六节 财务会计与管理会计、财务管理的关系

一、财务会计与管理会计的关系

(一)财务会计与管理会计的联系

财务会计和管理会计处于相同的环境中,都为企业的生产、经营、管理服务。两者都能够记录、计算、分析、评价企业的经济活动,为企业的经营管理决策提供客观依据,有助于企业实现经济价值最大化的发展目标。财务会计和管理会计都源于传统会计,两者之间相互制约、相互依存,一起构成了企业财务活动的有机整体。

(二)财务会计与管理会计的区别

1. 内容不同

财务会计的内容主要包括负债、资产、所有者权益、费用、收入以及利润的核算,是对资金的确认、记录、计量和汇报,用于反映企业的资金运动;管理会计的内容主要包括规划决策、业绩评价和控制,是对企业资金进行分析、评价、控制、预测和决策,用于管理企业的经济活动。

2. 服务对象不同

财务会计能够提供最基本的财务信息,侧重于服务与企业有联系的个人或团体,它常常被称为外部会计;管理会计能够提供最优化的决策和有效的管理信息,为企业内部管理人员提供参考依据,为提高企业经济效益和加强企业内部控制服务,它常常被称为内部会计。

3. 工作重点不同

报账型的财务会计主要提供历史资金信息,总结过去是其工作的重点;经营管理型的管理会计需要在反映过去的基础上,强化前景预测、规划、决策等功能,面向未来是其工作的重点。

4. 时间跨度不同

编制财务会计报告的时间往往有着硬性规定,通常情况下,编制财务会计报告的时间为1年、1个季度或1个月;编制管理会计报告有着较大的时间弹性,编制的时间可以短至1天,也可以长达几年,常常按照管理者的需求进行编制。

5. 其他不同

财务会计和管理会计在会计程序、会计方法、精确程度和信息特征等方面也存在着一定的差别。

二、财务会计与财务管理的关系

(一) 财务会计与财务管理的联系

财务会计和财务管理都运用货币尺度,两者均是通过货币形式进行计量、计价和评价的,两者均与企业的经济管理活动相关。

财务会计和财务管理都是经济管理的一个组成部分。近年来,大多数企事业单位把财务会计部门和财务管理部门结合在一起,即合署办公。这样做有利于实现企业经营管理的最终目标和提高企业的经济效益。

(二) 财务会计与财务管理的区别

1. 管理方式不同

财务会计主要是一个信息系统,财务会计的管理通过会计信息、会计制度等间接展开;财务管理是在商品货币经济条件下对企业经营活动的一个特定方面的财务活动进行计划、组织、协调和控制的一种管理活动,它是一种直接的价值管理活动。

2. 方法不同

财务会计主要采用核算、监督和信息参与的方法;财务管理采用预测、分析、决策等方法。财务会计作为一个信息处理系统,侧重于事后的反映和监督,它以设置会计科目和账户、复式记账、填制和审核凭证、登记会计账簿、成本计算、财产清查和编制财务会计报告等方法为主;财务管理作为一个完整的系统,其管理方法主要包括财务预测、财务决策、财务计划、财务控制、财务分析、财务检查和监督等,财务管理侧重于事前的预测、决策、计划和事中的控制与监督。由此,财务会计通过收集、存贮、传输和加工会计数据,输出财务信息,满足信息使用者的需求;财务管理可以在此基础上,对会计信息作进一步加工,并利用加工后的信息参与经济管理。

3. 目标不同

财务会计的目标主要是提供有用的会计信息;财务管理的目标是企业组织财务活动、处理财务关系所要达到的根本目的,它决定着企业财务管理的基本方向,是企业财务管理工作的出发点。在有效市场的前提下,努力经营企业、追求企业价值最大化是财务管理的最终目标。

4. 职能不同

财务会计的基本职能是反映和监督,是对企业已经发生的经济业务进行货币计量的过程,其重点是对过去的财务信息进行核算,而不是对价值运动直接进行管理;财务管理是对企业的财务活动(价值运动)直接进行管理,它具有一般管理所固有的职能,即计划、组织、协调和控制。

5. 对象不同

对象不同是财务会计与财务管理两者存在区别的根本原因。财务会计作为一个经济信息系统,它的处理对象是价值运动信息;财务管理的目的是根据价值运动规律,为企业带来尽可能大的收益,所以,其管理对象就是价值运动自身。

本章小结

本章主要学习了会计的基础知识。会计是以货币为主要计量单位,借助专门方法和程序,对企事业单位的经济活动进行全面、连续、系统的核算和监督,在此基础上对经济活动进行分析、预测和控制,旨在提供经济信息、实现最优经济效益的一种管理活动。此外,本章还学习了会计的产生与发展;会计核算职能和会计监督职能;会计主体、持续经营、会计分期和货币计量四个会计基本假设;设置会计科目和账户、复式记账、填制和审核凭证、登记会计账簿、成本计算、财产清查、编制财务会计报告七个会计核算方法。

本章重要概念

会计核算职能　会计监督职能　会计主体　持续经营　会计分期　货币计量

1-8 扫一扫,看课件

本章练习

一、单选题

1. 会计的管理活动论认为(　　)。
   A. 会计是一种经济活动
   B. 会计是一个经济信息系统
   C. 会计是一种经济管理工具
   D. 会计是以提供经济信息,提高经济效益为目的的一种管理活动
2. 会计的基本职能是(　　)。
   A. 控制与监督　　　B. 反映与监督　　　C. 反映与核算　　　D. 反映与分析
3. 下列各项中,属于会计工作实践产生的结果的是(　　)。
   A. 会计作用　　　B. 会计任务　　　C. 会计目的　　　D. 会计对象
4. 下列各项中,不属于会计核算专门方法的是(　　)。
   A. 成本计算与复式记账　　　　　　B. 错账更正与评估预测
   C. 设置账户与填制、审核会计凭证　　D. 编制财务会计报告与登记会计账簿
5. 下列各项中,不属于会计核算的基本前提的是(　　)。
   A. 会计主体与会计分期
   B. 持续经营与会计分期
   C. 权责发生制与货币计量
   D. 划分收益性支出与资本性支出

二、多选题

1. 下列说法中,正确的有(　　)。
   A. 会计是适应生产活动发展的需要而产生的
   B. 会计是生产活动发展到一定阶段的产物
   C. 会计从生产、发展到现在经历了一个漫长的发展历史

D. 近代会计史将论述复式簿记书籍的出版和会计职业的出现视为两个里程碑

E. 经济越发展,会计越重要。

2. 会计反映职能的一般特征包括(　　)。

A. 客观性

B. 以货币为主要计量单位

C. 连续性、系统性、全面性

D. 体现在记账、算账、报账三个阶段上

E. 事前反映、事中反映、事后反映

3. 下列有关会计基本职能的关系的说法中,正确的有(　　)。

A. 会计核算职能是会计监督职能的基础

B. 会计监督职能是会计核算职能的保证

C. 没有会计核算职能提供可靠的信息,会计监督职能就没有客观依据

D. 没有监督职能进行控制,就不可能提供真实、可靠的会计信息

E. 两大职能是紧密结合、辩证统一的

4. 会计核算方法包括(　　)。

A. 成本计算和财产清查

B. 设置会计科目和复式记账

C. 填制和审核凭证

D. 登记会计账簿和编制财务会计报告

E. 试算平衡

5. 会计各方面的作用综合起来说,包括(　　)。

A. 为投资者提供财务会计报告

B. 保证企业投入资产的安全和完整

C. 为国家进行宏观调控、制定经济政策提供信息

D. 加强经济核算,为企业经营管理提供数据

E. 有时会导致会计信息的失真

三、判断题

1. 会计在产生的初期,只是作为"生产职能的附带部分",之后随着剩余产品的规模的缩小,会计逐渐从生产职能中分离出来,成为独立的职能。(　　)

2. 一般认为,在会计学史上,将卢卡·帕乔利论述复式簿记书籍的出版和会计职能的出现视为近代会计史中的两个里程碑。(　　)

3. 会计是对经济活动进行连续、系统、全面的反映和监督的一种经济管理工具。(　　)

4. 会计可反映过去已经发生的经济活动,也可反映未来可能发生的经济活动。(　　)

5. 会计核算具有连续性,而会计监督只具有强制性。(　　)

四、简答题

1. 什么是会计核算职能?什么是会计监督职能?它们之间的关系是怎样的?

2. 会计核算方法有哪些?

第二章　会计要素与科目

> 内容提要
> 重点难点
> 学习目标
> 知识框架
> 思政育人
> 第一节　会计对象
> 第二节　会计要素
> 第三节　会计科目与账户
> 本章小结
> 本章重要概念
> 本章练习

内容提要

本章主要讲述了会计对象、会计要素以及会计科目与账户三个主要内容。会计对象是会计核算和监督的内容,会计对象的具体化是会计要素,而对会计要素的进一步分类是会计科目,会计科目的具体运用则体现为账户。

重点难点

本章重点为会计对象、会计要素的内容,会计科目的分类,账户的结构;难点为会计要素的内容。

学习目标

通过本章学习,学生应理解资金运动的含义;掌握会计要素的含义及具体内容、会计科目的分类及账户的结构;明确会计对象、会计要素和会计科目、账户之间的关系;了解会计要素的计量及会计科目的设置原则。

知识框架

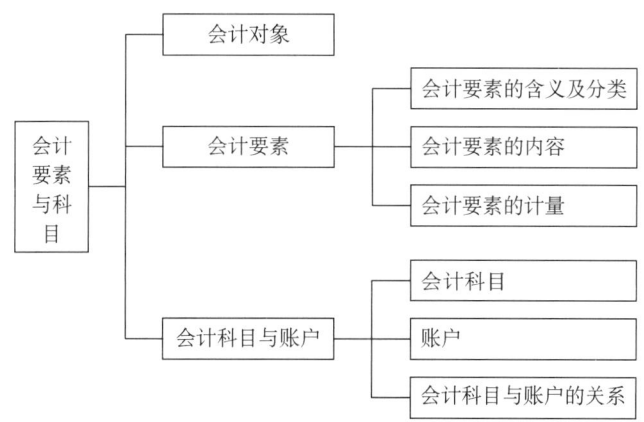

思政育人　　　　　会计造假究竟是谁的责任

2023年12月7日深夜,*ST慧辰(即慧辰股份,SH688500,股价为每股26.28元,市值为19.52亿元)发布公告称,公司收到《行政处罚事先告知书》,*ST慧辰涉嫌信息披露违法违规一案,北京证监局已调查完毕。根据披露,*ST慧辰控股子公司北京信唐普华科技有限公司(以下简称信唐普华)通过虚构与第三方业务、签订无商业实质的销售合同、提前确认项目收入的方式虚增收入和利润,导致*ST慧辰2020年7月13日披露的上市招股说明书,以及上市后披露的2020年至2022年年度报告存在虚假记载。

根据*ST慧辰披露的《行政处罚事先告知书》,2017年6月,公司收购信唐普华48%的股权,信唐普华成为公司参股公司。2020年12月,公司进一步收购信唐普华22%的股权,信唐普华成为公司控股子公司。

在*ST慧辰科创板上市前,信唐普华通过签订无商业实质销售合同的方式虚增收入和利润。其中,*ST慧辰在2018年虚增利润555.31万元,占当期披露利润总额的7.33%;2019年虚增营业收入721.70万元,占当期披露营业收入的1.88%,虚增利润1785.88万元,占当期披露利润总额的25.16%。

而在上市后,*ST慧辰2021年虚增营业收入2424.13万元,占当期披露营业收入的5.09%。受2018年至2021年相关项目影响,*ST慧辰2022年多计坏账损失、商誉减值等,虚减利润1.05亿元,占当期披露利润总额绝对值的49.84%。

值得一提的是,时任信唐普华总经理何侃臣,全面主持信唐普华经营管理工作,组织、安排信唐普华案涉虚增收入、利润的行为,直接导致*ST慧辰信息披露违法。

根据处罚意见,拟决定对*ST慧辰时任董事长、总经理、财务总监等有关责任人予以责令改正、警告和罚款,罚款合计1600万元。

在上述案例中,慧辰股份连续多年财务造假。财务造假是一种严重的违法行为,不仅会对企业造成巨大损失,还会对整个社会造成不良影响。作为会计人员,我们要始终遵循党的二十大精神,坚持诚实守信,提高专业素质和职业道德水平,维护市场经济秩序和企业健康发展,为构建公平、公正、透明的社会主义市场经济体系作出积极贡献。

资料来源:胥帅.*ST慧辰涉嫌连续多年财务造假　公司及相关责任人拟被罚1600万元[N].每日经济新闻,2023-12-13(007).

第一节　会计对象

会计对象,即会计核算和监督的内容。凡是能够以货币表现的经济活动都是会计核算和监督的内容,即价值运动或资金运动。由于单位性质不同,经济活动的内容不同,资金运动的具体内容也不尽相同。图2-1揭示了工业企业资金循环周转的过程。

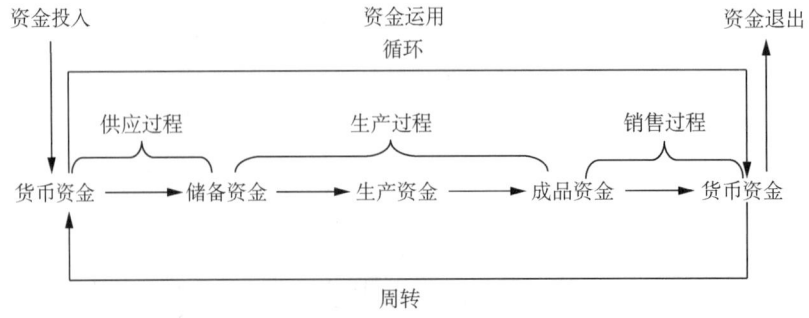

图2-1　工业企业资金循环周转的过程

资金投入包括两部分,一部分是所有者本人投入的资金,形成所有者权益;另一部分是债权人投入的资金,形成负债。所有者和债权人投入资金后,企业才开始正常的生产经营活动。

资金运用是指资金投入企业后,在供应、生产和销售等过程不断循环和周转。在资金循环和周转的过程中,资金的形态也在发生变化。在供应过程中,企业用货币购入材料物资,材料物资等占用的资金为储备资金。在这一过程中,资金的形态由货币资金转化为储备资金。在生产过程中,生产车间领用材料物资加工生产产品,产品完工后验收产成品到仓库,生产车间各种在产品占用的资金为生产资金,完工产品占用的资金为成品资金。在这一过程中,资金的形态先由储备资金转化为生产资金,然后由生产资金转化为成品资金。在销售过程中,产成品售出后收回货币资金。在这一过程中,资金的形态由成品资金转化为货币资金。资金从货币形态开始,依次经过储备资金、生产资金、成品资金,最后又回到货币资金的这一运动过程叫作资金循环,周而复始的资金循环叫作资金周转。

销售过程收回资金后,资金还需要按照法定程序偿还债务、上缴各项税金、向所有者分配利润等,这部分资金离开本企业,退出企业资金的循环和周转,称为资金退出。

因此,工业企业因资金投入、资金循环、资金周转、资金退出等各项经济活动所引起的经济资源的增减变化、各项成本费用的支出,以及收入的取得、利润的实现及分配,共同构成会计核算的对象。

与工业企业相比,商品流通企业没有生产过程,其经营过程包括商品购进过程和商品销售过程。商品购进过程主要是采购商品,这时资金的形态由货币资金转换为商品资金;商品销售过程主要是销售商品,资金的形态又从商品资金转换为货币资金。当然,商品流通企业也会有资金的投入和退出过程,这些共同构成了商品流通企业会计核算的对象。图2-2揭示了商品流通企业资金循环周转的过程。

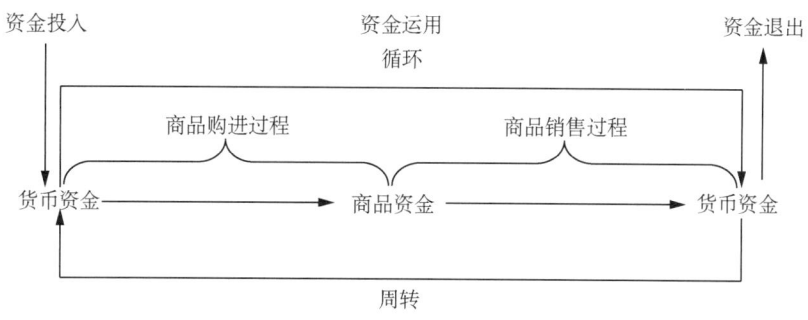

图2-2 商品流通企业资金循环周转的过程

与工业企业和商品流通企业相比,行政事业单位属于非营利组织,一般没有或只有很少的经营活动,所以其资金的运动主要包括资金拨入过程和资金付出过程。在资金拨入过程,行政事业单位取得国家财政,并按照预算拨入款项;在资金付出过程,行政事业单位又按照预算支付各种行政费用和业务费用。因此,行政事业单位会计对象的内容就是预算资金及其收支。

综上所述,不论是工业企业、商品流通企业,还是行政事业单位,都是社会再生产过程中的基层单位,会计核算和监督的对象都是资金及其运动过程。所以,我们可以把会计对象概括为社会再生产过程中的资金运动。

2-1视频：
工业企业的
资金运动

2-2扫一扫,
练一练

2-3扫一扫,
练一练答案

第二节 会计要素

一、会计要素的含义及分类

会计要素是对会计对象的基本分类,是会计对象的具体化,是反映会计主体的财务状况和经营成果的基本单位。

我国《企业会计准则——基本准则》严格定义了资产、负债、所有者权益、收入、费用和利润六大会计要素。这六大会计要素可以划分为两类:①资产、负债和所有者权益是构成资产负债表的要素,其称为资产负债表要素。资产是资金的占用形态,负债和所有者权益是资金的来源。资金的来源及占用情况,也反映出企业的财务状况,是资金运动的静态体现。②收入、费用和利润是构成利润表的要素,其称为利润表要素。收入是经济利益的总流入,费用是经济利益的总流出,收入和费用配比形成利润。利润是经济活动的结果,也反映出企业的经营成果,是资金运动的动态表现。会计要素的分类如图2-3所示。

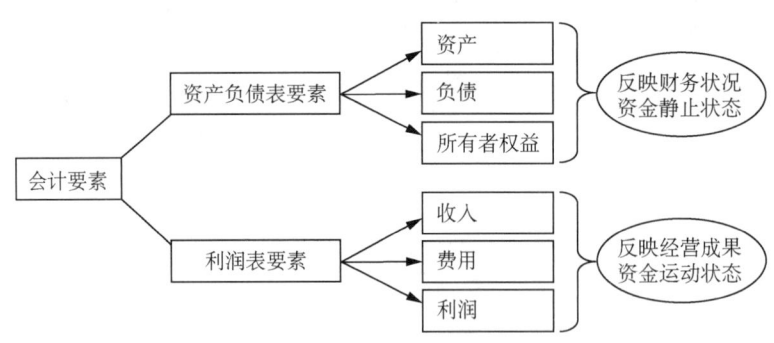

图2-3　会计要素的分类

二、会计要素的内容

(一) 资产

资产是指企业过去的交易或者事项形成的、由企业拥有或者控制的、预期会给企业带来经济利益的资源。资产具有以下几个特点:

(1) 资产是由企业过去的交易或者事项形成的。资产必须是现实的,不能是预期的。未来的交易或事项以及未发生的交易或事项可能产生的结果,不属于现在的资产。

(2) 资产必须为企业所拥有或者控制。拥有是指企业对某项资源具有所有权,能够从该项资源中得到经济利益。控制是指企业实质上已经掌握了某项资产的未来收益和风险,所以控制同样能够从该项经济资源获取经济利益,如企业融资租入的固定资产。

(3) 资产预期能为企业带来经济利益。能够在未来直接或间接地产生经济利益是资产的本质所在,一旦不能为企业带来经济利益,则不能确认为企业的资产。

企业的资产按其流动性可以划分为流动资产和非流动资产。其中,可以在1年内变现的资产属于流动资产,如库存现金、银行存款、存货、各项应收和预付款项。有些企业的生产周期比较长,如造船业、大型机械制造业等,从购料到销售商品再到收回货款,往往超过1年,在这种情况下,就不能把1年内变现作为划分流动资产的标志,而是将营业周期作为划分流动资产的标志。所以,流动资产可以概括为在1年或者超过1年的一个营业周期内变现或者耗用的资产。非流动资产是指不能在1年或者超过1年的一个营业周期内变现或者耗用的资产,如固定资产、无形资产和长期股权投资等。

相关思考2-1

1. 企业本月与销售方签订购买一批材料的合同,该批材料实际在下月购入。
2. 本月采用融资租赁方式租入一台机器设备。
3. 本月库存一批材料因管理不善造成毁损。

请问:上述三项能否作为企业本月的资产?

2-4视频:
资产的含义

相关思考2-1解析:

第1项不是资产,资产必须是由企业过去的交易或事项形成的。第2项是资产,融资租入的机器设备,企业没有所有权,但有控制权。第3项不是资产,资产预期能为企业带来经济利益。

(二) 负债

负债是指企业过去的交易或事项形成的现时义务,履行该义务预期将会导致经济利益流出企业。负债具有以下几个特点:

(1) 负债是由企业过去的交易或事项形成的。负债是过去的交易或事项形成的当前的债务,预期在将来要发生的交易或事项可能产生的债务,不能作为企业的负债。

(2) 负债是企业承担的现时义务。现时义务是指企业在现行条件下已承担的义务。未来发生的交易或者事项形成的义务,不属于现时义务,不能作为企业的负债。

(3) 负债预期会导致经济利益流出企业。企业履行偿还义务时会有经济利益的流出,如支付现金、提供劳务、转让其他财产等。

企业的负债按偿还期限的长短,一般分为流动负债和非流动负债。流动负债是指预期在1年或超过1年的一个营业周期内清偿的债务,包括短期借款、应付及预收账款、应付职工薪酬、应交税费、应付股利等。非流动负债是指偿还期在1年或者超过1年的一个营业周期以上的债务,主要包括长期借款、应付债券、长期应付款等。

相关思考2-2

1. 本月向银行取得3个月期限的短期借款。
2. 本月购入材料一批,货款尚未支付。
3. 本月丁公司起诉本企业,要求赔偿10万元,法院尚未判决。
4. 本月财务处作出明年的借款计划,计划向银行借入期限为2年的借款600万元。
5. 本月应向职工发放工资80万元,将于下月初支付。

请问:上述五项能否作为企业本月的负债?

相关思考 2-2 解析:

以上第1项、第2项、第5项属于企业的负债。第3项不属于企业承担的现时义务,不是负债。第4项借款计划属于预期要发生,但目前尚未发生,不是负债。

(三) 所有者权益

所有者权益是指企业资产扣除负债后,由所有者享有的剩余权益。公司的所有者权益又称股东权益。因为所有者权益的金额为资产减去负债后的余额,所以所有者权益又称为净资产。所有者权益与负债都是企业的资金来源,但两者有本质的不同。与负债相比,所有者权益具有以几个下特点:

(1) 除非企业发生破产、清算和派发股利,所有者权益可供企业长期使用,不需偿还给投资者;而负债必须按期还本付息。

(2) 企业在清算时,只有在清偿了所有的负债后,所有者权益才能返还给投资者。

(3) 投资者凭借所有者权益参与企业的利润分配和经营管理;而债权人无权参与企业的利润分配和经营管理。

所有者权益按照来源不同,通常包括实收资本、资本公积、盈余公积、未分配利润和其他综合收益。实收资本是指投资者按照企业章程或合同、协议的约定,实际投入企业的资本。资本公积是指在筹集资本过程中所取得的由投入资本所引起的各种增值,包括资本溢价和股本溢价。盈余公积是指企业按照法律、法规的规定从净利润中提取的积累资金。未分配利润是指企业留待以后年度分配的利润。盈余公积和未分配利润为企业的留存收益,属于投入资本的增值。实收资本和资本公积中的资本溢价属于投资者的初始投入资本。其他综合收益和资本公积中的其他资本公积是指企业根据企业会计准则的规定,未在当期损益中确定的各项利得和损失(即直接计入所有者权益的利得和损失)。所有者权益的分类如图 2-4 所示。

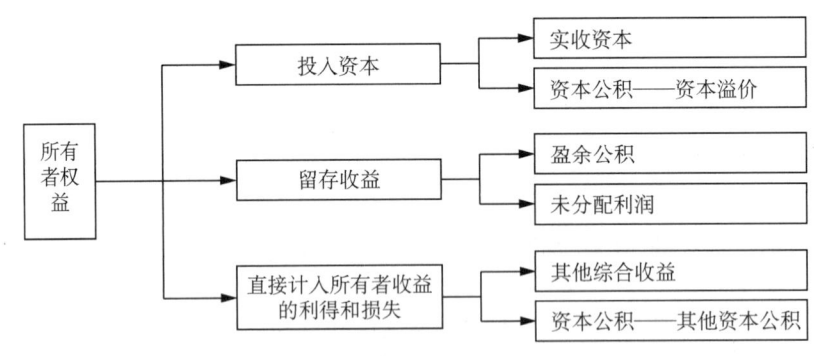

图 2-4 所有者权益的分类

(四) 收入

收入是指企业在日常活动中形成的、会导致所有者权益增加的、与所有者投入资本无关的经济利益的总流入。收入具有以下几个特点:

(1) 收入从企业的日常活动中产生,而不是从偶发的交易或事项中产生。日常活动是指企业为完成其经营目标所从事的经常性活动以及与之相关的活动。例如,工业企业销售产品、商品流通企业销售商品、服务型企业提供劳务等。除此之外,工业企业销售材料、出租以及提供劳务是企业从事的与经常性活动相关的活动,也属于日常活动。

(2) 收入可能表现为企业资产的增加,也可能表现为企业负债的减少,或者两者兼而有之。

(3) 收入能导致企业所有者权益的增加。

(4) 收入只包括本企业经济利益的流入,而不包括为第三方或客户代收的款项。

广义的收入可分为日常活动取得的收入(即狭义的收入)和非日常活动取得的收入(即利得)。狭义的收入按照在经营活动中所占的比重可以分为主营业务收入和其他业务收入。主营业务收入是指企业从事主营业务所取得的收入。其他业务收入是指企业从事兼营业务取得的收入。收入的构成及分类如图2-5所示。

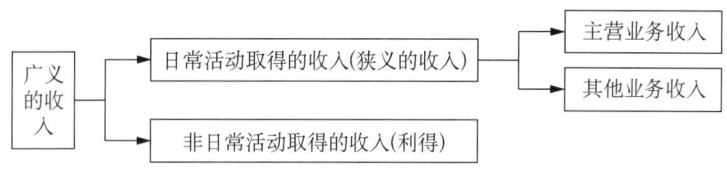

图 2-5 收入的构成及分类

(五) 费用

费用是指企业在日常活动中发生的、会导致所有者权益减少的、与向所有者分配利润无关的经济利益的总流出。费用具有以下几个特点:

(1) 费用是企业日常活动产生的。

(2) 费用可能表现为资产的减少,也可能表现为负债的增加,或者两者兼而有之。

(3) 费用能导致企业所有者权益的减少,但与向所有者分配的利润无关。

费用可以分为两大类:一是企业为生产产品、提供劳务而发生的各种耗费。企业在确认收入时,将已销售产品成本或劳务成本从当期收入中扣除,即主营业务成本或其他业务成本。二是企业日常活动中发生的税费、期间费用和资产减值损失等。

广义的费用可分为日常活动发生的费用(即狭义的费用)和非日常活动发生的费用(即损失)。狭义的费用包括营业成本、税费、期间费用、资产减值损失等。营业成本分为主营业务成本和其他业务成本。税费是指企业经营活动应负担的根据销售收入确定的税金及附加。期间费用是企业本期发生的,不能直接或间接计入产品生产成本,而直接计入当期损益的各项费用,包括销售费用、管理费用和财务费用。资产减值损失是指企业计提的存货跌价准备、固定资产减值准备等形成的损失。费用的构成及分类如图2-6所示。

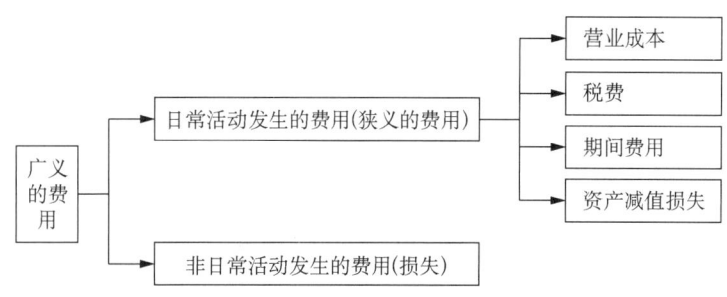

图 2-6 费用的构成及分类

> **延伸阅读 2-1**
>
> **收入与费用,利得与损失**
>
> 收入是企业日常活动形成的经济利益的总流入。日常活动是确认收入的重要判断标准,凡是日常活动所形成的经济利益的流入应当确认为收入。反之,非日常活动所形成的经济利益的流入不能确认为收入,而应当计入利得。利得是指由企业非日常活动所形成的、会导致所有者权益增加的、与所有者投入资本无关的经济利益的净流入,包括直接计入所有者权益的利得和直接计入当期利润的利得。其中,直接计入当期利润的利得是指营业外收入,如固定资产的报废净收益、罚没利得、捐赠利得等。
>
> 费用是企业日常活动形成的经济利益的总流出。日常活动是确认费用的重要判断标准,凡是日常活动所形成的经济利益的流出应当确认为费用。反之,非日常活动所形成的经济利益的流出不能确认为费用,而应当计入损失。损失是指由企业非日常活动所形成的、会导致所有者权益减少的、与向所有者分配利润无关的经济利益的净流出,包括直接计入所有者权益的损失和直接计入当期利润的损失。其中,直接计入当期利润的损失是指营业外支出,如固定资产的报废净损失、罚款支出、捐赠支出等。
>
> 资料来源:高杉. 中级财务会计[M]. 上海:立信会计出版社,2020.

(六) 利润

利润是指企业在一定会计期间的经营成果。利润包括收入减去费用后的净额、直接计入当期利润的利得和损失。其中,收入减去费用后的净额反映的是企业日常活动的经营业绩;直接计入当期利润的利得和损失反映的是企业非日常活动的业绩。直接计入当期利润的利得和损失是指应当计入当期损益,会导致所有者权益发生增减变化的、与所有者投入资本或向所有者分配利润无关的利得(如营业外收入)和损失(如营业外支出)。

三、会计要素的计量

会计计量是根据一定的计量标准和计量方法,将符合确认条件的会计要素登记入账并列报于财务报告而确定其金额的过程。计量属性是指予以计量的某一要素的特性。从会计的角度上看,计量属性反映的是会计要素金额的确定基础。根据《企业会计准则——基本准则》的规定,会计计量属性主要包括历史成本、重置成本、可变现净值、现值和公允价值。

(一) 会计计量属性及其构成

1. 历史成本

历史成本又称实际成本,就是取得或制造某项财产物资时所实际支付的现金或其他等价物金额。在历史成本计量下,资产按照其购置时支付的现金或者现金等价物的金额,或者按照购置资产时所付出的对价的公允价值计量;负债按照其因承担现时义务而实际收到的款项或者资产的金额,或者承担现时义务的合同金额,或者按照日常活动中为偿还负债预期需要支付的现金或者现金等价物的金额计量。例如,公司购入设备,价款为 30 万元,若不考虑其他因素,这台设备按历史成本计价的金额为 30 万元。

2. 重置成本

重置成本又称现行成本,是指按照当前市场条件,重新取得同样一项资产所需支付的现金或现金等价物金额。在重置成本计量下,资产按照现在购买相同或者相似资产所需支付的现金或者现金等价物的金额计量;负债按照现在偿付该项债务所需支付的现金或者现金等价物的金额计量。例如,期末,公司财产清查时发现一台全新的没有入账的设备。目前市场上同类设备的市场价格为 10 万元,那么按重置成本计价,该设备的入账金额为 10 万元。

3. 可变现净值

可变现净值是指在正常生产经营过程中,以资产预计售价减去进一步加工成本和预计销售费用以及相关税费后的净值。在可变现净值计量下,资产按照其正常对外销售所能收到现金或者现金等价物的金额扣减该资产至完工时估计将要发生的成本、估计的销售费用和相关税费后的金额计量。可变现净值通常应用于存货资产减值情况下的后续计量。例如,仓库中有一批商品,账面价值为 8 万元,同期市场售价为 10 万元,预计销售该商品需要发生的销售费用等相关税费为 3 万元,则该商品的可变现净值为 7 万元(10-3)。

4. 现值

现值是指对未来现金流量以恰当的折现率进行折现后的价值,是考虑货币时间价值的一种计量属性。在现值计量下,资产按照预计从其持续使用和最终处置中所取得的未来净现金流入量的折现金额计量;负债按照预计期限内需要偿还的未来净现金流出量的折现金额计量。例如,公司以分期付款方式购入一台设备,期限为 5 年,每年年末付款分别为 11 万元、12.1 万元、13.31 万元、14.64 万元和 16.11 万元(即未来每年的现金流出),年利率为 10%,则该设备的现值为 50 万元 $[11÷(1+10\%)^1+12.1÷(1+10\%)^2+13.31÷(1+10\%)^3+14.64÷(1+10\%)^4+16.11÷(1+10\%)^5]$。

5. 公允价值

公允价值是指在公平交易中,熟悉情况的交易双方自愿进行资产交换或者债务清偿的金额。在公允价值计量下,资产和负债按照市场参与者在计量日发生的有序交易中,出售资产所能收到或者转移负债所需支付的价格计量。例如,2×24 年 1 月 1 日,公司以每股 1 元的价格买入 20 万股股票作为交易性金融资产。2×24 年 6 月 30 日,股票的收盘价为每股 2 元,则该项资产在 2×24 年 6 月 30 日按照公允价值计价的金额为 40 万元(20×2)。

(二) 计量属性的应用原则

《企业会计准则——基本准则》规定,企业在对会计要素进行计量时,一般应当采用历史成本。采用重置成本、可变现净值、现值、公允价值计量的,应当保证所确定的会计要素金额能够取得并可靠计量。

2-5 视频:会计要素计量属性

第三节 会计科目与账户

一、会计科目

(一) 会计科目的含义

会计科目是对会计要素的具体内容进行分类核算的项目。为了更加全面、具体和详细地对各项会计要素的具体内容及其增减变动情况进行核算和监督,从而为经济管理提供更加具体的分类数量指标,我们有必要在会计要素的基础上,对会计对象进行再分类,这就是会计科目。

会计对象的构成层次如图 2-7 所示。

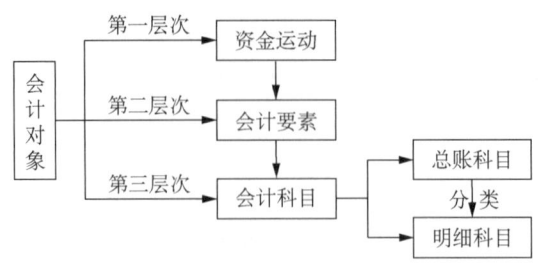

图 2-7 会计对象的构成层次

(二) 会计科目的分类

1. 按反映的经济内容分类

按反映的经济内容,会计科目可以分为资产类、负债类、共同类、所有者权益类、成本类和损益类六大类。会计科目按归属会计要素分类如图 2-8 所示。

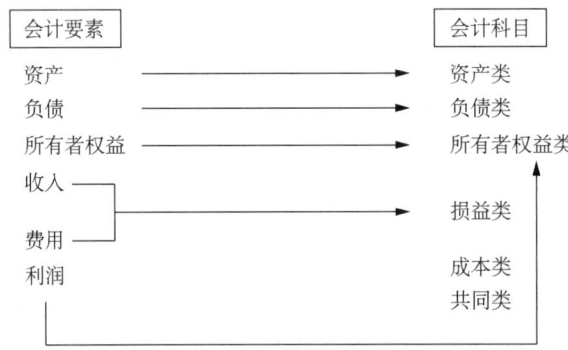

图 2-8 会计科目按归属会计要素分类

资产类科目是对资产要素的具体内容进行分类核算的项目,按照流动性分为流动资产科目和非流动资产科目。流动资产科目包括"库存现金""银行存款""原材料"等科目;非流动资产科目包括"固定资产""无形资产""长期股权投资"等科目。

负债类科目是对负债要素的具体内容进行分类核算的项目,按照偿还期限分为流动负债科目和非流动负债科目。流动负债科目包括"短期借款""应付账款""应付职工薪酬"等科目;非流动负债科目包括"长期借款""长期应付款""应付债券"等科目。

共同类科目是既有资产性质又有负债性质的科目,主要有"清算资金往来""外汇买卖""衍生工具""套期工具"等科目。

所有者权益类科目是对所有者权益要素的具体内容进行分类核算的项目,按构成和性质可分为反映资本的科目和反映留存收益的科目。反映资本的科目包括"实收资本"和"资本公积"科目;反映留存收益的科目包括"盈余公积"和"未分配利润"科目。

成本类科目是对可归属于产品生产成本、劳务成本的具体内容进行分类核算的项目,按成本的内容和性质可分为反映产品成本的科目和反映劳务成本的科目。反映产品成本的科目包括"生产成本"和"制造费用"等科目;反映劳务成本的科目包括"劳务成本"等科目。

损益类科目是对收入、费用等具体内容进行分类核算的项目。收入类科目包括"主营业务收入""其他业务收入"等科目;费用类账户包括"主营业务成本""税金及附加""其他业务成本"等科目。

2. 按核算信息的详细程度分类

按核算信息的详细程度，会计科目可以分为总分类科目和明细分类科目。

总分类科目又称总账科目或一级科目，是对会计要素的具体内容进行总括分类的会计科目，提供核算对象的总括指标，如"原材料""固定资产""应收账款"等科目。总分类科目原则上由财政部统一制定，以会计核算制度的形式颁布实施。常见的会计科目如表 2-1 所示。

表 2-1　　　　　　　　　　　　常见的会计科目

编号	会计科目名称	编号	会计科目名称	编号	会计科目名称
	一、资产类	1602	累计折旧	3201	套期工具
1001	库存现金	1603	固定资产减值准备	3202	被套期项目
1002	银行存款	1604	在建工程		四、所有者权益类
1012	其他货币资金	1605	工程物资	4001	实收资本
1101	交易性金融资产	1606	固定资产清理	4002	资本公积
1121	应收票据	1701	无形资产	4101	盈余公积
1122	应收账款	1702	累计摊销	4103	本年利润
1123	预付账款	1703	无形资产减值准备	4104	利润分配
1131	应收股利	1801	长期待摊费用		五、成本类
1132	应收利息	1811	递延所得税资产	5001	生产成本
1221	其他应收款	1901	待处理财产损溢	5101	制造费用
1231	坏账准备		二、负债类	5201	劳务成本
1401	材料采购	2001	短期借款	5301	研发支出
1402	在途物资	2201	应付票据		六、损益类
1403	原材料	2202	应付账款	6001	主营业务收入
1404	材料成本差异	2203	预收账款	6051	其他业务收入
1405	库存商品	2211	应付职工薪酬	6101	公允价值变动损益
1406	发出商品	2221	应交税费	6111	投资收益
1408	委托加工物资	2231	应付利息	6301	营业外收入
1411	周转材料	2232	应付股利	6401	主营业务成本
1471	存货跌价准备	2241	其他应付款	6402	其他业务成本
1501	债权投资	2501	长期借款	6403	税金及附加
1502	其他债权投资	2502	应付债券	6601	销售费用
1503	其他权益工具投资	2701	长期应付款	6602	管理费用
1511	长期股权投资	2711	专项应付款	6603	财务费用
1512	长期股权投资减值准备	2801	预计负债	6701	资产减值损失
1521	投资性房地产	2901	递延所得税负债	6711	营业外支出
1531	长期应收款		三、共同类	6801	所得税费用
1601	固定资产	3101	衍生工具	6901	以前年度损益调整

明细分类科目又称明细科目,是对总分类科目所含内容再作详细分类的会计科目,它所提供的是更加详细、具体的指标。例如,企业可以在"应收账款"总分类科目下按照对方单位设置明细分类科目,如图 2-9 所示。

为了适应管理上的需要,当总分类科目下设置的明细分类科目太多时,可在总分类科目下设置二级明细科目,在二级明细科目下设置三级明细科目,以此类推。二级明细科目是对总分类科目进一步分类的科目,三级明细科目是对二级明细科目进一步分类的科目。总分类科目与明细分类科目如图 2-10 所示。

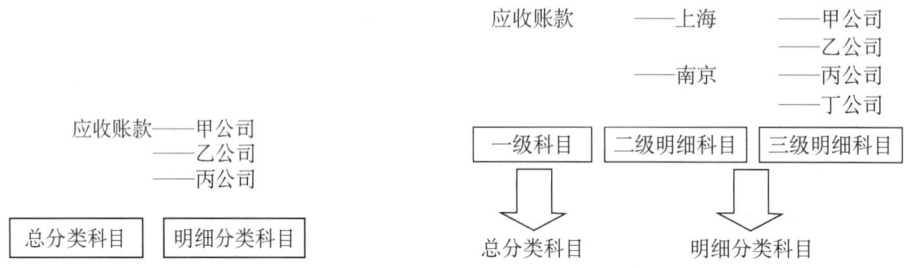

图 2-9　总分类科目与明细分类科目　　　图 2-10　总分类科目与明细分类科目

(三) 会计科目设置的原则

不同单位由于经济业务活动的具体内容、规模大小和业务繁简程度等情况不尽相同,在设置会计科目时应考虑自身特点和具体情况。企业在设置会计科目时都必须遵守以下原则:

(1) 合法性原则。合法性又称统一性,是指所设置的会计科目应当符合国家统一的会计制度的规定,按照企业会计准则对一些主要会计科目的设置及其核算内容所作的统一规定,以保证不同企业对外提供的会计信息的可比性。

(2) 相关性原则。相关性是指所设置的会计科目应当为提供有关各方所需要的会计信息服务,满足对外报告与对内管理的要求。

(3) 实用性原则。实用性又称灵活性,是指在保证提供统一核算指标的前提下,各会计主体可以根据本单位的具体情况和经济管理要求,对统一规定的会计科目作必要的增设、分拆和合并。

❓ 相关思考 2-3

小王租了一间门面房开了一家打印社,购置了一台电脑、一台打印机、一台复印机,纸张油墨等耗材、桌椅等用具。小王根据打印社的情况自行设置了一套会计科目,包括:"固定资产——房屋""固定资产——电脑""固定资产——打印机""固定资产——复印机""固定资产——桌椅""原材料——纸张""原材料——油墨""库存现金""银行存款""应收账款""应付账款""应交税费""管理费用""所得税费用""本年利润""主营业务收入"等科目。

请问:小王设置的会计科目是否正确?为什么?你认为还需要设置什么科目?

相关思考 2-3 解析:

由于桌椅单位价值比较小,不属于固定资产,而属于存货中的周转材料,小王应设置"周转材料——低值易耗品(桌椅)"科目。此外,小王还应设置"主营业务成本""应付职工薪酬""税金及附加"等科目。

二、账户

(一) 账户的含义

账户或会计账户,是根据会计科目开设的,具有一定的格式和结构,用来分类反映会计要素增减变动及其结果的一种工具。会计科目仅仅是对会计要素的具体内容进行分类核算形成的项目,它不能反映交易或事项的发生所引起的会计要素各项目增减变动情况和结果。各项核算指标的具体数据资料,只有通过账户记录才能取得。因此,企业在设置会计科目后,还必须依据会计科目开设相应的账户,设置账户是会计核算的专门方法之一。

(二) 账户的结构

账户的结构是指账户核算和监督会计要素增减变化及结果的具体格式。尽管企业的经济业务错综复杂,但从数量上看不外乎增加和减少两种情况。用来积累企业在某一会计期间内各种有关数据的账户,在结构上就应分为两方,即左方和右方。一方登记增加数,另一方则登记减少数。至于哪一方登记增加数,哪一方登记减少数,则由所采用的记账方法和所记录的经济内容而决定。在借贷记账法下,所有账户的左方为借方,右方为贷方。

1. 账户的基本结构

一个完整的账户结构应包括:①账户名称,即会计科目。②会计事项发生的日期。③摘要,即经济业务的简要说明。④凭证号数,即表明账户记录的依据。⑤金额,即增加额、减少额和余额。账户的基本结构如表2-2所示。

表2-2　　　　　　　　　　　账户的基本结构

年		凭证号数	摘要	增加额	减少额	余额
月	日					

账户的金额要素具体包括期初余额、本期增加发生额、本期减少发生额和期末余额。登记本期增加数的金额为本期增加发生额,登记本期减少数的金额为本期减少发生额,增减相抵后的差额为余额。余额按时间不同,分为期初余额和期末余额,上一个会计期间的期末余额为下一个会计期间的期初余额。四个金额要素之间的关系如下:

$$期末余额 = 期初余额 + 本期增加发生额 - 本期减少发生额$$

2. 账户基本结构的简化形式

为了说明问题和方便学习,我们通常用一条水平线及其一条平分的垂直线来表示账户,称为T形账户或"丁"字账户,如图2-11所示。

图 2-11 T形账户的结构

【例 2-1】 琴岛有限责任公司 2×24 年关于库存现金的业务如表 2-3 所示。

表 2-3　　　　　　　　　　　　　　　库存现金

2×24 年		凭证号数	摘要	增加额	减少额	余额
月	日					
12	1		月初余额			1 150.00
12	1	现收 1	张孟归还借款	400.00		1 550.00
12	1	现付 1	王刚报销差旅费		250.00	1 300.00
12	1	银付 3	提取现金	2 500.00		3 800.00
12	1	现付 2	购买办公用品		350.00	3 450.00
12	1		本日合计	2 900.00	600.00	3 450.00

本例中的业务用 T 形账户表示，如图 2-12 所示。

```
左方              库存现金              右方
期初余额：         1 150
本期增加发生额：     400     本期减少发生额：    250
                2 500                      350
期末余额：         3 450
```

图 2-12　"库存现金"账户结构

三、会计科目与账户的关系

会计科目与账户在会计学中是两个不同的概念，两者之间既有联系又有区别。

(1) 联系。会计科目与账户都可以分门别类地反映某项经济内容，即两者所反映的经济内容是相同的。会计科目是账户的名称，账户是根据会计科目开设的。

(2) 区别。会计科目只表明某项经济内容，而账户不仅表明相同的经济内容，而且还具有一定的结构格式，并通过账户的结构反映某项经济内容的增减变动情况。在实际工作中，会计科目与账户常被作为同义语来理解，互相通用，不作区别。

本章小结

本章主要学习了会计要素的含义、分类和计量;会计科目的含义、总分类科目及明细分类科目;会计科目设置的原则;账户的含义、结构。

本章重要概念

会计要素　资产　负债　所有者权益　收入　费用　利润　会计科目　总分类科目　明细分类科目　账户

本章练习

一、单选题

1. 会计的对象是特定主体的(　　)。
   A. 资金运动　　　　B. 经济活动　　　　C. 财产物资　　　　D. 货币资金
2. 下列关于会计对象的说法中,不正确的是(　　)。
   A. 会计对象是指会计所要核算与监督的内容
   B. 特定主体能够以货币表现的经济活动,都是会计核算和监督的内容
   C. 企业日常进行的所有活动都是会计对象
   D. 会计对象就是社会再生产过程中的资金运动
3. 下列各项中,属于反映企业财务状况的会计要素是(　　)。
   A. 收入　　　　　　B. 所有者权益　　　C. 费用　　　　　　D. 利润
4. 下列各项中,属于流动资产的是(　　)。
   A. 长期股权投资　　B. 固定资产　　　　C. 预付账款　　　　D. 无形资产
5. 下列各项中,不属于流动资产的是(　　)。
   A. 预收账款　　　　B. 预付账款　　　　C. 库存商品　　　　D. 应收票据
6. 下列各项中,属于流动负债的是(　　)。
   A. 预收账款　　　　B. 应收账款　　　　C. 预付账款　　　　D. 应付债券
7. 从数量上看,所有者权益是(　　)的余额。
   A. 流动资产减去流动负债　　　　　　B. 长期资产减去长期负债
   C. 全部资产减去流动负债　　　　　　D. 全部资产减去全部负债
8. 投资人投入的资金和债权人投入的资金投入企业后,形成企业的(　　)。
   A. 成本　　　　　　B. 所有者权益　　　C. 资产　　　　　　D. 负债
9. 《企业会计准则第14号——收入》规定,企业的收入不包括(　　)。
   A. 销售商品的收入　　　　　　　　　B. 提供劳务的收入
   C. 因他人使用本企业资产取得的收入　　D. 出售固定资产的收入
10. 每个单位设置会计科目都应当遵循相关性原则,相关性原则是指(　　)。
    A. 所设置的会计科目应当符合国家统一的会计制度的规定

B. 所设置的会计科目应当符合单位自身特点,满足单位实际需要

C. 所设置的会计科目应当为提供有关各方所需要的会计信息服务,满足对外报告和对内管理的要求

D. 所设置的会计科目应当满足编制财务会计报告的需要

二、多选题

1. 资产的特征有( )。

   A. 由过去的交易或事项所形成

   B. 企业日常活动形成的经济利益的总流入

   C. 由企业拥有或者控制

   D. 能够给企业带来未来的经济利益

2. 负债的特征有( )。

   A. 由过去交易或事项所引起

   B. 由企业拥有或者控制

   C. 承担的潜在义务

   D. 最终要导致经济利益流出企业

3. 下列关于负债的表述中,正确的有( )。

   A. 负债按其流动性不同,分为流动负债和非流动负债

   B. 负债通常是在未来某一时日通过交付资产或提供劳务来清偿

   C. 正在筹划的未来交易事项,也会产生负债

   D. 应付债券属于流动负债

4. 所有者权益与负债有着( )的本质不同。

   A. 两者偿还期限不同   B. 两者享受的权利不同

   C. 两者风险程度不同   D. 两者对企业资产的要求顺序不同

5. 下列各项中,属于收入会计要素内容的有( )。

   A. 销售商品收入   B. 出租固定资产取得的租金收入

   C. 销售材料的收入   D. 报废固定资产取得的净收益

三、判断题

1. 不论是盈利还是亏损,都是财务成果。   (   )

2. 利润是收入与费用配比相抵后的差额,是反映经营成果的要素。   (   )

3. 所有者权益简称权益。   (   )

4. 企业发生收入往往表现为货币资产的流入,但是并非所有货币资产的流入都是企业的收入。   (   )

5. 资产、负债和所有者权益反映企业在一定时期内的财务状况,是对企业资金运动的静态反映,属于静态要素。   (   )

四、业务题

根据以下资料,确认所列的各项目属于哪类会计要素(资产、负债、所有者权益、收入、费用、利润):

1. 厂部办公大楼

2. 运输汽车

3. 未完工产品
4. 支付的广告费
5. 应付给供货单位的材料款
6. 还未上缴的税金
7. 预收的货物订金
8. 存在开户银行的存款
9. 向银行借入的短期借款
10. 仓库中的商品
11. 已经实现的产品销售收入
12. 厂部发生的办公费
13. 生产产品耗用的原材料
14. 银行短期借款的利息支出
15. 应发给职工的工资
16. 从利润当中提取的公积金
17. 由出纳人员保管的现金
18. 以前年度留存企业的尚未分配利润

第三章 会计等式与复式记账

- 内容提要
- 重点难点
- 学习目标
- 知识框架
- 思政育人
- 第一节 会计等式
- 第二节 会计记账方法
- 第三节 借贷记账法
- 本章小结
- 本章重要概念
- 本章练习

内容提要

本章主要讲述了会计等式和复式记账两个主要内容。会计等式是表示会计要素之间关系的数学表达式,复式记账是会计核算的主要记账方法。

重点难点

本章重点为对基本会计等式的理解、借贷记账法;难点为扩展的会计等式、经济业务的发生对会计等式的影响、借贷记账法。

学习目标

通过本章学习,学生应理解会计等式的基本原理;掌握借贷记账法的相关内容,包括借贷记账法的含义、账户结构、记账规则等内容。

知识框架

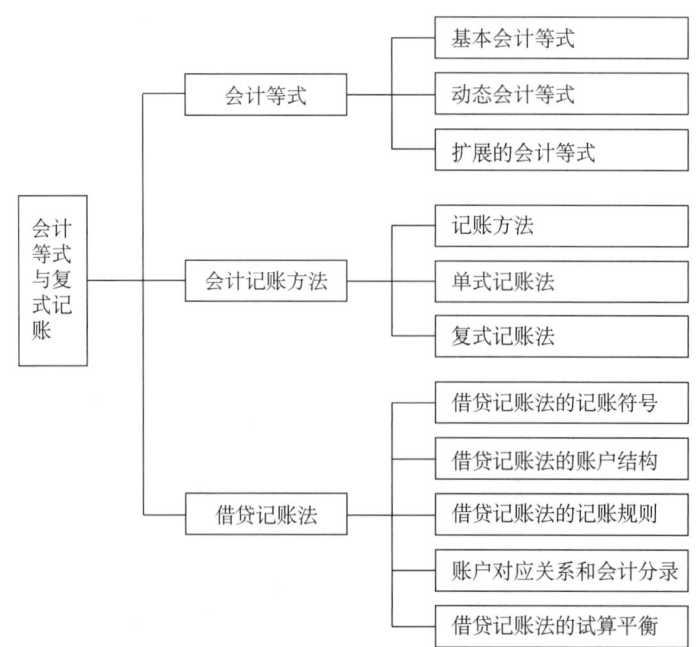

思政育人　　　　会计的平衡无处不在

王国海,天健会计师事务所管理委员会委员、管理合伙人、副总裁,会计学博士,正高级会计师,资深注册会计师。他热爱会计事业,热爱审计工作,即便遇到再大的风浪,理想也决不退场。他曾经说过他有两个愿望想去实现。

第一个愿望是在做一名会计法律法规的模范遵守者、做一名改进和提高会计工作水平的积极推动者的基础上,做一名会计正能量的不懈弘扬者。会计需要正能量,会计的正能量要靠会计人自己去弘扬。为此,他要求自己做一名会计法律法规权威的捍卫者,站直腰板,挺起胸膛,敢于向那些想通过会计手段牟取不正当甚至非法利益的人说"不";做一名会计及会计工作重要性的宣扬者,有机会说,没机会创造机会也要说,跟实控人说,也跟社会公众说;做一名会计及会计工作高尚论的辩护者,会计是经济活动的反映,会计是高尚的,会计工作是高尚的,会计工作者是高尚的。

第二个愿望是想将几十年的工作学习心得,以文字的形式留给会计的后来者。这些心得的中心意思是平衡。人与自然之间互为因果,失掉平衡将引起灾难;人与人之间彼此依存,失掉平衡将产生对抗;不同产业链的企业环环相扣,失掉平衡将产生风险。会计也不例外。会计博大精深,始于平衡终于平衡。如果没有平衡,现代会计将顷刻崩塌,平衡是会计的灵魂,是会计系统得以构建和有序运行的基石。

会计是一个充满平衡的艺术,需要严谨的逻辑思维和细致的判断力。王国海先生作为会计行业的佼佼者,他的平衡观念不仅体现在工作中,更贯穿于人生哲学中。

资料来源:武献杰.王国海:人生不是赛场　理想不容退场[J].财务与会计,2020(20):22-23+14.

第一节　会 计 等 式

会计等式又称会计恒等式,是反映会计要素之间内在联系的数学表达式。它是各会计主体设置账户进行复式记账和编制财务报表的理论依据。会计等式包括基本会计等式、动态会计等式和扩展的会计等式,如图3-1所示。

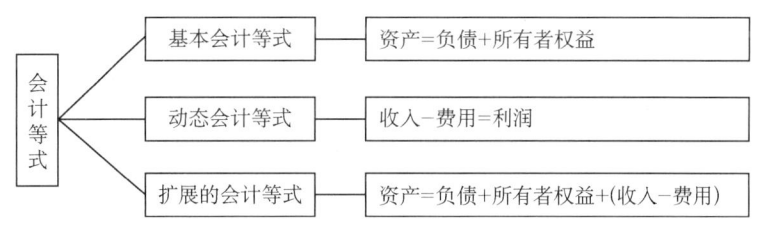

图 3-1　会计等式

一、基本会计等式

基本会计等式又称静态会计等式、财务状况等式,是由静态会计要素(资产、负债和所有者权益)组合而成的,反映企业在某一特定日期财务状况的会计等式。其表达式为:

$$资产 = 权益 = 债权人权益 + 所有者权益 = 负债 + 所有者权益 \tag{3-1}$$

(一) 对基本会计等式的理解

任何企业要从事生产经营活动,一方面,必须拥有一定数量的经济资源,如机器设备、现金、银行存款等,这些经济资源属于企业的资产;另一方面,这些资产要么来源于企业的投资者,形成企业的所有者权益,要么来源于债权人,形成企业的负债。资产和负债与所有者权益,实际上是同一价值运动的两个方面。一个是"来龙",即资金的来源,另一个是"去脉",即资金的占用,这两方面之间必然存在着恒等关系。资产和权益的恒等关系是复式记账法的理论依据,也是企业编制资产负债表的理论基础。

(二) 经济业务对基本会计等式的影响

企业在生产经营过程中,不断地发生各种经济业务。引起资产和权益发生增减变化的业务事项,成为经济业务事项。无论企业发生何种经济事项、资产和权益要素如何变化,都不会破坏会计等式的平衡关系。经济业务对会计等式的影响可以分为以下四种:

(1) 资产项目与权益项目同时增加,即等式两边同增:资产项目和负债项目同增,或资产项目和所有者权益项目同增。

(2) 资产项目与权益项目同时减少,即等式两边同减:资产项目和负债项目同减,或资产项目和所有者权益项目同减。

(3) 资产项目有增有减,即等式左边有增有减:资产项目此增彼减。

(4) 权益项目有增有减,即等式右边有增有减:负债项目此增彼减,或者所有者权益项目此增彼,或者负债项目和所有者权益项目一增一减。

通过以上分析,我们可以得出如下结论:

(1) 一项经济业务的发生,可能仅涉及资产和权益中的一方,也可能涉及双方,但无论如何,结果一定是基本会计等式的恒等关系保持不变。

(2) 一项经济业务的发生,如果仅涉及资产和权益中的一方,则既不会影响双方的恒等关系,又不会使双方的总额发生变动。

(3) 一项经济业务的发生,如果涉及资产和权益中的双方,则虽然不会影响双方的恒等关系,但会使双方的总额发生同增或同减变动。

3-1 视频:基本会计等式

3-2 扫一扫,练一练

3-3 扫一扫,练一练答案

二、动态会计等式

动态会计等式又称经营成果等式,是由动态会计要素收入、费用和利润组成的反映企业在某一会计期间经营成果的会计等式。其表达式为:

$$收入 - 费用 = 利润 \qquad (3-2)$$

企业经营的目标是从生产经营活动中获取收益。企业在取得收入的同时,必然要发生相应的费用。将一定期间收入和费用相比较,收入大于费用的差额为利润,收入小于费用的差额为亏损。动态会计等式是企业编制利润表的理论基础。

三、扩展的会计等式

式(3-1)反映的是资金运动的静态状况,式(3-2)反映的是资金运动的动态状况。运动是绝对的,静止是相对的,运动的结果最终总是以相对静止的形式表现出来。因此,资金运动的动态状况最后必然反映到各项静态会计要素的变化上,从而使会计等式之间建立起勾稽关系。

利润属于所有者权益的一部分,所以将式(3-1)与式(3-2)合并为:

$$资产 = 负债 + 所有者权益 + (收入 - 费用)$$

或

$$资产 + 费用 = 负债 + 所有者权益 + 收入 \qquad (3-3)$$

收入可导致企业资产增加或负债减少,最终会导致所有者权益的增加;费用会导致资产减少或负债增加,最终会导致所有者权益减少。所以,一定时期的经营成果必然会影响一定时点的财务状况。

以上分析说明,资产、负债、所有者权益、收入、费用和利润这六大会计要素之间存在着一种恒等关系。会计等式反映了这种恒等关系,因而,它始终成立,即任何经济业务的发生都不会破坏会计等式的平衡关系。

相关思考3-1

1. 某企业期初资产为100万元,本月销售商品现金收入为8万元,该商品成本费用为3万元。请问该企业期末资产总额有多少?

2. 某企业9月初资产总计100万元,负债总额为30万元。9月发生如下业务:向银行借入款项40万元;发生费用6万元。9月末,资产总计142万元,假设无其他经济业务的发生。要求:计算该企业9月的收入。

相关思考3-1解析:

1. 该企业期末资产总额 $= 100 + 8 - 3 = 105$(万元)

2. 根据扩展的会计等式:

资产(9月末) = 负债(9月末) + 所有者权益(9月初) + (9月收入 - 9月费用)

$142 = (30 + 40) + (100 - 30) + (收入 - 6)$

所以:收入 $= 8$(万元)

第二节 会计记账方法

一、记账方法

在会计工作中,为了有效地核算和监督会计对象,各会计主体除了要按照规定的会计科目设置账户,还应采用一定的记账方法。所谓记账方法,是指按照一定的规则,使用一定的符号,在账户中登记各项经济业务的技术方法。会计记账方法经历了由单式记账法到复式记账法的发展过程。

二、单式记账法

(一)单式记账法的含义

单式记账法是指对发生的每一项经济业务,只在一个账户中进行登记的一种记账方法。

(二)单式记账法的特征

单式记账法的主要特征是对每项经济业务,通常只登记现金和银行存款的收付业务,以及应收、应付款的结算业务,而不登记实物的收付。例如,企业购入一批材料计价3 000元,材料已收到,货款尚未支付。对这项经济业务,若采用单式记账法,就只反映应付账款增加3 000元,而材料的增加则不予登记。

(三) 单式记账法的优缺点

单式记账法是一种比较简单、不完整的记账方法。单式记账法的优点是记账手续比较简单。但其账户的设置是不完整的,各个账户之间又互不联系,所以无法全面反映各项经济业务的来龙去脉,也不能正确核算成本和盈亏,更不便于检查账户记录的正确性。例如,在采用单式记账法记录前例经济业务的过程中,账面上仅能反映应付账款增加3 000元,增加的原因则无法得知。因此,这种记账方法只适用于经济业务非常简单的企业,目前已很少被采用。

三、复式记账法

(一) 复式记账法的含义

复式记账法是指对任何一项经济业务,都必须用相等的金额在两个或两个以上的有关账户中相互联系地进行登记,借以反映会计对象具体内容增减变化的一种记账方法。

(二) 复式记账法的特征

复式记账法的主要特征是需要设置完整的账户体系,除了"库存现金""银行存款"账户,还要设置实物性资产以及收入、费用和各种权益类账户;不仅记录货币资金的收付和债权债务的发生,还要对所有财产和全部权益的增减变化,以及经营过程中所发生的费用和获得的收入作全面、系统地反映;对每项经济业务,都要在两个或两个以上的账户中进行等额双重记录,以便反映其来龙去脉。因此,前例中的经济业务除了在"应付账款"账户中作增加3 000元的登记,还要在有关材料账户中作增加3 000元的登记,这样登记的结果可以表明企业债务的发生与材料的购进是相互联系的。

(三) 复式记账法的优点

复式记账法具有单式记账法无法比拟的优点,它也是世界各国公认的一种记账方法。每项经济业务都要在两个或两个以上的账户中进行等额双重记录,所以复式记账法的主要优点如下:

(1) 全面、系统地反映经济业务内容和资金运动的来龙去脉,对经济业务进行全面监督。

(2) 依据会计等式的平衡关系进行试算平衡,便于查账和对账。

(四) 复式记账法的理论依据

企业发生的所有经济业务无非涉及资金增加和减少两个方面,并且某项资金在量上的增加或减少,总是与另一项资金在量上的减少或增加相伴而生。换言之,在资金运动中,一部分资金的减少或增加,总是有另一部分资金的增减变动作为其变化的原因。这样就要求会计人员在记账的时候,必须要把每项经济业务所涉及的资金增减变化的原因和结果都记录下来,从而完整、全面地反映经济业务所引起的资金运动的来龙去脉。而复式记账方法恰恰就是适应了资金运动的这一规律性的客观要求,把每一项经济业务所涉及的资金在量上的增减变化,通过两个或两个以上账户的记录予以全面反映。可见,资金运动的内在规律性是复式记账的理论依据。

(五) 复式记账法的种类

从复式记账法的发展历史上看,复式记账法有借贷记账法、增减记账法、收付记账法等。我国现行有关制度规定,企业和行政事业等单位一律采用借贷记账法记账。

第三节 借贷记账法

借贷记账法是以"借"和"贷"作为记账符号的一种复式记账方法。借贷记账法的内容包括记账符号、账户结构、记账规则、试算平衡等方面。

延伸阅读3-1

借贷记账法的产生与发展

借贷记账法起源于十三四世纪的意大利。最初,意大利佛罗伦萨的"借贷资本家"对收进来的存款,记在贷主(creditor)的名下,表示自身的债务即欠人的增加;对付出去的放款,则记在借主(debtor)的名下,表示自身的债权即人欠的增加。这样,"借""贷"两字分别表示借贷资本家的债权(人欠)、债务(欠人)及其增减变化。这时的记账方法是单式记账法,记账对象仅限于债权人、债务人。

在以后的几百年里,随着商品经济的发展,借贷记账法又经过了热那亚阶段和威尼斯阶段。借贷记账法也在不断地发展和完善,"借""贷"两字逐渐失去其本来含义,变成了纯粹的记账符号;记录的内容也不仅仅局限于货币资金的借贷业务,而是逐步扩展到财产物资、经营损益和经营资本的增减变化,并广泛应用于许多行业。随后,借贷记账法传遍欧洲、美洲等地,成为世界通用的记账方法。1494年,意大利数学家卢卡·帕乔利的《算术、几何、比与比例概要》一书问世,使借贷记账法正式成为大家公认的复式记账法。

资料来源:陈国辉,迟旭升.基础会计[M].大连:东北财经大学出版社,2021.

一、借贷记账法的记账符号

借贷记账法是以"借"和"贷"作为记账符号,表明经济业务的增减和变动方向的方法。"借""贷"两个文字的字义与其在会计史上的最初含义无关,是会计的专门术语,并已经成为通用的国际商业语言。

"借"和"贷"两字作为记账符号,都具有增加和减少的双重含义。"借"和"贷"与具体账户结合,有两层含义:

(1) 表示记账的方向。在借贷记账法下,所有账户的左方为"借方",所有账户的右方为"贷方"。至于哪一方表示增加,哪一方表示减少,取决于账户的性质和核算的经济内容。

(2) 表示资金的增减。"借"对会计等式左边的资产类、费用类账户表示增加,对会计等式右边的负债类、所有者权益类、收入类账户则表示减少;"贷"对会计等式左边的资产类、费用类账户表示减少,对会计等式右边的负债类、所有者权益类、收入类账户则表示增加,如图3-2所示。

$$资产 + 费用 = 负债 + 所有者权益 + 收入$$

借方增加　　　借方减少

贷方减少　　　贷方增加

图3-2 借贷记账法下各类账户的增减方向

二、借贷记账法的账户结构

根据上文介绍,对于资产、费用类账户,借方表示增加,贷方表示减少;对于负债、所有者权益、收入和利润类账户,贷方表示增加,借方表示减少。以下分别说明借贷记账法下各账户的结构。

(一) 资产类账户结构

资产类账户的借方登记资产的增加额,贷方登记资产的减少额,账户期末如有余额,一般在借方。资产类账户结构如图3-3所示。

借方	资产类账户		贷方
期初余额			
本期增加额	×××	本期减少额	×××
……		……	
本期增加发生额	×××	本期减少发生额	×××
期末余额	×××		

图3-3 资产类账户结构

资产类账户期末余额的计算公式如下:

资产类账户期末借方余额 = 期初借方余额 + 本期借方发生额 − 本期贷方发生额

(二) 负债及所有者权益类账户结构

负债及所有者权益类账户结构与资产类账户结构正好相反。该类账户的贷方登记负债及所有者权益的增加额,借方登记负债及所有者权益的减少额,账户期末如有余额,一般在贷方。负债及所有者权益类账户结构如图3-4所示。

借方	负债及所有者权益类账户		贷方
		期初余额	
本期减少额	×××	本期增加额	×××
……		……	
本期减少发生额	×××	本期增加发生额	×××
		期末余额	×××

图3-4 负债及所有者权益类账户结构

负债及所有者权益类账户期末余额的计算公式如下:

负债及所有者权益类账户期末贷方余额 = 期初贷方余额 + 本期贷方发生额 − 本期借方发生额

(三) 成本类账户结构

成本类账户结构与资产类账户结构相同。成本类账户的借方登记成本的增加额,贷方登记成本的减少额,账户期末如有余额,一般在借方,表示未完工的在产品成本。成本类账户结构如图3-5所示。

借方	成本类账户		贷方
期初余额			
本期增加额	×××	本期减少额	×××
......		......	
本期增加发生额	×××	本期减少发生额	×××
期末余额	×××		

图 3-5 成本类账户结构

成本类账户期末余额的计算公式如下：

成本类账户期末借方余额 ＝ 期初借方余额 ＋ 本期借方发生额 － 本期贷方发生额

（四）损益类账户结构

1. 费用类账户结构

费用类账户结构与资产类账户结构相同。费用类账户的借方登记费用的增加额，贷方登记费用的减少额。由于借方登记的费用增加额一般都要通过贷方转出，该类账户期末通常没有余额。费用类账户结构如图 3-6 所示。

借方	费用类账户		贷方
本期增加额	×××	本期减少额	×××
......		......	
本期增加发生额	×××	本期减少发生额	×××

图 3-6 费用类账户结构

2. 收入类账户结构

收入类账户结构与权益类账户结构相同。收入类账户的贷方登记收入的增加额，借方登记收入的减少额。由于贷方登记的收入增加额一般都要通过借方转出，该类账户期末通常没有余额。收入类账户结构如图 3-7 所示。

借方	收入类账户		贷方
本期减少额	×××	本期增加额	×××
......		......	
本期减少发生额	×××	本期增加发生额	×××

图 3-7 收入类账户结构

三、借贷记账法的记账规则

不同的记账方法，具有不同的记账规则。借贷记账法属于复式记账法的一种，按照复式记账的原理，任何一笔经济业务都要以相等的金额，在两个或两个以上相互联系的账户中进行记录。

【例 3-1】 琴岛有限责任公司 2×23 年 12 月 31 日资产类、负债及所有者权益类账户的期末余额如表3-1所示。

表3-1　　　　　资产类、负债及所有者权益类账户的期末余额　　　　　单位：元

资产类账户	金额	负债及所有者权益类账户	金额
库存现金	500	短期借款	210 000
银行存款	38 000	应付账款	50 000
应收账款	40 000	应付职工薪酬	15 000
原材料	110 000	应付股利	20 000
固定资产	236 500	实收资本	90 000
		资本公积	40 000
总计	425 000	总计	425 000

琴岛有限责任公司2×24年1月发生以下经济业务：

(1) 接受投资者投入资金50 000元，存入银行。

这项经济业务一方面使公司的银行存款增加，银行存款属于资产，资产的增加应记入借方；另一方面使实收资本增加，实收资本属于所有者权益，所有者权益的增加应记入贷方。其登账结果如图3-8和图3-9所示。

借	银行存款	贷
期初余额：	38 000	
(1)	50 000	

图3-8　"银行存款"账户结构

借	实收资本	贷
	期初余额：	90 000
	(1)	50 000

图3-9　"实收资本"账户结构

(2) 以银行存款25 000元购买材料。

这项经济业务一方面使公司的银行存款减少，银行存款属于资产，资产的减少应记入贷方；另一方面使原材料增加，原材料属于资产，资产的增加应记入借方。其登账结果如图3-10和图3-11所示。

借	银行存款		贷
期初余额：	38 000	(2)	25 000
(1)	50 000		

图3-10　"银行存款"账户结构

借	原材料	贷
期初余额：	110 000	
(2)	25 000	

图3-11　"原材料"账户结构

(3) 以银行存款50 000元偿还前欠货款。

这项经济业务一方面使公司的银行存款减少，银行存款属于资产，资产的减少应记入贷方；另一方面使应付账款减少，应付账款属于负债，负债的减少应记入借方。其登账结果如图3-12和图3-13所示。

借	银行存款		贷
期初余额: 38 000		(2)	25 000
(1) 50 000		(3)	50 000

图 3-12 "银行存款"账户结构

借	应付账款		贷
(3) 50 000		期初余额:	50 000

图 3-13 "应付账款"账户结构

(4) 从银行提取现金 3 000 元。

这项经济业务一方面使公司的库存现金增加,库存现金属于资产,资产的增加应记入借方;另一方面使银行存款减少,银行存款属于资产,资产的减少应记入贷方。其登账结果如图 3-14 和图 3-15 所示。

借	银行存款		贷
期初余额: 38 000		(2)	25 000
(1) 50 000		(3)	50 000
		(4)	3 000

图 3-14 "银行存款"账户结构

借	库存现金		贷
期初余额: 500			
(4) 3 000			

图 3-15 "库存现金"账户结构

从以上经济业务中可以看出,每一项经济业务发生之后,运用借贷记账法进行账务处理时都必须是在记入某一个(或几个)账户借方的同时记入另一个(或几个)账户的贷方,而且记入借方与记入贷方的金额总是相等的。因此,我们可以总结出借贷记账法的记账规律(亦称记账规则),即"有借必有贷,借贷必相等"。

四、账户对应关系和会计分录

账户对应关系是指采用借贷记账法对每笔交易或事项进行记录时,相关账户之间形成的应借、应贷的相互关系。存在着对应关系的账户称为对应账户。

采用借贷记账法登记某项经济业务时,应先通过编制会计分录来确定其所涉及的账户及其对应关系,从而保证账户记录的正确性。会计分录是指预先确定每笔经济业务所涉及的账户名称,以及记入账户的方向和金额的一种记录。会计分录包括账户名称、记账方向和记账金额三个要素。

在实际运用借贷记账法的记账规则登记经济业务时,一般要按以下三个步骤进行:
(1) 会计科目。根据发生的经济业务设置相应的会计科目或账户。
(2) 增减。判断相应的账户是增加还是减少。
(3) 借贷。根据账户的性质判断增减方向。例如,资产类、费用类账户的增加是借方,减少是贷方;负债及所有者权益类、收入类账户的增加是贷方,减少是借方。

【例 3-2】 承[例 3-1],编制琴岛有限责任公司 2×24 年 1 月发生经济业务的会计分录。

(1) 接受投资者投入资金 50 000 元,存入银行。

借:银行存款　　　　　　　　　　　　　　　　　　　　　　　50 000
　　贷:实收资本　　　　　　　　　　　　　　　　　　　　　　　50 000

(2) 以银行存款 25 000 元购买材料。

　　借：原材料　　　　　　　　　　　　　　　　　　　　　　　　　　　　　　　25 000
　　　　贷：银行存款　　　　　　　　　　　　　　　　　　　　　　　　　　　　　　25 000

(3) 以银行存款 50 000 元偿还前欠货款。

　　借：应付账款　　　　　　　　　　　　　　　　　　　　　　　　　　　　　　　50 000
　　　　贷：银行存款　　　　　　　　　　　　　　　　　　　　　　　　　　　　　　50 000

(4) 从银行提取现金 3 000 元。

　　借：库存现金　　　　　　　　　　　　　　　　　　　　　　　　　　　　　　　 3 000
　　　　贷：银行存款　　　　　　　　　　　　　　　　　　　　　　　　　　　　　　 3 000

会计分录按其所运用账户的多少分为简单会计分录和复合会计分录两种。简单会计分录指只涉及一个账户借方和另一个账户贷方的会计分录,即一借一贷的分录。复合会计分录是指由两个以上账户所组成的会计分录,包括一借多贷、多借一贷和多借多贷的会计分录。复合会计分录实际上是由几个简单会计分录组成的,因而必要时可将其分解为若干个简单会计分录。会计分录的种类如图 3-16 所示。

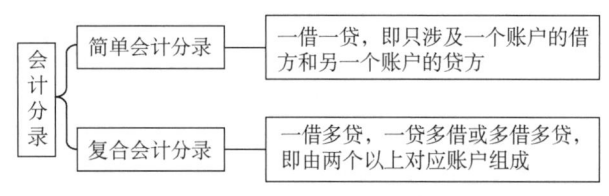

图 3-16　会计分录的种类

五、借贷记账法的试算平衡

借贷记账法的试算平衡是指根据会计等式的平衡原理,按照记账规律的要求,通过汇总计算和比较,来检查账户记录的正确性、完整性。借贷记账法的试算平衡包括账户发生额试算平衡及余额试算平衡。

1. 账户发生额试算平衡

平衡公式如下：

$$全部账户借方发生额合计 = 全部账户贷方发生额合计$$

理论依据：借贷记账法的记账规则。

2. 余额试算平衡

平衡公式如下：

$$全部账户借方余额合计 = 全部账户贷方余额合计$$

理论依据："资产＝负债＋所有者权益"。

试算平衡工作是通过编制试算平衡表来完成的。试算平衡表通过借贷金额是否平衡来检查账户记录是否正确。试算平衡表若出现借贷不平衡的情况,则肯定账户记录有错误,应认真查找,直到实现平衡为止;如果借贷平衡,则只能推断账簿记录或计算基本正确,而并不能说明账户记录绝对正确,这是因为有些错误对借贷双方的平衡并不产生影响。例如,漏记某项经济业务;重记某项经济业务;某项经济业务记错有关账户;某项经济业务在账户记录中,颠倒了记账方向;借方或贷方发生额中,偶然发生多记或少记并相互抵销,借贷仍然平衡。

试算平衡表的格式如表3-2所示。

表 3-2　　　　　　　　　　　　　试算平衡表

账户名称	期初余额		本期发生额		期末余额	
	借方	贷方	借方	贷方	借方	贷方
合计						

【例 3-3】　承[例 3-1]和[例 3-2],编制琴岛有限责任公司 2×24 年 1 月的试算平衡表。登账结果如图 3-17 至图 3-21 所示。总分类账发生额及余额试算平衡表如表 3-3 所示。

借	银行存款		贷
期初余额:	38 000	(2)	25 000
(1)	50 000	(3)	50 000
		(4)	3 000
本期发生额	50 000	本期发生额	78 000
期末余额	10 000		

图 3-17　"银行存款"账户结构

借	库存现金		贷
期初余额:	500		
(4)	3 000		
本期发生额	3 000		
期末余额	3 500		

图 3-18　"库存现金"账户结构

借	实收资本		贷
		期初余额:	90 000
		(1)	50 000
		本期发生额	50 000
		期末余额	140 000

图 3-19　"实收资本"账户结构

借	原材料		贷
期初余额:	110 000	(2)	25 000
本期发生额	25 000		
期末余额	135 000		

图 3-20　"原材料"账户结构

借	应付账款		贷
(3)	50 000	期初余额:	50 000
本期发生额	50 000	期末余额	0

图 3-21　"应付账款"账户结构

表3-3　　　　　　　　　总分类账户发生额及余额试算平衡表　　　　　　　单位:元

账户名称	期初余额		本期发生额		期末余额	
	借方	贷方	借方	贷方	借方	贷方
库存现金	500		3 000		3 500	
银行存款	38 000		50 000	78 000	10 000	
应收账款	40 000				40 000	
原材料	110 000		25 000		135 000	
固定资产	236 500				236 500	
短期借款		210 000				210 000
应付账款		50 000	50 000			0
应付职工薪酬		15 000				15 000
应付股利		20 000				20 000
实收资本		90 000		50 000		140 000
资本公积		40 000				40 000
合计	425 000	425 000	128 000	128 000	425 000	425 000

3-4视频：
试算平衡

3-5扫一扫,看课件

本章小结

本章主要学习了会计等式,包括基本会计等式、动态会计等式和扩展的会计等式;复式记账法的含义、特征、优点、理论依据和种类;借贷记账法的记账符号、账户结构、记账规则、试算平衡等内容。

本章重要概念

会计等式　复式记账法　借贷记账法　记账符号　记账规则　会计分录　试算平衡

本章练习

一、单选题

1. 复式记账法对每笔交易或事项都要在(　　)中进行登记。
   A. 所有账户　　　　　　　　　　　B. 一个账户
   C. 两个账户　　　　　　　　　　　D. 两个或两个以上的账户
2. 复式记账法的理论基础是(　　)。
   A. 历史成本计量　　　　　　　　　B. 资产与权益的平衡关系
   C. 权责发生制　　　　　　　　　　D. 收付实现制
3. 下列公式中,正确表达了借贷记账法下资产类账户内部关系的是(　　)。
   A. 期末余额＝期初余额＋本期贷方发生额－本期借方发生额

B. 期末余额＝本期借方发生额－本期贷方发生额

C. 期末余额＝期初余额＋本期借方发生额－本期贷方发生额

D. 期末余额＋本期借方发生额＝期初余额＋本期贷方发生额

4. 某账户月初借方余额为 60 000 元，本月借方发生额为 120 000 元，贷方发生额为 150 000 元，则该账户月末为（　　）。

  A. 借方余额 30 000 元   B. 借方余额 90 000 元

  C. 借方余额 180 000 元   D. 贷方余额 30 000 元

5. 应收账款账户的期初借方余额为 2 000 元，本期借方发生额为 8 000 元，本期贷方发生额为 6 000 元，该账户的期末余额为（　　）。

  A. 借方 4 000 元   B. 贷方 8 000 元   C. 借方 5 000 元   D. 贷方 5 000 元

6. 应付账款账户期初贷方余额为 1 000 元，本期贷方发生额为 5 000 元，本期借方发生额为 3 000 元，该账户的期末余额为（　　）。

  A. 借方 1 000 元   B. 借方 3 000 元   C. 贷方 1 000 元   D. 贷方 3 000 元

7. 某单位"预收账款"账户的期初余额为 150 万元，本期贷方发生额为 900 万元，期末余额为 60 万元，则本期借方发生额为（　　）万元。

  A. 990   B. 810   C. 1 110   D. 690

8. 符合资产类账户记账规则的是（　　）。

  A. 增加记借方   B. 增加记贷方

  C. 减少记借方   D. 期末无余额

9. 期末结转后无余额的账户是（　　）。

  A. 资产类账户   B. 负债类账户

  C. 所有者权益类账户   D. 收入类账户

10. 下列公式中，不正确的是（　　）。

  A. 资产类账户的期末余额＝期初余额＋本期借方发生额－本期贷方发生额

  B. 负债类账户的期末余额＝期初余额＋本期借方发生额－本期贷方发生额

  C. 权益类账户的期末余额＝期初余额＋本期贷方发生额－本期借方发生额

  D. 资产－负债＝所有者权益

二、多选题

1. 借贷记账法下，可以在账户借方登记的有（　　）。

  A. 资产的增加   B. 负债的减少

  C. 收入的减少   D. 费用的减少

2. 下列关于会计分录的说法中，正确的有（　　）。

  A. 一笔会计分录主要包括会计科目、记账符号、金额三个要素

  B. 一借一贷的会计分录为简单会计分录

  C. 一借多贷、多借一贷、多借多贷的会计分录为复合会计分录

  D. 可以把反映不同类型经济业务的不相关联的简单会计分录合并而编制多借多贷的复合分录

3. 下列交易或事项中，应作借记有关资产账户、贷记有关负债账户处理的有（　　）。

  A. 从银行取得 6 个月短期借款，存入银行

B. 通过银行收到投资者投入的资本金
C. 采购材料一批验收入库,货款尚未支付
D. 按规定预收购货单位货款

4. 如果经济业务事项的发生使单位的银行存款减少,那么相应地有可能使(　　)。
   A. 固定资产增加　　　　　　　　　　B. 应付账款增加
   C. 长期借款减少　　　　　　　　　　D. 实收资本减少

5. 下列差错中,通过试算平衡难以发现的有(　　)。
   A. 应借账户和应贷账户的借贷方向登记颠倒
   B. 某项交易或事项记错有关账户
   C. 漏记交易或事项
   D. 重记交易或事项

三、判断题

1. 定期汇总的全部账户发生额的借贷方合计数平衡说明账户记录完全正确。（　　）
2. 收入类账户与费用类账户一般没有期末余额,但有期初余额。（　　）
3. 企业购入材料而货款未付,其资产和负债会同时减少。（　　）
4. 复合会计分录仅指多借多贷的会计分录。（　　）
5. 发生额试算平衡的理论依据是借贷记账法的记账规则。（　　）

四、业务题

琴岛有限责任公司 2×24 年发生以下经济业务:

(1) 购进一批价值为 100 万元的材料,款项尚未支付。
(2) 向银行借入期限为 6 个月的短期借款 500 万元,存入银行。
(3) 用银行存款 3 万元偿还上月应付购货款。
(4) 用银行存款 60 万元偿还银行短期借款。
(5) 将库存现金 10 万元存入银行。
(6) 用银行存款 400 万元购置一项固定资产。
(7) 用资本公积 200 万元转增资本。
(8) 经协商将应付甲公司货款 12 万元转作甲公司对本公司的投资。

要求:作出相应的会计分录。

五、案例题

琴岛有限责任公司某年月初负债总额为 6 500 万元,所有者权益总额为 8 000 万元。本月发生下列经济业务:

(1) 购进一批价值为 100 万元的材料,款项尚未支付。
(2) 向银行入期限为 6 个月的短期借款 500 万元,存入银行。
(3) 用银行存款 3 万元偿还上月应付购货款。
(4) 用银行存款 60 万元偿还银行短期借款。
(5) 将库存现金 10 万元存入银行。
(6) 用银行存款 400 万元购置一项固定资产。
(7) 用资本公积 200 万元转增资本。
(8) 经协商,将应付甲公司货款 12 万元转作甲公司对本公司的投资。

要求：
(1) 逐项分析上述经济业务发生后对资产、负债和所有者权益三个会计要素增减变动的影响(单位：万元)。
(2) 月末，计算资产、负债和所有者权益三个会计要素的总额，并列出基本会计等式(单位：万元)。

第四章　会计凭证与会计账簿

- ➢ 内容提要
- ➢ 重点难点
- ➢ 学习目标
- ➢ 知识框架
- ➢ 思政育人
- ➢ 第一节　会计凭证概述
- ➢ 第二节　原始凭证与记账凭证
- ➢ 第三节　会计账簿概述
- ➢ 第四节　账簿的启用与登记
- ➢ 本章小结
- ➢ 本章重要概念
- ➢ 本章练习

内容提要

本章主要讲述了会计凭证和会计账簿两个主要内容。会计凭证包含原始凭证和记账凭证,是登记账簿的依据。会计账簿是由一定格式账页组成的,以经过审核的会计凭证为依据,全面、系统、连续地记录各项经济业务的簿籍,是编制财务报表的主要依据。

重点难点

本章重点为会计凭证的种类、会计凭证和会计账簿的填制;难点为原始凭证和记账凭证的填制、账簿对账与结账。

学习目标

通过本章学习,学生应掌握会计凭证的填制与审核、会计账簿的种类及各类账簿的登记方法、账簿对账的内容;理解原始凭证与记账凭证的种类、会计账簿的概念与作用、总分类账户与明细分类账户平行登记的要点;了解会计凭证的概念与作用、账簿的更换与保管。

知识框架

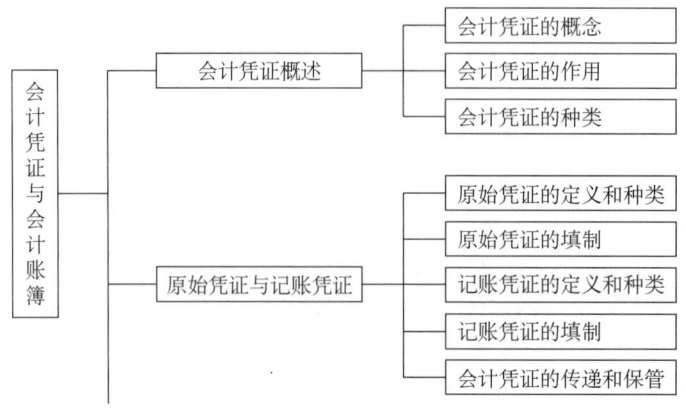

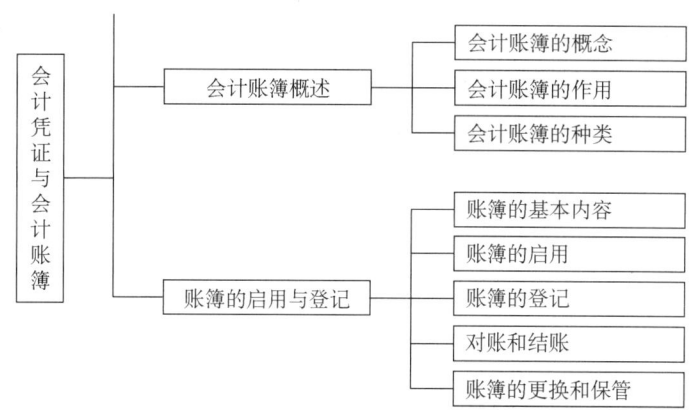

思政育人　证监会公布2022年"一号罚单"：金正大因财务造假等问题被罚755万元

证监会公布2022年"一号罚单"，山东肥料企业金正大因财务造假等问题遭到证监会处罚，时任董事长万连步被罚10年市场禁入。

经查明，2015年至2018年上半年，金正大及其合并报表范围内的部分子公司通过与其供应商、客户和其他外部单位虚构合同、空转资金，开展无实物流转的虚构贸易业务，累计虚增收入2 307 345.06万元，虚增成本2 108 384.88万元，虚增利润总额198 960.18万元。

此外，金正大还存在未按规定披露关联方及关联交易，部分资产、负债科目存在虚假记载等问题。其中，金正大在《2018年年度报告》中虚减应付票据、其他应收款92 800万元，在《2019年半年度报告》中虚减应付票据、其他应收款102 800万元；在《2019年年度报告》中虚增存货319 715.17万元，虚增利润总额14 181.26万元，虚增负债1 435.84万元。

根据当事人违法行为的事实、性质、情节与社会危害程度，证监会决定对金正大及其实际控制人、董事长、总经理万连步等8位相关责任人合计罚款755万元，同时对万连步、李计国、唐勇3名主要负责人分别采取10年、5年、3年市场禁入措施。

思考：在这个案例中涉及了哪些原始凭证的造假问题？原始凭证的填制是否达到要求？财务主管应该从哪些方面审核公司的原始凭证？

资料来源：王震，高雷.证监会公布2022年"一号罚单"：金正大因财务造假等问题被罚755万元[EB/OL].(2022-02-14)[2024-03-27]. http://finance.people.com.cn/n1/2022/0214/c1004-32351648.html.

第一节　会计凭证概述

一、会计凭证的概念

会计凭证是记录经济业务事项发生或完成情况的书面证明，也是登记会计账簿的依据。合法取得、正确填制和审核会计凭证是会计核算的基本技能之一。

二、会计凭证的作用

会计凭证的作用体现为以下三个方面。

(一)记录经济业务,提供记账依据

会计工作在本质上是对单位的财产权利和义务等法律关系及其变动进行分类统计。为确保会计信息的公益性和公信力,保证其具备法律上的证明力,应当要求单位的记账行为必须具备原始凭证的支持。《会计法》第九条规定,各单位必须根据实际发生的经济业务事项进行会计核算,填制会计凭证,登记会计账簿,编制财务会计报告。任何单位不得以虚假的经济业务事项或者资料进行会计核算。《会计基础工作规范》规定,除结账和更正错误的记账凭证可以不附原始凭证外,其他记账凭证必须附有原始凭证。

(二)明确经济责任,强化内部控制

会计凭证有助于明确单位各管理层级的职责,有助于强化单位内部管理制度。会计凭证的流转顺序是单位内部控制流程的生动体现。

(三)监督经济活动,控制经济运行

会计凭证对国民经济管理具有重要意义,国家对宏观经济的调控、对产业或行业发展的指引都离不开会计信息的支持。

三、会计凭证的种类

会计凭证按照填制程序和用途可分为原始凭证和记账凭证。

(一)原始凭证

原始凭证又称单据,是在经济业务发生时取得或填制,载明经济业务具体内容和完成情况的书面证明。它是进行会计核算的原始资料和主要依据。

原始凭证的作用主要是记载经济业务的发生过程和具体内容。原始凭证记载的信息是整个企业会计信息系统运行的起点,原始凭证的质量将决定会计信息的质量。常用的原始凭证有现金收据、发货单、银行进账单、差旅报销单、入库单、领料单等。

(二)记账凭证

记账凭证是根据原始凭证进行归类、整理,编制会计分录的凭证,它是登记账簿的直接依据。原始凭证种类繁多、格式不一,会计人员不便于在原始凭证上编制会计分录,据以记账,所以有必要将各种原始凭证反映的经济内容加以归类整理,将其确认为某一会计要素后,编制记账凭证。

记账凭证介于原始凭证和会计账簿的中间环节。

记账凭证的主要作用是确定会计分录,进行账簿登记。记账凭证是登记总分类账户和明细分类账户的依据,能反映经济业务的发生和完成情况,监督企业经济活动,明确相关人员的责任。

原始凭证到记账凭证是经济信息转换成会计信息的过程,是会计的初始确认阶段。本章第二节将对原始凭证与记账凭证进行具体阐述。

第二节 原始凭证与记账凭证

一、原始凭证的定义和种类

(一)原始凭证的定义

原始凭证是指在经济业务发生或完成时取得或填制的,用来记录或证明经济业务的发

生或完成情况的原始凭据。

(二) 原始凭证的种类

1. 按照取得来源分类

原始凭证按照取得来源,可分为自制原始凭证和外来原始凭证。

1) 自制原始凭证

自制原始凭证是指由本单位有关部门和人员在执行或完成某项经济业务时,自制用于成本、费用、损失和其他收(支)核算的会计原始凭证。例如,仅供本单位内部使用的借款借据、差旅费报销单、领料单(图4-1)等。

领料单

| 领料单位: | | | | | | | | 编号: |
| 用途: | | | 年 月 日 | | | | | 仓库: |

材料类别	材料编号	材料名称	规格	计量单位	数量		单价	金额
					请领	实发		

记账:　　　　发料:　　　　　　　领料单位负责人:　　　　　领料:

图4-1 领料单

2) 外来原始凭证

外来原始凭证是指在经济业务发生或完成时,从其他单位或个人取得的用来证明其支出发生的凭证,包括发票、财政票据、完税凭证、收款凭证、分割单、机票、火车票、餐费收据、点菜单等。增值税专用发票如图4-2所示。

××市增值税专用发票

发票联　　　　　　　　开票日期:

购买方	名称: 纳税人识别号: 地址、电话: 开户行及账号:					密码区			
	货物或应税劳务、服务名称	规格型号	单位	数量	单价	金额	税率	税额
	合计							
	价税合计(大写)				(小写)¥			
销售方	名称: 纳税人识别号: 地址、电话: 开户行及账号:					备注		

收款人:　　　　复核:　　　　　开票人:　　　　　销售方:(章)

图4-2 增值税专用发票

2. 按照格式分类

原始凭证按照格式,可分为通用凭证和专用凭证。

1) 通用凭证

通用凭证是指由有关部门统一印制、在一定范围内使用的具有统一格式和使用方法的原始凭证,如发票。

2) 专用凭证

专用凭证是指由单位自行印制、仅在本单位内部使用的原始凭证,如材料领用单、借据、差旅费报销单等。

3. 按照填制手续和内容分类

原始凭证按照填制手续和内容,可分为一次凭证、累计凭证和汇总凭证。这主要是针对自制原始凭证而言的。

1) 一次凭证

一次凭证是指一次填制完成,只记录一笔经济业务且仅一次有效的原始凭证,如收据、银行结算凭证、入库单、领料单等。

2) 累计凭证

累计凭证是指在一定时期内多次记录发生的同类型经济业务且多次有效的原始凭证。其特点是:在一张凭证内可以连续登记相同性质的经济业务,随时结出累计数及结余数,并按照费用限额进行费用控制,期末按实际发生额记账。累计凭证是多次有效的原始凭证。限额领料单是典型的累计凭证,如图4-3所示。

限额领料单

领料单位:加工车间　　　　　　　　　　　　仓库:2号
用途:制造甲产品　　　　　　　　　　　　　计划产量:2 000台
　　　　　　　　　　　　　　　　　　　　　单位消耗定额:0.5千克/台

材料类别	材料编号	材料名称	规格	计量单位	单价	领料限额	全月实领	
							数量	金额
黑色金属	8303	圆钢	3 mm	千克	2	1 000	950	1 900

日期		请领		实发		限额结余
2×24年	数量	领料单位主管签章	领料人签章	数量	发料人签章	
月	日						
3	5	500	王克	赵明	500	李忠	500
	15	300	王克	赵明	300	李忠	200
	25	150	王克	赵明	150	李忠	50

仓库负责人:林海　　　　　　　　　　　　生产部门负责人:张力

图4-3　限额领料单

3) 汇总凭证

汇总凭证是指对一定时期内反映经济业务内容相同的若张原始凭证,按照一定标准综合填制的凭证。发料凭证汇总表是典型的汇总凭证,如表4-1所示。负责材料管理的会计人员一般按旬汇总,每月编制一份发料凭证汇总表交给记账人员进行账务处理。

表 4-1　　　　　　　　　　　　　发料凭证汇总表
　　　　　　　　　　　　　　　　　　年　　月

用途(借方科目)	上旬	中旬	下旬	月计
生产成本				
甲产品				
乙产品				
制造费用				
管理费用				
在建工程				
本月领料合计				

4-1视频：
原始凭证的
分类

二、原始凭证的填制

(一)原始凭证的基本内容

原始凭证的格式和内容因经济业务和经营管理的要求不同而有所差异,但应当具备以下基本内容(也称原始凭证要素):①凭证的名称。②填制凭证的日期。③填制凭证单位名称或者填制人姓名。④经办人员的签名或者盖章。⑤接受凭证单位名称。⑥经济业务内容。⑦数量、单价和金额。

(二)原始凭证的填制要求

1. 原始凭证填制的基本要求

(1)记录真实。原始凭证所填列经济业务的内容和数字必须真实、可靠,符合实际情况。

(2)内容完整。原始凭证所要求填列的项目必须逐项填列齐全,不得遗漏或省略。原始凭证中的年、月、日要按照填制原始凭证的实际日期填写;名称要齐全,不能简化;品名或用途要填写明确,不能含糊不清;有关人员的签章必须齐全。

(3)手续完备。单位自制的原始凭证必须有经办单位相关负责人的签名盖章;对外开出的原始凭证必须加盖本单位公章或者财务专用章;从外部取得的原始凭证,必须盖有填制单位的公章或者财务专用章;对外开出或从外取得的电子形式的原始凭证必须附有符合《中华人民共和国电子签名法》的电子签名;从个人取得的原始凭证,必须有填制人员的签名或盖章。

(4)书写清楚、规范。原始凭证要按规定填写,文字要简明,字迹要清楚,易于辨认,不得使用未经国务院公布的简化汉字。大小写金额必须符合填写规范,小写金额用阿拉伯数字逐个书写,不得写连笔字。在金额前要填写人民币符号"￥"(使用外币时填写相应符号),且与阿拉伯数字之间不得留有空白。金额数字一律填写到角、分,无角无分的,写"00"或符号"一";有角无分的,分位写"0",不得用符号"一"。大写金额用汉字大写壹、贰、叁、肆、伍、陆、柒、捌、玖、拾、佰、仟、万、亿、元、角、分、零、整(正)等,一律用正楷或行书字书写。大写金额前未印有"人民币"字样的,应加写"人民币"三个字且和大写金额之间不得留有空白。大写金额到元或角为止的,后面要写"整"或"正"字;有分的,不写"整"或"正"字,如小写金额为

¥1 007.00,大写金额应写成"壹仟零柒元整"。

(5) 编号连续。各种凭证要连续编号,以便检查。如果凭证已预先印定编号,如发票、支票等重要凭证,在因错作废时,应加盖"作废"戳记,妥善保管,不得撕毁。

(6) 不得涂改、刮擦、挖补。原始凭证金额有错误的,应当由出具单位重开,不得在原始凭证上更正。原始凭证有其他错误的,应当由出具单位重开或更正,更正处应当加盖出具单位印章。

(7) 填制及时。各种原始凭证一定要及时填写,并按规定的程序及时送交会计机构审核。

2. 自制原始凭证的填制要求

不同的自制原始凭证,填制要求也有所不同。

(1) 一次凭证的填制。一次凭证应在经济业务发生或完成时,由相关业务人员一次填制完成。该凭证往往只能反映一项经济业务,或者同时反映若干项同一性质的经济业务。

(2) 累计凭证的填制。累计凭证应在每次经济业务完成后,由相关人员在同一张凭证上重复填制完成。该凭证能在一定时期内不断重复地反映同类经济业务的完成情况。

(3) 汇总凭证的填制。汇总凭证应由相关人员在汇总一定时期内反映同类经济业务的原始凭证后填制完成。该凭证只能将类型相同的经济业务进行汇总,不能汇总两类或两类以上的经济业务。

3. 外来原始凭证的填制要求

外来原始凭证应在企业与外单位发生经济业务时,由外单位的相关人员填制完成。外来原始凭证一般由税务局等业务部门统一印制,或经税务部门批准由经营单位印制,在填制时加盖出具凭证单位公章方为有效。若是电子发票,可以以电子签名代替发票专用章。对于一式多联的原始凭证必须用复写纸套写或打印机套打。

(三) 原始凭证的审核

会计机构必须对原始凭证进行审核,并根据经过审核的原始凭证编制记账凭证。为了如实反映经济业务的发生和完成情况,充分发挥会计的监督职能,保证会计信息的真实、合法、完整和准确,会计人员必须对原始凭证进行严格审核。会计机构、会计人员对不真实、不合法的原始凭证有权不予接受,并向单位负责人报告;对记载不准确、不完整的原始凭证予以退回,并要求按照国家统一的会计制度的规定更正、补充。

原始凭证的审核内容主要包括:①审核原始凭证的真实性。②审核原始凭证的合法性。③审核原始凭证的合理性。④审核原始凭证的完整性。⑤审核原始凭证的正确性。⑥审核原始凭证的及时性。

从外单位取得的原始凭证,必须盖有填制单位的公章;从个人取得的原始凭证,必须有填制人员的签名或者盖章。自制原始凭证必须有经办单位领导或者其指定的人员签名或者盖章。对外开出的原始凭证,必须加盖本单位公章。

凡填有大写和小写金额的原始凭证,大写与小写金额必须相符。购买实物的原始凭证,必须有验收证明。支付款项的原始凭证,必须有收款单位和收款人的收款证明。

一式几联的原始凭证,应当注明各联的用途,只能以一联作为报销凭证。一式几联的发票和收据,必须用双面复写纸(发票和收据本身具备复写纸功能的除外)套写,并连续编号。作废时,应当加盖"作废"戳记,连同存根一起保存,不得撕毁。

发生销货退回的,除填制退货发票外,还必须有退货验收证明;退款时,必须取得对方的收款收据或者汇款银行的凭证,不得以退货发票代替收据。

职工因公出差借款凭据,必须附在记账凭证之后。收回借款时,应当另开收据或者退还借据副本,不得退还原借款收据。

经上级有关部门批准的经济业务,应当将批准文件作为原始凭证附件。如果批准文件需要单独归档,则应当在凭证上注明批准机关名称、日期和文件字号。

三、记账凭证的定义和种类

(一)记账凭证的定义

记账凭证又称记账凭单,是指会计人员根据审核无误的原始凭证,按照经济业务的内容加以归类,并据以确定会计分录后所填制的会计凭证,作为登记账簿的直接依据。

(二)记账凭证的种类

会计机构、会计人员要根据审核无误的原始凭证填制记账凭证。记账凭证可按不同标准分类。

1. 按凭证的用途分类

按凭证的用途分类,记账凭证可分为专用记账凭证和通用记账凭证。

1) 专用记账凭证

专用记账凭证是指分类反映经济业务的记账凭证。按反映经济业务的内容分类,专用记账凭证又可分为收款凭证、付款凭证和转账凭证。

(1) 收款凭证是指用于记录现金和银行存款收款业务的记账凭证。此凭证已经在左上角锁定借方科目,在实务工作中,会计人员只需打"√"即可选定借方科目,且只需要填写应贷记的科目,如图4-4所示。

收款凭证

借方科目:　　　　　　　　　　年　月　日　　　　　　　　收字第　号

摘要	贷方科目		金额	记账
	总账科目	明细科目		
合计				

会计主管:　　　　记账:　　　　出纳:　　　　审核:　　　　填制:

附件　张

图4-4　收款凭证

(2) 付款凭证是指用于记录现金和银行存款付款业务的记账凭证。此凭证已经在左上角锁定贷方科目,会计人员只需打"√"且只需要填写应借记的科目,如图4-5所示。

付款凭证

贷方科目：　　　　　　　　　　　　年　月　日　　　　　　　　　收字第　号

摘要	借方科目		金额	记账
	总账科目	明细科目		
合计				

会计主管：　　　记账：　　　出纳：　　　审核：　　　填制：

附件　张

图 4-5　收款凭证

（3）转账凭证是指不涉及现金和银行存款的记账凭证。会计人员填写应借记和应贷记的科目，如图 4-6 所示。

转账凭证

年　月　日　　　　　　　　　　　　转字第　号

摘要	总账科目	明细科目	借方金额	贷方金额	记账
合计					

会计主管：　　　记账：　　　审核：　　　填制：

附件　张

图 4-6　转账凭证

2）通用记账凭证

通用记账凭证是指用来反映所有经济业务的记账凭证，为各类经济业务所共同使用，其格式与转账凭证相同，会计人员填写应借记和应贷记的会计科目。

2. 按凭证的填列方式分类

按照凭证的填列方式分类，记账凭证可分为单式记账凭证和复式记账凭证。

1）单式记账凭证

单式记账凭证是指每一张记账凭证只填列经济业务事项所涉及的一个会计科目及其金额的记账凭证，填列借方科目的称为借项记账凭证，填列贷方科目的称为贷项记账凭证。

2）复式记账凭证

复式记账凭证是指将每一笔经济业务所涉及的全部会计科目及其发生额均在同一张记账凭证中反映的一种凭证。

4-2 扫一扫，练一练

4-3 扫一扫，练一练答案

四、记账凭证的填制

(一) 记账凭证的基本内容

记账凭证是登记账簿的依据,因其所反映经济业务的内容不同、各单位规模大小及其对会计核算繁简程度的要求不同,其内容有所差异,但应当具备以下基本内容:①填制凭证的日期。②凭证编号。③经济业务摘要。④会计科目。⑤金额。⑥所附原始凭证张数。⑦填制凭证人员、稽核人员、记账人员、会计主管人员签名或者盖章。收款和付款记账凭证还应当由出纳人员签名或者盖章。以自制的原始凭证或者原始凭证汇总表代替记账凭证的,也必须具备记账凭证应有的项目。

(二) 记账凭证的填制要求

1. 记账凭证填制的基本要求

记账凭证的填制除了要做到内容完整、书写清楚和规范,还必须符合下列要求:

(1) 除了结账和更正错账可以不附原始凭证,其他记账凭证必须附原始凭证。

(2) 记账凭证可以根据每一张原始凭证填制,或根据若干张同类原始凭证汇总填制,也可以根据原始凭证汇总表填制;但不得将不同内容和类别的原始凭证汇总填制在一张记账凭证上。

(3) 记账凭证应连续编号。记账凭证应由主管该项业务的会计人员,按业务发生的顺序并按不同种类的记账凭证采用"字号编号法"连续编号,如银收字 1 号、现收字 2 号、现付字 1 号、银付字 2 号。如果一笔经济业务需要填制两张以上(含两张)记账凭证的,会计人员可以采用"分数编号法"编号,如转字 $4\frac{1}{3}$ 号、转字 $4\frac{2}{3}$ 号、转字 $4\frac{3}{3}$ 号。为便于监督,反映付款业务的会计凭证不得由出纳人员编号。

(4) 填制记账凭证时若发生错误,应当重新填制。已经登记入账的记账凭证在当年内发现填写错误时,会计人员可以用红字填写一张与原内容相同的记账凭证,在摘要栏注明"注销某月某日某号凭证"字样,同时再用蓝字重新填制一张正确的记账凭证,注明"订正某月某日某号凭证"字样。如果会计科目没有错误,只是金额错误,会计人员可以将正确数字与错误数字之间的差额另编一张调整的记账凭证,调增金额用蓝字,调减金额用红字。发现以前年度记账凭证有错误的,会计人员应当用蓝字编制一张更正的记账凭证。

(5) 记账凭证填制完成后,如有空行,会计人员应当自金额栏最后一笔金额数字下的空行处至合计数上的空行处划线注销。

2. 收款凭证的填制要求

收款凭证左上角的"借方科目"按收款的方式填写"库存现金"或"银行存款"科目;日期填写的是填制本凭证的日期;右上角填写填制收款凭证的顺序号;"摘要"填写对所记录的经济业务的简要说明;"贷方科目"填写与"库存现金"或"银行存款"科目相对应的会计科目;"记账"是指该凭证已登记账簿的标记,防止经济业务重记或漏记;"金额"是指该项经济业务的发生额;该凭证右边"附件×张"是指本记账凭证所附原始凭证的张数;凭证下方分别由有关人员签章,以明确经济责任。

3. 付款凭证的填制要求

付款凭证是根据审核无误的有关库存现金和银行存款的付款业务的原始凭证填制的。

付款凭证的填制方法与收款凭证基本相同,不同的是在付款凭证的左上角应填列贷方科目,即"库存现金"或"银行存款"科目,"借方科目"栏应填写与"库存现金"或"银行存款"科目相对应的总账科目和明细科目。

对涉及"库存现金"和"银行存款"科目之间的相互划转业务,为了避免重复记账,一般只填制付款凭证,不再填制收款凭证。

出纳人员在办理收款或付款业务后,应在原始凭证上加盖"收讫"或"付讫"的戳记,以免重收重付。

4. 转账凭证的填制要求

转账凭证通常是根据有关转账业务的原始凭证填制的。转账凭证中"总账科目"和"明细科目"栏填写应借、应贷的总账科目和明细科目,借方科目应记金额在同一行的"借方金额"栏填列,贷方科目应记金额在同一行的"贷方金额"栏填列,"借方金额"栏合计数与"贷方金额"栏合计数应相等。

此外,某些既涉及收款业务,又涉及转账业务的综合性业务,可分开填制不同类型的记账凭证。

(三) 记账凭证的审核

为了保证会计信息的质量,在记账之前应由有关稽核人员对记账凭证进行严格审核,审核的内容主要包括:①原始凭证是否齐全,内容是否真实。②记账凭证摘要与原始凭证是否相符。③是否有发票,发票是否为本年度,发票抬头是否符合要求。④账务处理(包括明细科目)是否正确。⑤金额是否正确、书写是否规范。⑥相关人员是否签名盖章。

五、会计凭证的传递和保管

(一) 会计凭证的传递

会计凭证的传递是指会计凭证从取得或填制时起,经过审核、记账、装订到归档保管时止,在单位内部有关部门和人员之间按规定的时间、路线办理业务手续和进行处理的过程。各种会计凭证,它们所记载的经济业务不同,涉及的部门和人员不同,需要办理的业务手续也不同,因此,企业应当为各种会计凭证规定一个合理的传递程序,即一张会计凭证填制后应交到哪个部门、哪个岗位、由谁办理业务手续等,直到归档保管为止。

(二) 会计凭证的保管

会计凭证是各项经济活动的历史记录,是重要的经济档案。为了便于随时查阅利用,各种会计凭证在办理好各项业务手续,并据以记账后,应由会计部门加以整理、归类,并送交档案部门妥善保管。

1. 会计凭证的整理归类

会计部门在记账以后,应定期(一般为每月)将会计凭证加以归类整理,即把记账凭证及其所附的原始凭证,按记账凭证的编号顺序进行整理,在确保记账凭证及其所附的原始凭证完整无缺后,将其折叠整齐,加上封面(图4-7)、封底,装订成册,并在装订线上加贴封签,以防散失和任意拆装。在封面上要注明单位名称、凭证种类、所属年月、起讫日期、起讫号码、凭证张数等,会计主管或指定装订人员要在装订线封签处签名或盖章,并入档保管。

年　　月	（会计主体名称）
第　　册	年　　　月份共　　　册　　第　　　册 收款 付款　　凭证第　　　号至　　　号共　　　张附原始凭证　　　张 转账 会计主管：　　　　　　　　保管：

图 4－7　会计凭证封面

那些数量过多或各种随时需要查阅的原始凭证，可以单独装订保管，在封面上注明记账凭证的日期、编号、种类，同时在记账凭证上注明"附件另订"。各种经济合同和重要的涉外文件等凭证，应另编目录，单独登记保管，并在有关记账凭证和原始凭证上注明。

2．会计凭证的造册归档

每年的会计凭证都应由会计部门按照归档的要求，负责整理立卷或装订成册。当年的会计凭证，在会计年度终了后，可暂由会计部门保管 1 年，期满后，原则上应由会计部门编造清册移交本单位档案部门保管。档案部门接收的会计凭证，原则上要保持原卷册的封装，个别需要拆封重新整理的，应由会计部门和经办人员共同拆封整理，以明确责任。会计凭证必须做到妥善保管、存放有序、查找方便，并要严防毁损、丢失和泄密。

3．会计凭证的借阅

会计凭证原则上不得借出，如有特殊需要，须报请批准，但不得拆散原卷册，并应限期归还。相关人员需要查阅已入档的会计凭证时，必须办理借阅手续。其他单位因特殊原因需要使用原始凭证时，经本单位负责人批准，可以复制。但向外单位提供的原始凭证复印件，应在专设的登记簿上登记，并由提供人员和收取人员共同签名或盖章。

4．会计凭证的销毁

会计凭证的保管期限一般为 30 年。保管期未满，任何人都不得随意销毁会计凭证。按规定销毁会计凭证时，必须开列清单，报经批准后，由档案部门和会计部门共同派员监销。在销毁会计凭证前，监督销毁人员应认真清点核对，销毁后，在销毁清册上签名或盖章，并将监销情况报本单位负责人。

第三节　会计账簿概述

一、会计账簿的概念

会计账簿是指由一定格式的账页组成的，以经过审核的会计凭证为依据，全面、系统、连续地记录各项经济业务的簿籍。设置和登记会计账簿，既是填制和审核会计凭证的延伸，又是编制财务报表的基础。会计账簿是连接会计凭证和财务报表的中间环节。

各单位发生的各项经济业务事项应当在依法设置的会计账簿上统一登记、核算，不得违反《会计法》和国家统一的会计制度的规定私设会计账簿。

二、会计账簿的作用

每个单位都应按照国家统一的会计制度和会计业务的需要设置和登记会计账簿。设置会计账簿是会计工作的一个重要环节,登记会计账簿则是会计核算的一种专门方法。科学地设置会计账簿和正确地登记会计账簿对全面完成会计核算工作具有重要意义。

(一) 记载和储存会计信息

将会计凭证所记录的经济业务记入有关账簿,可以系统地归纳和积累会计核算的资料,全面反映会计主体在一定时期内所发生的各项资金运动,储存企业所需要的各项会计信息。

(二) 分类和汇总会计信息

通过会计账簿的序时核算和分类核算,全面、系统地反映企业生产经营情况,收入的构成和支出的情况,财物的购置、使用、保管情况,提供一定时期内经济活动的详细情况;同时,会计账簿可以通过发生额、余额的计算,提供各方面所需要的总括会计信息,反映财务状况、经营成果和现金流量的综合价值指标。

(三) 检查和校正会计信息

会计账簿记录是会计凭证信息的进一步整理,也是会计分析、会计检查的重要依据。设置和登记会计账簿,利用会计账簿的核算资料,为开展财务分析和会计检查提供依据;对会计账簿资料的检查、分析,可以了解企业贯彻有关方针、政策、制度的情况,可以考核各项计划的完成情况;另外,对资金使用是否合理、费用开支是否符合标准、经济效益有无提高、利润的形成与分配是否符合规定等作出分析及评价,从而找出差距,挖掘潜力,提出改进措施。

(四) 编报和输出会计信息

会计账簿的编制可以为计算财务成果、编制财务报表提供依据。根据会计账簿记录的费用、成本和收入、成果资料,可以计算一定时期的财务成果,检查费用、成本、利润计划的完成情况。经核对无误的会计账簿资料及其加工的数据为财务报表使用者提供总括和具体的资料,是财务报表编制的主要依据。另外,需要使用企业会计信息的外部各方可以通过财务报表获得有用的会计信息。

三、会计账簿的种类

会计账簿的种类很多,不同类别的会计账簿可以提供不同的信息,满足不同的需要。各单位应当按照国家统一的会计制度的规定和会计业务的需要设置会计账簿。会计账簿按照用途分类,可分为序时账簿、分类账簿、备查账簿;按照账页格式分类,可分为两栏式账簿、三栏式账簿、多栏式账簿、数量金额式账簿、横线登记式账簿;按照外形特征分类,可分为订本式账簿、活页式账簿、卡片式账簿。

(一) 按用途分类

1. 序时账簿

序时账簿又称日记账,是按照经济业务发生时间的先后顺序逐日逐笔登记的账簿。序时账簿按其记录的内容,又可分为普通日记账和特种日记账。

1) 普通日记账

普通日记账又称分录账、分录簿、分录日记账,是指对单位的全部经济业务按其发生时间的先后顺序逐日逐笔登记的账簿。普通日记账的格式如表4-2所示。

表4-2　　　　　　　　　　　　　普通日记账　　　　　　　　　　　　　单位:元

2×24年		凭证号数	摘要	对应账户	金额		过账
月	日				借方	贷方	
5	6	(略)	购入材料,价税款未付	在途物资 应交税费 应付账款	10 000 1 300	11 300	
	18	(略)	偿还前欠款	应付账款 银行存款	11 300	11 300	
			……				

这种账簿中所记载的信息是一笔笔的会计分录。因此,普通日记账实质上是记账凭证的誊写本,但是誊写工作量比较大。普通日记账设有借方金额栏和贷方金额栏,因此,其又被称作两栏式日记账。

2) 特种日记账

特种日记账是指对某一特定种类的经济业务按其发生时间的先后顺序逐日逐笔登记的账簿。特种日记账主要有现金日记账和银行存款日记账。在我国,大多数单位一般只设特种日记账。

2. 分类账簿

分类账簿是指按照分类会计科目设置的对各项经济业务进行分类登记的账簿。分类账簿按其反映经济业务的详略程度,又可分为总分类账簿和明细分类账簿。分类账簿提供的会计信息是编制财务报表的主要依据。

1) 总分类账簿

总分类账簿又称总账,是指根据总分类账户开设的,总括反映某类经济活动的账簿。

2) 明细分类账簿

明细分类账簿又称明细账,是指根据明细分类账户开设的,用来提供某一具体经济业务明细的核算资料的账簿。

总账对所属的明细账起统驭作用,明细账对总账进行补充和说明。

3. 备查账簿

备查账簿又称辅助登记簿或补充登记簿,是指对某些在序时账簿和分类账簿中未能记载或记载不全的经济业务进行补充登记的账簿,如备查日记账、备查分类账。备查账簿只是对其他账簿记录的一种补充,与其他账簿之间不存在严密的依存和勾稽关系。备查账簿根据企业的实际需要设置,没有固定的格式要求。备查账簿包括应收票据备查簿、委托加工物资备查簿等。

(二) 按账页格式分类

1. 两栏式账簿

两栏式账簿是指由只设有借方和贷方两个基本金额栏目的账页所组成的账簿。在我国,这种账簿很少被采用。

2. 三栏式账簿

三栏式账簿是指由设有借方、贷方和余额三个基本栏目的账页组成的账簿。各种日记账、总账以及负债类、所有者权益类总账所属的明细账户都可使用三栏式账簿。

3. 多栏式账簿

多栏式账簿是指由在借方和(或)贷方按需要分设若干专栏的账页所组成的账簿。收入类、费用类总账账户所属的明细账户一般采用这种格式的账簿。

4. 数量金额式账簿

数量金额式账簿是指在账簿的借方、贷方和余额三个栏目内，每个栏目再分设数量、单价和金额三小栏，以反映财产物资的实物数量和价值量的账簿。原材料、库存商品、产成品等存货明细账户一般采用数量金额式账簿。

5. 横线登记式账簿

横线登记式账簿又称平行式账簿，是指将前后密切相关的经济业务登记在同一行上，以便检查每笔业务的发生和完成情况的账簿。例如，在采用计划成本法对原材料的采购业务进行核算时，会计人员通常需要按照实际采购价格记录实际成本，同时记录计划成本和材料成本差异。

(三) 按外形特征分类

1. 订本式账簿

订本式账簿简称订本账，是指在启用之前就已将账页装订在一起并对账页进行连续编号的账簿，如订本分类账和订本日记账。这类账簿的优点是可以防止账页被抽换，从而保证账簿的完整性；缺点是难以准确地为每一个账户预留账页。订本账一般适用于总分类账、现金日记账、银行存款日记账。

2. 活页式账簿

活页式账簿简称活页账，是指将一定数量的账页置于活页夹内，可以根据记账内容的变化随时增加或减少部分账页的账簿，如活页分类账。各种明细分类账一般采用活页账形式。在账簿登记完毕前，并不把账页固定地装订在一起，而是装在活页账夹中，直至账簿登记完毕后(通常是一个会计年度结束后)才将账页装订、加具封面，并给各账页连续编号。

3. 卡片式账簿

卡片式账簿简称卡片账，是将一定数量的卡片式账页存放于专设的卡片箱中，可以根据需要随时增添账页的账簿。严格说，卡片账也是一种活页账，只不过它不是装在活页账夹中，而是装在卡片箱内。实际工作中，固定资产的明细核算一般采用卡片账形式。

第四节 账簿的启用与登记

一、账簿的基本内容

在实际工作中，由于各种账簿所记录的经济业务不同，账簿的格式也多种多样。但是，不管格式如何，各种账簿都应具备以下基本内容。

4-4视频：会计账簿的种类

（一）封面

封面主要标明账簿的名称，如总分类账、现金日记账、银行存款日记账等。

（二）扉页

扉页主要列明科目索引、账簿使用和经管人员一览表。经管人员一览表内容包括单位名称、账簿名称、账簿页数、启用日期；单位领导签章和会计主管人员签章；经管人员职别、姓名、签章；经管或接管日期、移交日期等。

（三）账页

账页的基本结构包括账户名称、记录经济业务的日期、据以记账的记账凭证编号、经济业务摘要、增加额、减少额和余额等。

二、账簿的启用

启用账簿时，应当在账簿封面上写明单位名称和账簿名称。在账簿扉页上附启用表，内容包括启用日期、账簿页数、记账人员和会计机构负责人、会计主管人员，并加盖名章和单位公章。记账人员或者会计机构负责人、会计主管人员调动工作时，应当注明交接日期、接办人员或者监交人员姓名，并由交接双方人员签名或者盖章。

启用订本式账簿，应当从第一页到最后一页按顺序编定页数，不得跳页、缺号。使用活页式账页，应当按账户顺序编号，并定期装订成册。装订后再按实际使用的账页顺序编定页码。另加目录，记明每个账户的名称和页次。

三、账簿的登记

（一）账簿登记的要求

为保证账簿记录的正确性，记账人员必须根据审核无误的会计凭证登记会计账簿，并符合有关法律、行政法规和国家统一的会计准则制度的规定。账簿登记的主要要求包括以下内容。

1. 准确、完整、及时

记账人员在登记账簿时，将会计凭证日期、编号、业务内容摘要、金额和其他有关资料逐项记入账内，做到数字准确、摘要完整、登记及时。

2. 注明记账符号

登记完毕后，记账人员要在会计凭证上签名或盖章，并注明已经登账的符号（如"√"，表示已经记账）。

3. 书写留空

账簿中书写的文字和数字上面要留适当空距，不要写满格，一般应占格高的1/2。

4. 正常记账使用蓝黑墨水

登记账簿要用蓝黑或黑色墨水书写，不得使用圆珠笔（银行的复写账簿除外）或铅笔书写。

5. 特殊记账使用红墨水

使用红墨水的情况有：一是依据红字冲账的记账凭证，冲销错误记录。二是在不设借贷等栏的多栏式账页中，登记减少数。三是在三栏式账户的余额栏前，如未印明余额的方向，在余额栏内登记负数余额。四是会计制度中规定用红字登记的其他记录。

6. 顺序连续登记

各种账簿按页次顺序连续登记，不得跳行、隔页。如果发生跳行、隔页，应将空行、空页划线注销，或注明"此行空白"或注明"此页空白"字样，并由记账人员签名或盖章。

7. 结出余额

凡需要结出余额的账户，结出余额后，记账人员应在"借或贷"栏内写明"借"或"贷"字样。没有余额的账户，记账人员应在"借或贷"栏内写"平"字，并在余额栏内用"0"表示。现金日记账和银行存款日记账必须逐日结出余额。

8. 过次承前

每一账页登记完毕结转下页时，记账人员应结出本页合计数及余额，写在本页最后一行和下页第一行有关栏内，并在本页的摘要栏内注明"过次页"字样，在次页的摘要栏内注明"承前页"字样。

9. 不得涂改、刮擦、挖补

因记账凭证错误而导致账簿记录发生错误的，记账人员应按已经更正的记账凭证登记账簿，进行更正。

（二）账簿的格式和登记方法

1. 日记账的格式和登记方法

1）现金日记账的格式与登记方法

现金日记账是指用来核算和监督库存现金日常收、付和结存情况的序时账簿。现金日记账的格式主要有三栏式和多栏式两种，现金日记账必须使用订本账。

三栏式现金日记账是指用来登记库存现金的增减变动及其结果的日记账，设借方、贷方和余额三个金额栏目，分别称为收入、支出和结余。三栏式现金日记账是由出纳人员根据库存现金收款凭证、库存现金付款凭证以及银行存款的付款凭证，按照库存现金收付款业务和银行存款付款业务发生时间的先后顺序逐日逐笔登记。出纳人员应当逐日逐笔登记现金日记账，按照"上日余额＋本日收入－本日支出＝本日余额"的公式，逐日结出当日的现金余额，并与现金实际数核对。从银行提取现金的业务，由于只填制付款凭证，出纳人员记账时应根据银行存款付款凭证予以登记。

多栏式现金日记账是在三栏式现金日记账基础上发展起来的。这种日记账的借方（收入）和贷方（支出）金额栏都按对方科目设专栏，也就是按收入的来源和支出的用途设专栏。这种格式在月末结账时可以结出各收入来源专栏和支出用途专栏的合计数，便于对现金收支的合理性、合法性进行审核分析，也便于检查财务收支计划的执行情况；另外，其全月发生额还可以作为登记总账的依据。如果多栏式现金日记账借方和贷方对应的科目太多，会计人员不断从左往右粘贴账页，会造成账页宽度过大，不便于记账和保管。于是，手工记账的会计实践中出现了分设多栏式现金收入日记账和现金支出日记账的做法，也就是把长长的账页做成两个分册，前者只按贷方科目设置专栏，另设"支出合计"栏和"余额"栏；后者只按支出的对方科目设专栏，不设"收入合计"栏和"余额"栏。这种分设的多栏式现金日记账，出纳人员记账时先分别登记现金收入日记账和现金支出日记账，每日营业终了，根据现金支出日记账中记载的支出合计数，转入现金收入日记账，从而结出当日余额。表4-3为常用的现金日记账。

表 4-3　　　　　　　　　　　现金日记账　　　　　　　　　　　单位:元

2×24年		凭证号数	摘要	对应账户	收入	付出	结余
月	日						
5	1	(略)	月初余额				500
	6		从银行提取现金	银行存款	16 000		16 500
	10		购买办公用品	管理费用		10 000	6 500
			……				

2) 银行存款日记账的格式与登记方法

银行存款日记账是指用来核算和监督银行存款每日的收入、支出和结余情况的账簿。银行存款日记账应按企业在银行开立的账户和币种分别设置,每个银行账户设置一本日记账。

银行存款日记账的格式和登记方法与三栏式现金日记账相同,即由出纳人员根据与银行存款收付业务有关的记账凭证,按时间先后顺序逐日逐笔进行登记;根据银行存款收款凭证和有关的库存现金付款凭证登记银行存款收入栏;根据银行存款付款凭证登记其支出栏;每日结出存款余额。表 4-4 为常用的银行存款日记账。

表 4-4　　　　　　　　　　　银行存款日记账　　　　　　　　　　　单位:元

2×24年		凭证号数	摘要	对应账户	收入	付出	结余
月	日						
5	1	(略)	月初余额				80 000
	6		从银行提取现金	库存现金		16 000	64 000
	7		收回货款	应收账款	30 000		94 000
	10		归还短期借款	短期借款		40 000	54 000
			……				

2. 总分类账簿的格式与登记方法

总分类账簿是指按照总分类账户分类登记以提供总括会计信息的账簿。总分类账簿必须采用订本式账簿。总分类账簿一般按照会计科目的编码顺序设置,并为每个账户预留账页。总分类账簿最常用的格式为三栏式,设有借方、贷方和余额三个金额栏目;根据实际工作需要,出纳人员也可在借方和贷方两栏内增设对方科目栏,但操作起来比较烦琐。

总分类账簿的登记方法因登记的依据不同而有所不同。经济业务少的小型单位的总分类账簿可以根据记账凭证逐笔登记;经济业务多的大中型单位的总分类账簿可以根据记账凭证汇总表(又称科目汇总表)或汇总记账凭证等定期登记。三栏式总分类账的格式如表 4-5 所示。

表4-5　　　　　　　　　　　　原材料总分类账　　　　　　　　　　　单位:元

2×24年		凭证号数	摘要	借方	贷方	借或贷	余额
月	日						
5	1	（略）	月初余额			借	120 000
	6		入库	20 000		借	140 000
	10		领用		5 000	借	135 000
	……						
	31		本月合计	40 000	44 000		
	31		月末余额			借	116 000

3. 明细分类账簿的格式与登记方法

各企业在设置总账的同时，还应设置必要的明细账。明细账是对总账的补充，同时也是编制会计报表的依据之一。

明细分类账簿一般根据记账凭证和相应的原始凭证来登记，能提供交易或事项比较详细、具体的核算资料，以补充总分类账簿所提供核算资料的不足。明细分类账簿一般采用活页式账簿、卡片式账簿。

根据各种明细分类账簿所记录经济业务的特点，明细分类账簿的常用账页格式主要有以下四种。

1) 三栏式明细账

三栏式明细账是指设有借方、贷方和余额三个栏目，用来分类核算各项经济业务，提供详细核算资料的账簿，其格式与三栏式总账的格式相同。这种格式的明细账适用于只进行金额核算的资本、债权、债务明细账，如"实收资本""应收账款""应付账款"等科目的明细分类核算。三栏式明细账的格式如表4-6所示。

表4-6　　　　　　　　　　　　其他应收款明细账

明细科目：李新　　　　　　　　　　　　　　　　　　　　　　　　　　单位：元

2×24年		凭证号数	摘要	借方	贷方	借或贷	余额
月	日						
5	1	（略）	月初余额			借	400
	6		报销差旅费		350	借	50
	6		报销差旅费		50	平	0
	31		本月发生额及月末余额		400	平	0

2) 多栏式明细账

多栏式明细账是将属于同一个总账科目的各个明细科目合并在一张账页上进行登记，即在多栏式账页的借方或贷方金额栏内按照明细项目设若干专栏。这种格式的明细账适用于收入、费用、利润和利润分配明细账，如"管理费用""营业外收入""利润分配"等科目的明细分类核算。多栏式明细账的格式见表4-7。

表 4-7　　　　　　　　　　　　　　　生产成本明细账

产品名称：甲产品　　　　　　　　　　　　　　　　　　　　　　　　单位：元

2×24年		凭证号数	摘要	成本项目			
月	日			直接材料	直接人工	制造费用	合计
6	1	（略）	月初余额	6 000	3 400	1 600	11 000
	30		本月领用原材料	13 000			13 000
	30		生产工人薪酬		7 400		7 400
	30		本月电费	1 250			1 250
	30		本月制造费用			2 450	2 450
	30		本月发生额	14 250	7 400	2 450	24 100
	30		结转完工产品	20 250①	10 800	4 050	35 100
	30		月末余额	0	0	0	0

3）数量金额式明细账

数量金额式明细账适用于既要进行金额核算又要进行数量核算的账户，如原材料、库存商品等存货账户，其借方（收入）、贷方（发出）和余额（结存）都分别设有数量、单价和金额三个专栏。

数量金额式账页提供了企业有关财产物资数量和金额收、发、存的详细资料，能加强财产物资的实物管理和使用监督，保证这些财产物资的安全完整。数量金额式明细账的格式如表 4-8 所示。

表 4-8　　　　　　　　　　　　　　　原材料总分类账

数量单位：千克
金额单位：元

二级科目：原材料及主要材料　　　　　　　　　最高储备：
材料名称：G 材料
材料规格：　　　　　　　　　　　　　　　　　最低储备：

2×24年		凭证号数	摘要	收入			发出			结存		
月	日			数量	单价	金额	数量	单价	金额	数量	单价	金额
5	1	（略）	月初余额							500	2	1 000
	6		车间领用				100	2	200	400	2	800
	10		入库	1 000	2	2 000				1 400	2	2 800
	12		车间领用				500	2	1 000	900	2	1 800
			……									
	31		本月发生额及月末余额	4 000	2	8 000	3 600	2	7 200	900	2	1 800

---

① ☐ 表示红字，后同。

4）横线登记式明细账

横线登记式明细账采用横线登记,即将每一相关业务登记在一行,从而可依据每一行各个栏目的登记是否齐全来判断该项业务的进展情况。这种格式的明细账适用于登记材料采购、在途物资、应收票据和一次性备用金业务明细账。

4. 总分类账户与明细分类账户的平行登记

平行登记是指对所发生的每项经济业务都要以会计凭证为依据,一方面记入有关总分类账户,另一方面记入所辖明细分类账户的方法。总分类账户与明细分类账户平行登记的要点如下:

（1）方向相同。在总分类账户及其所辖的明细分类账户中登记同一项经济业务时,方向应当相同。即在总分类账户中记入借方,在其所辖的明细分类账户中也应记入借方;在总分类账户中记入贷方,在其所辖的明细分类账户中也应记入贷方。

（2）期间一致。发生的经济业务,记入总分类账户和所辖明细分类账户的具体时间可以有先后,但应在同一个会计期间记入总分类账户和所辖明细分类账户。

（3）金额相等。记入总分类账户的金额必须与记入其所辖的一个或几个明细分类账户的金额合计数相等。

4-5 扫一扫,练一练

4-6 扫一扫,练一练答案

四、对账和结账

（一）对账

《会计基础工作规范》要求,各单位应当定期对会计账簿记录的有关数字与库存实物、货币资金、有价证券、往来单位或者个人等进行相互核对,保证账证相符、账账相符、账实相符。对账工作每年至少进行一次。

1. 对账的概念

对账就是核对账目,是对账簿记录进行的核对工作。

2. 对账的内容

对账一般分为账证核对、账账核对和账实核对。

（1）账证核对。账簿是根据经过审核之后的会计凭证登记的,但实际工作中仍有可能发生账证不符的情况。记账后,会计人员应将账簿记录与会计凭证核对,核对账簿记录与原始凭证、记账凭证的时间、凭证字号、内容、金额等是否一致,记账方向是否相符,做到账证相符。

会计期末如果发现账证不符,会计人员可以再将账簿记录与有关会计凭证进行核对,以保证账证相符。

（2）账账核对。账账核对的内容主要包括:①总分类账簿之间的核对。②总分类账簿与所属明细分类账簿之间的核对。③总分类账簿与序时账簿之间的核对。④明细分类账簿之间的核对。

（3）账实核对。账实核对是指各项财产物资、债权债务等账面余额与实有数额之间的核对。

账实核对的内容主要包括:①现金日记账账面余额与现金实际库存数逐日核对是否相符。②银行存款日记账账面余额与银行对账单的余额定期核对是否相符。③各项财产物资明细账账面余额与财产物资的实有数额定期核对是否相符。④有关债权债务明细账账面余额与对方单位的账面记录核对是否相符等。

（二）结账

1. 结账的概念

结账是一项将账簿记录定期结算清楚的账务工作。在一定时期结束时（如月末、季末或年末），会计人员为了编制财务报表，需要进行结账，具体包括月结、季结和年结。结账的内容通常包括两个方面：一是结清各种损益类账户，并据以计算确定本期利润。二是结出各资产、负债和所有者权益账户的本期发生额合计数和期末余额。

2. 结账的程序

（1）结账前，将本期发生的经济业务全部登记入账，并保证其正确性。对于发现的记账错误，应采用适当的方法进行更正。

（2）在本期经济业务全面入账的基础上，根据权责发生制的要求，调整有关账项，合理确定应计入本期的收入和费用。

（3）将各损益类账户余额全部转入"本年利润"账户，结平所有损益类账户。

（4）结出资产、负债和所有者权益账户的本期发生额和余额，并转入下期。上述工作完成后，就可以根据总账和明细账的本期发生额和期末余额，分别进行试算平衡。

五、账簿的更换和保管

（一）账簿的更换

年度结账后，总账和日记账应当更换新账，明细账一般也应更换。但有些明细账，如固定资产明细账等可以连续使用，不必每年更换。年终时，会计人员要把各账户的余额结转到下一会计年度，只在摘要栏注明"结转下年"字样或加盖戳记，结转金额不再抄写。如果账页的"结转下年"行以下还有空行，应当自余额栏的右上角至日期栏的左下角用红笔划对角斜线注销。在下一会计年度新建有关账簿的第一行余额栏内填写上年结转的余额，并在摘要栏注明"上年结转"字样。

（二）账簿的保管

账簿是会计工作的重要历史资料，也是重要的经济档案。在经营管理中具有重要作用。因此，每一家企业、单位都应按照国家有关规定，加强对账簿的管理，做好账簿管理工作。

账簿的保管应该明确责任，保证账簿的安全和会计资料的完整，防止交接手续不清和可能发生的舞弊行为。在账簿交接保管时，会计人员应将该账簿的页数、记账人员姓名、启用日期、交接日期等列表附在账簿的扉页上，并由有关方面签字盖章。账簿要定期（一般为年终）收集，审查核对，整理立卷，装订成册，专人保管，严防丢失和损坏。

年度终了，各种账户在结转下年、建立新账后，一般应将旧账集中统一管理。账簿暂由本单位财务会计部门保管1年，期满后，由本单位财务会计部门编造清册移交本单位自档案部门保管。

账簿应按照规定期限保管。各账簿的保管期限分别为：现金日记账和银行存款日记账为30年；固定资产卡片在固定资产报废清理后应继续保存5年；其他总账、明细账和辅助账簿应保存30年。保管期满后，要按照会计档案管理办法的规定，由财务会计部门和档案部门共同鉴定，报经批准后进行处理。

合并、撤销单位的账簿，要根据不同情况，分别移交给并入单位、上级主管部门或主管部门指定的其他单位接受保管,并由交接双方在移交情册上签名盖章。

账簿日常应由各自分管的记账人员专门保管,未经领导和会计负责人或有关人员批准,不得由其他非经管人员翻阅、查看、摘抄和复制。账簿除非特殊需要或司法介入要求,一般不允许携带外出。

新会计年度对更换下来的旧账簿应进行整理、分类,对于缺少手续的账簿,应及时补办必要的手续,装订成册并编制目录,然后办理移交手续,按期归档保管。

对账簿的保管既是会计人员应尽的职责,又是会计工作的重要组成部分。

相关思考4-1

1. 原始凭证应具备哪些基本内容?
2. 什么是平行登记?

相关思考4-1解析:

1. 原始凭证的基本内容包括:①凭证的名称。②填制凭证的日期。③填制凭证单位名称或者填制人姓名。④经办人员的签名或者盖章。⑤接受凭证单位名称。⑥经济业务内容。⑦数量、单价和金额。

2. 平行登记是指对所发生的每项经济业务都要以会计凭证为依据,一方面记入有关总分类账户,另一方面记入所辖明细分类账户的方法。

本 章 小 结

本章主要学习了原始凭证、记账凭证的种类和填制;会计账簿的种类;账簿的登记和启用。

本章重要概念

原始凭证　记账凭证　会计账簿　对账　结账

本 章 练 习

一、单选题

1. 会计凭证分为原始凭证和记账凭证,这种分类的标准是(　　)。
   A. 用途和填制程序　B. 形成来源　　　C. 用途　　　D. 填制方式
2. 下列各项中,不属于自制原始凭证的是(　　)。
   A. 购货发票　　　　　　　　　　　B. 限额领料单
   C. 销售产品成本计算表　　　　　　D. 入库单
3. 在一定期间内连续记录若干项同类经济业务的会计凭证是(　　)。
   A. 原始凭证　　　B. 累计凭证　　　C. 记账凭证　　　D. 一次凭证
4. 对货币收付以外的业务应编制的凭证是(　　)。
   A. 收款凭证　　　B. 付款凭证　　　C. 转账凭证　　　D. 原始凭证
5. 出纳人员根据收款凭证收款或者根据付款凭证付款后,为避免重收重复,应(　　)。
   A. 在凭证上加盖"收讫"或"付讫"戳记

  B. 由收款人员或付款人员在备查簿上签名
  C. 由出纳人员在备查簿登记
  D. 出纳人员在凭证上划线注销
6. (　　)为编制财务报表提供直接的依据。
  A. 会计凭证　　　B. 会计账簿　　　C. 利润计算　　　D. 会计科目
7. 现金日记账和总分类账一般采用(　　)账页。
  A. 两栏式　　　B. 三栏式　　　C. 多栏式　　　D. 数量金额式
8. 下列明细账中,不宜采用三栏式账页格式的是(　　)。
  A. 应收账款明细账　　　　　　B. 应付账款明细账
  C. 管理费用明细账　　　　　　D. 短期借款明细账
9. 下列各项中,可以在借贷方均设多栏的账户是(　　)。
  A. 本年利润　　　B. 主营业务收入　　　C. 管理费用　　　D. 生产成本
10. 需要结计本月发生额的账户,结计"过次页"的本业合计数应当是(　　)。
  A. 自本月初起至本页末止发生额合计数
  B. 自本月初起至本页末止的累计数
  C. 本页末余额
  D. 本页的发生额合计

二、多选题

1. 下列各项中,属于原始凭证基本要素的有(　　)。
  A. 凭证名称　　　　　　　　　B. 经济业务内容
  C. 填制凭证日期　　　　　　　D. 数量、单价、金额
2. 下列各项中,属于自制原始凭证的有(　　)。
  A. 借款单　　　　　　　　　　B. 领料单
  C. 工资结算汇总表　　　　　　D. 材料请购单
3. 下列业务中,需要填制付款凭证的有(　　)。
  A. 向金融机构借款,已存入银行　B. 用银行存款购买原材料
  C. 支付员工工资　　　　　　　D. 将现金存入银行
4. 下列各项中,适用数量金额式明细账账页格式的有(　　)。
  A. 库存商品明细账　　　　　　B. 生产成本明细账
  C. 应付账款明细账　　　　　　D. 原材料明细账
5. 银行存款日记账的登记方法有(　　)。
  A. 定期汇总登记　　　　　　　B. 逐笔结清余额
  C. 日清月结　　　　　　　　　D. 按照对账单的金额结算余额

三、判断题

1. 所有的会计凭证都必须由经办人员和相关负责人签名或盖章。　　　　　(　　)
2. 限额领料单只限于领用一次材料。　　　　　　　　　　　　　　　　　(　　)
3. 记账凭证是根据账簿记录填制的。　　　　　　　　　　　　　　　　　(　　)
4. 只有经过审核无误的记账凭证,才能作为登记会计账簿的依据。　　　　(　　)
5. 多栏式明细分类账一般适用于债权、债务结算户的明细分类账。　　　　(　　)

第五章　账务处理程序

> 内容提要
> 重点难点
> 学习目标
> 知识框架
> 思政育人
> 第一节　账务处理程序概述
> 第二节　记账凭证账务处理程序
> 第三节　汇总记账凭证账务处理程序
> 第四节　科目汇总表账务处理程序
> 本章小结
> 本章重要概念
> 本章练习

内容提要

本章主要讲解了账务处理程序的概念、种类；记账凭证账务处理程序、汇总记账凭证账务处理程序、科目汇总表账务处理程序的含义、一般步骤、特点、优缺点和适用范围。

重点难点

本章重点为记账凭证账务处理程序、汇总记账凭证账务处理程序、科目汇总表账务处理程序的一般步骤、优缺点和适用范围；难点为汇总记账凭证、科目汇总表的编制。

学习目标

通过本章学习，学生应掌握汇总记账凭证和科目汇总表的编制方法；了解账务处理程序的意义和种类，以及不同的账务处理程序下的一般步骤、适用范围。

知识框架

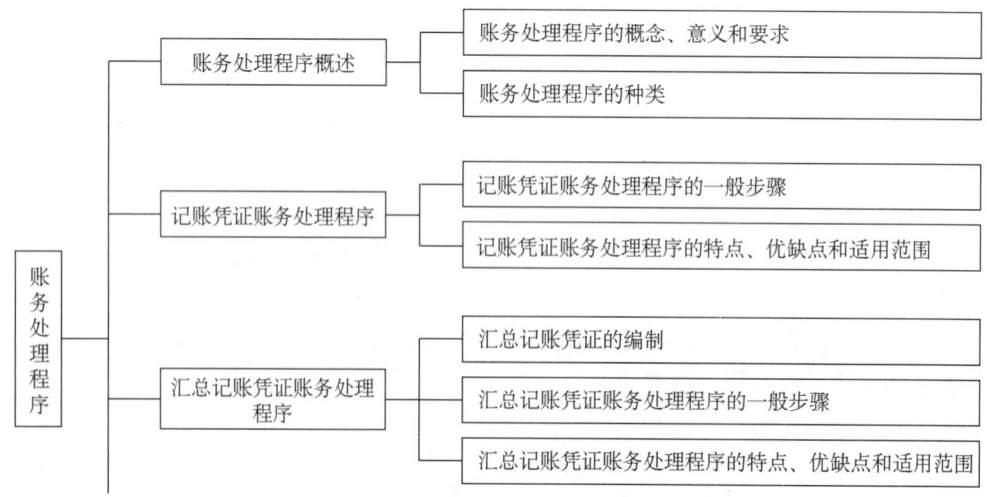

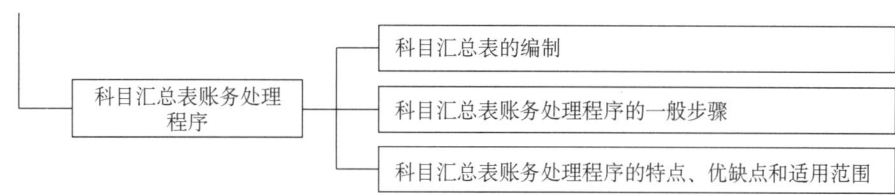

 思政育人　　　　　做一个诚实守信的会计人

当会计,做财务,选择这个职业不容易,爱岗之后才能敬业,这成了你作为会计的首要条件、必备条件。爱岗敬业后,你开始注重自己的会计操守,诚实守信是你首先要注重的,它将时刻陪伴你的会计人生。

孟子说:"诚者,天之道也,诚之者,人之道也"。说的是遵守承诺,言行一致,因为言能成诺方为"诚"。会计人不仅要口诚,还要心诚、意诚。诚实是前提,是因,守信是果,是具体表现。会计人一般处事比较严谨,从举手投足和言谈之中可以看出。会计人比一般人要沉稳,不张扬,也不夸夸其谈,要谈也是有理有据地谈,有数字、有依据地谈。这种沉稳,是在会计人说什么或做什么的时候,都在心中进行了思索和考量,因为其知道要为自己所说的话或所做的事负责。

实,是实事求是的实,是不掺杂任何水分的真实。因为实,会计人也许在外人的眼中,可能是木讷、呆板、花岗岩的代名词。这既是从会计人的形象上说的,又是从会计人的为人处世上说的。会计人做账要求实,做事也求实,做人更求实。先做诚实的人,再做诚实的事。会计人做的每一件实事,是其记录的每一笔会计分录。朴实、踏实、扎实,为人实诚,都是别人给会计人作出的总结性会计报表。

作为会计的学习者,我们要秉承诚实守信的原则,做一个实事求是的会计人。

资料来源:杨良成. 做一个诚实守信的会计[EB/OL]. (2015-11-29)[2024-01-20]. https://shuo.news.esnai.com/article/201511/123495.shtml.

第一节　账务处理程序概述

一、账务处理程序的概念、意义和要求

(一)账务处理程序的概念

账务处理程序也称会计核算组织程序或会计核算形式,是指会计凭证、会计账簿、财务报表相结合的方式,包括会计凭证和会计账簿的种类、格式,会计凭证与会计账簿之间的联系方法。账务处理程序具体包括根据原始凭证编制记账凭证、登记明细账和总账,编制财务报表的工作程序和方法等。

(二)账务处理程序的意义

科学、合理地组织账务处理程序,对提高会计核算质量和会计工作效率、充分发挥会计的核算和监督职能,具有重要意义。良好的账务处理程序有利于规范会计工作,保证会计信息加工过程的严密性,提高会计信息质量;有利于保证会计记录的完整性和正确性,增强会计信息的可靠性;有利于减少不必要的会计核算环节,提高会计工作效率,保证会计信息的及时性。因此,设立合理的账务处理程序对科学组织会计核算工作、充分发挥会计在经济管理中的作用来说,具有重要意义。

(三) 账务处理程序的要求

科学、合理的账务处理程序应符合下列基本要求：

(1) 要结合本单位实际,适应本单位生产经营活动的特点和规模的大小,满足本单位组织会计核算的要求。

(2) 要有利于全面、及时、正确地反映本单位经济活动情况,提供高质量的会计核算信息,满足投资者和债权人等外部和单位内部会计信息使用者的需要。

(3) 要有利于简化会计核算手续,提高会计工作效率,节约会计核算工作的人力、物力和财力。

二、账务处理程序的种类

我国常用的主要账务处理程序有：

(1) 记账凭证账务处理程序。

(2) 汇总记账凭证账务处理程序。

(3) 科目汇总表账务处理程序。

这三种账务处理程序既有共同点,又有其各自的特点。其中,记账凭证账务处理程序是最基本的账务处理程序,其他账务处理程序都是由此发展、演变而来的,它们之间具有许多相同点,根本区别在于登记总分类账的依据和方法不同。

5-1视频：账务处理程序概述

第二节 记账凭证账务处理程序

记账凭证账务处理程序是指对所发生的交易或事项,先根据原始凭证或汇总原始凭证填制记账凭证,再直接根据记账凭证逐笔登记总账的一种账务处理程序。记账凭证账务处理程序是最基本的账务处理程序,它既是会计人员理解账务处理程序的基础,又是掌握账务处理程序的基础。

在记账凭证账务处理程序下,应当设置现金日记账、银行存款日记账、明细账和总账。日记账和总账可采用三栏式；明细账可根据需要,采用三栏式、数量金额式和多栏式；记账凭证一般使用收款凭证、付款凭证和转账凭证三种格式,也可采用通用记账凭证。

一、记账凭证账务处理程序的一般步骤

(1) 根据原始凭证填制汇总原始凭证。

(2) 根据原始凭证或汇总原始凭证填制收款凭证、付款凭证和转账凭证。如果业务较少,也可填制通用记账凭证。

(3) 根据收款凭证和付款凭证逐笔登记现金日记账和银行存款日记账。

(4) 根据原始凭证、汇总原始凭证和记账凭证登记各种明细账。

(5) 根据记账凭证逐笔登记总账。

(6) 期末,将现金日记账、银行存款日记账的余额,以及各种明细账的余额合计数,分别与总账中相关账户的余额核对相符。

(7) 期末,根据核对无误的总账和明细账编制财务报表。

记账凭证账务处理程序的一般步骤如图5-1所示。

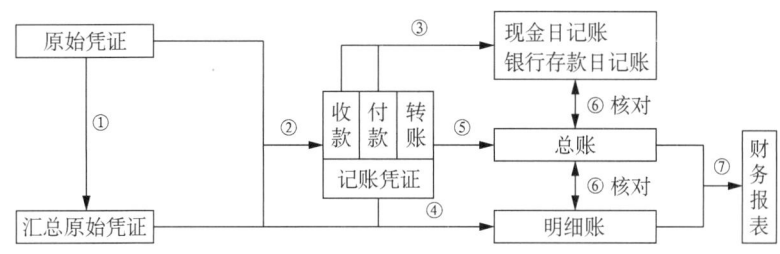

图5-1 记账凭证账务处理程序的一般步骤

二、记账凭证账务处理程序的特点、优缺点和适用范围

(一)记账凭证账务处理程序的特点

记账凭证账务处理程序的特点是直接根据记账凭证对总账进行逐笔登记。

(二)记账凭证账务处理程序的优缺点

1. 记账凭证账务处理程序的优点

(1)记账凭证能够清晰地反映账户之间的对应关系。在记账凭证账务处理程序下,会计人员所采用的是专用记账凭证或通用记账凭证,当一笔经济业务发生以后,利用一张记账凭证就可以编制出该笔经济业务的完整会计分录,涉及几个会计科目(账户的名称)就填写几个会计科目。因而,在记账凭证上,账户之间的对应关系一目了然。

(2)总账能够比较详细地反映经济业务的发生情况。在记账凭证账务处理程序下,会计人员不仅对各种日记账和明细账采取逐笔登记的方法,对总账的登记方法也是如此。因而,总账上能够详细登记所发生的经济业务情况。

(3)总账的登记方法简单,易于掌握。根据记账凭证直接登记账簿是最为简单的一种登记方法,这种方法比较容易掌握。

2. 记账凭证账务处理程序的缺点

(1)总账登记的工作量过大。会计人员对发生的每一笔经济业务都要根据记账凭证逐笔在总账中进行登记,这实际上与登记日记账和明细账的做法一样,是一种简单的重复登记,势必要增加登记总账的工作量,特别是在经济业务量比较多的情况下更是如此。

(2)账页耗用多,预留多少账页难以把握。由于总账对发生的所有经济业务要重复登记一遍,势必会耗用更多的账页,造成一定的账页浪费。如果是在一个账簿上设置多个账户,由于登记业务的多少很难预先确定,对每一个账户应预留多少账页很难把握,预留过多会形成浪费,预留过少又会影响账户登记上的连续性。

(三)记账凭证账务处理程序的适用范围

记账凭证账务处理程序一般只适用于规模较小、经济业务量比较少、会计凭证不多的单位。

第三节 汇总记账凭证账务处理程序

汇总记账凭证账务处理程序是指先根据原始凭证或汇总原始凭证填制记账凭证,定期先根据记账凭证分类编制汇总收款凭证、汇总付款凭证和汇总转账凭证(也可采用通用的统一格式),再根据汇总记账凭证登记总账的一种账务处理程序。

采用汇总记账凭证账务处理程序时,其账簿设置、各种账簿的格式,以及记账凭证的种类和格式基本上与记账凭证账务处理程序相同,但应增设汇总收款凭证、汇总付款凭证和汇总转账凭证,以作为登记总账的依据。另外,总账的账页格式必须增设"对应账户"栏。

一、汇总记账凭证的编制

汇总记账凭证是指对一段时期内同类记账凭证进行定期汇总而编制的记账凭证。汇总记账凭证不同于科目汇总表,它是按每个会计科目设置,并按会计科目借方或贷方的对应会计科目进行汇总的。汇总记账凭证分为汇总收款凭证、汇总付款凭证和汇总转账凭证三种格式。现分别说明其编制方法以及根据汇总记账凭证登记总账的方法。

(一)汇总收款凭证的编制

1. 汇总收款凭证的编制方法

汇总收款凭证应根据"库存现金""银行存款"科目的借方进行编制,是在对各账户对应的贷方分类之后,进行汇总编制。月末,结算出汇总收款凭证的合计数,分别记入库存现金、银行存款总账的借方以及其各对应账户总账的贷方。汇总收款凭证汇总了一定时期内所有库存现金和银行存款的收款业务。

2. 汇总收款凭证的编制举例

【例 5-1】 琴岛有限责任公司 2×24 年某月 1 日至 10 日发生如下现金收款业务:收回其他应收款业务有 2 笔(现收 1、现收 4);实现其他业务收入业务有 3 笔(现收 2、现收 3 和现收 6);收回应收账款业务有 1 笔(现收 5)。现金收款凭证(简表)如表 5-1 所示。

表 5-1　　　　　　　　　　现金收款凭证(简表)　　　　　　　　　　单位:元

现收 1:借:库存现金　　　　200 　　　　贷:其他应收款　　　　200	现收 2:借:库存现金　　　　4 000 　　　　贷:其他业务收入　　　　4 000
现收 3:借:库存现金　　　　500 　　　　贷:其他业务收入　　　　500	现收 4:借:库存现金　　　　60 　　　　贷:其他应收款　　　　60
现收 5:借:库存现金　　　　600 　　　　贷:应收账款　　　　600	现收 6:借:库存现金　　　　1 000 　　　　贷:其他业务收入　　　　1 000

在以上现金收款业务的记账凭证中,会计分录的借方科目均为"库存现金"科目;涉及的贷方科目有 3 个。其中,涉及"其他应收款"科目的有 2 份凭证,涉及"其他业务收入"科目的有 3 份凭证,涉及"应收账款"科目的有 1 份凭证。

按借方科目"库存现金"科目设置汇总收款凭证,按贷方科目"其他应收款""其他业务收入""应收账款"科目进行汇总,可以计算出琴岛有限责任公司 1~10 日对应"库存现金"科目的其他会计科目的发生额为:

"其他应收款"科目发生额 = 200 + 60 = 260(元)

"其他业务收入"科目发生额 = 4 000 + 500 + 1 000 = 5 500(元)

"应收账款"科目发生额 = 600(元)

根据 1~10 日汇总结果,填入琴岛有限责任公司该月汇总收款凭证的相应栏次,如表 5-2 所示(11~20 日、21~30 日为另外两次汇总结果的假定数)。

表 5-2　　　　　　　　　　　　　汇总收款凭证

借方科目：库存现金　　　　　　　　　　　　　　　　　　　　　　　　　　汇收字第×号

贷方科目	金额				总账账页	
	1～10日收款凭证	11～20日收款凭证	21～30日收款凭证	合计	借方	贷方
其他应收款	260	740	820	1 820		
其他业务收入	5 500	1 200	300	7 000		
应收账款	600	500	900	2 000		
合计	6 360	2 440	2 020	10 820		

特别提示 5-1

编制汇总收款凭证的注意事项

为了便于编制汇总收款凭证，在日常编制收款凭证时，会计分录的形式最好是一借一贷、一借多贷，不宜多借一贷或多借多贷。这是由于汇总收款凭证是按借方科目设置的，多借一贷或多借多贷的会计分录都会给编制汇总收款凭证带来一定的不便，或者会造成收款凭证在汇总过程中由于被多次重复使用而产生汇总错误，或者造成会计账户之间的对应关系变得模糊难辨。

(二) 汇总付款凭证的编制

1. 汇总付款凭证的编制方法

汇总付款凭证的编制方法是：按日常核算工作中所填制的专用记账凭证中的付款凭证上会计分录中的贷方科目("库存现金"或"银行存款"等科目)设置汇总付款凭证，按它们相应的借方科目定期(如每5天或10天等)进行汇总，每月编制1张。汇总时计算出每一个借方科目发生额合计数，填入汇总付款凭证的相应栏次。汇总付款凭证汇总了一定时期内所有库存现金和银行存款的付款业务。

2. 汇总付款凭证的编制举例

【例 5-2】 琴岛有限责任公司 2×24 年某月 1 日至 10 日发生如下银行存款付款业务：偿还应付账款业务有 2 笔(银付 1、银付 5)，交纳税金业务有 1 笔(银付 2)；购置固定资产业务有 2 笔(银付 3、银付 6)；归还短期借款业务有 1 笔(银付 4)。银行存款付款凭证(简表)如表 5-3 所示。

表 5-3　　　　　　　　　　　银行存款付款凭证(简表)　　　　　　　　　　　单位：元

银付1：借：应付账款　　　2 000　　　　　　　贷：银行存款　　　　　　2 000	银付2：借：应交税费　　　3 000　　　　　　　贷：银行存款　　　　　　3 000
银付3：借：固定资产　　　20 000　　　　　　贷：银行存款　　　　　　20 000	银付4：借：短期借款　　　6 000　　　　　　　贷：银行存款　　　　　　6 000
银付5：借：应付账款　　　8 000　　　　　　　贷：银行存款　　　　　　8 000	银付6：借：固定资产　　　10 000　　　　　　贷：银行存款　　　　　　10 000

在以上银行存款付款业务的记账凭证中,会计分录的贷方科目均为"银行存款"科目;涉及的借方科目有 4 个。其中,涉"应付账款"科目的有 2 份凭证,涉及"应交税费"科目的有 1 份凭证,涉及"固定资产"科目的有 2 份凭证,涉及"短期借款"科目的有 1 份凭证。

按贷方科目"银行存款"科目设置汇总付款凭证,按借方科目"应付账款""应交税费""固定资产""短期借款"科目进行汇总,可以计算出琴岛有限责任公司 1~10 日对应"银行存款"科目的其他会计科目的发生额为:

"应付账款"科目发生额 = 2 000 + 8 000 = 10 000(元)

"应交税费"科目发生额 = 3 000(元)

"固定资产"科目发生额 = 20 000 + 10 000 = 30 000(元)

"短期借款"科目发生额 = 6 000(元)

根据 1~10 日汇总结果,填入琴岛有限责任公司本月汇总付款凭证的相应栏次,如表 5-4 所示(11~20 日、21~30 日为另外两次汇总结果的假定数)。

表 5-4　　　　　　　　　　汇总付款凭证

贷方科目:银行存款　　　　　　　　　　　　　　　　　　　　　　　　　汇付字第×号

借方科目	金额				总账账页	
	1~10 日付款凭证	11~20 日付款凭证	21~30 日付款凭证	合计	借方	贷方
应付账款	10 000	4 500	8 500	23 000		
应交税费	3 000	3 800	3 000	9 800		
固定资产	30 000		9 000	39 000		
短期借款	6 000			6 000		
合计	49 000	8 300	20 500	77 800		

会计职业道德 5-1

爱岗敬业、诚实守信、提升技能

爱岗敬业就是会计人员热爱本职工作,安心本职岗位,忠于职守,尽心尽力、尽职尽责。诚实守信是指言行跟内心思想一致,讲真诚、讲信用,不弄虚作假、不欺上瞒下,做老实人、说老实话、办老实事,遵守自己所作出的承诺,讲信用,信守诺言,保守秘密。提升技能就是会计人员不断提升自己的会计专业技能,能够胜任本职工作。

(三) 汇总转账凭证的编制

1. 汇总转账凭证的编制方法

汇总转账凭证的编制方法是:按日常核算工作中所填制的专用记账凭证中的转账凭证上会计分录的贷方科目(如"原材料""固定资产"等科目)设置汇总转账凭证,按它们相应的借方科目定期(如每 5 天或 10 天等)进行汇总,每月编制 1 张。计算出每一个借方科目发生额合计数,填入汇总转账凭证的相应栏次。汇总转账凭证汇总了一定时期内所有转账业务。

2. 汇总转账凭证的编制举例

【例 5-3】 以琴岛有限责任公司 2×24 年某月 1 日至 10 日发生的发出材料的转账业

务为例,说明汇总转账凭证的编制方法。假定琴岛有限责任公司在10日内发出材料业务共6笔。其中,用于生产产品业务有2笔(转1、转4);制造部门一般耗用业务有2笔(转2、转6);与产品的销售有关的耗用业务有1笔(转3);企业管理部门耗用业务有1笔(转5)。转账凭证(简表)如表5-5所示。

表5-5　　　　　　　　　　　转账凭证(简表)　　　　　　　　　　　单位:元

转1:借:生产成本　　　　2 000 　　　贷:原材料　　　　　2 000	转2:借:制造费用　　　　3 000 　　　贷:原材料　　　　　3 000
转3:借:销售费用　　　　　500 　　　贷:原材料　　　　　　500	转4:借:生产成本　　　　6 000 　　　贷:原材料　　　　　6 000
转5:借:管理费用　　　　1 000 　　　贷:原材料　　　　　1 000	转6:借:制造费用　　　　2 000 　　　贷:原材料　　　　　2 000

在以上转账业务的记账凭证中,会计分录的贷方科目均为"原材料"科目;涉及的借方科目有4个。其中,涉及"生产成本"科目的有2份凭证,涉及"制造费用"科目的有2份凭证,涉及"销售费用"科目的有1份凭证,涉及"管理费用"科目的有1份凭证。

按贷方科目"原材料"科目设置汇总转账凭证,按借方科目"生产成本""制造费用""销售费用""管理费用"科目进行汇总,可以计算出琴岛有限责任公司1~10日对应"原材料"科目的其他会计科目的发生额为:

"生产成本"科目发生额 = 2 000 + 6 000 = 8 000(元)
"制造费用"科目发生额 = 3 000 + 2 000 = 5 000(元)
"销售费用"科目发生额 = 500(元)
"管理费用"科目发生额 = 1 000(元)

根据1~10日汇总结果,填入琴岛有限责任公司本月以"原材料"科目为汇总科目的汇总转账凭证的相应栏次,如表5-6所示(11~20日、21~30日为另外两次汇总结果的假定数)。

表5-6　　　　　　　　　　　　汇总转账凭证

贷方科目:原材料　　　　　　　　　　　　　　　　　　　　　　　　　　汇转字第×号

借方科目	金额				总账账页	
	1~10日 转账凭证	11~20日 转账凭证	21~30日 转账凭证	合计	借方	贷方
生产成本	8 000	4 500	8 000	20 500		
制造费用	5 000	3 500	3 000	11 500		
销售费用	500	300	1 000	1 800		
管理费用	1 000	400		1 400		
合计	14 500	8 700	12 000	35 200		

🔊 **特别提示 5-2**

编制汇总转账凭证的注意事项

为便于进行汇总转账凭证的编制,在日常编制转账凭证时,会计分录的形式最好是一借一贷、一贷多借,不宜一借多贷或多借多贷。这是由于汇总转账凭证是按贷方科目设置的,一借多贷或多借多贷的会计分录都会给编制汇总转账凭证带来一定的不便。

二、汇总记账凭证账务处理程序的一般步骤

(1) 根据原始凭证填制汇总原始凭证。
(2) 根据原始凭证或汇总原始凭证填制记账凭证。
(3) 根据收款凭证和付款凭证逐笔登记现金日记账和银行存款日记账。
(4) 根据原始凭证、汇总原始凭证和记账凭证登记各种明细账。
(5) 根据各种记账凭证编制有关汇总记账凭证。
(6) 根据各种汇总记账凭证登记总账。
(7) 期末,将现金日记账、银行存款日记账的余额,以及各种明细账的余额合计数,分别与总账中相关账户的余额核对相符。
(8) 期末,根据核对无误的总账和明细账的相关资料,编制财务报表。

汇总记账凭证账务处理程序的一般步骤如图 5-2 所示。

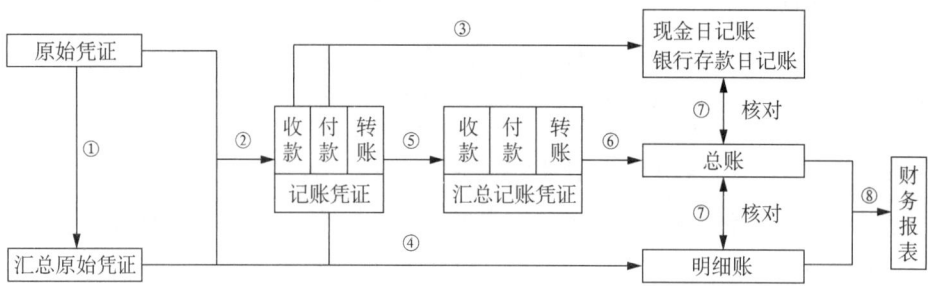

图 5-2 汇总记账凭证账务处理程序的一般步骤

三、汇总记账凭证账务处理程序的特点、优缺点和适用范围

(一) 汇总记账凭证账务处理程序的特点

汇总记账凭证账务处理程序的特点是定期将全部记账凭证分别编制汇总收款凭证、汇总付款凭证和汇总转账凭证,根据各种汇总记账凭证上的汇总数字登记总账。

(二) 汇总记账凭证账务处理程序的优缺点

1. 汇总记账凭证账务处理程序的优点

(1) 汇总记账凭证能够清晰地反映账户之间的对应关系。在汇总记账凭证账务处理程序下,会计人员所采用的是专用记账凭证和汇总记账凭证。汇总记账凭证是采用按会计科目对应关系进行分类汇总的办法,能够清晰地反映出有关会计账户之间的对应关系。

(2) 可以大大减少登记总分类账的工作量。在汇总记账凭证账务处理程序下,会计人员可以根据汇总记账凭证上有关账户的汇总发生额,在月份当中定期或月末一次性登记总

账,从而使登记总账的工作量大为减少。

2. 汇总记账凭证账务处理程序的缺点

(1) 定期编制汇总记账凭证的工作量比较大。会计人员对发生的经济业务需要填制专用记账凭证,即收款凭证、付款凭证和转账凭证,在此基础上,还需要定期分类地对这些专用记账凭证进行汇总,编制作为登记总账依据的汇总记账凭证,增加了编制汇总记账凭证的工作量。

(2) 对汇总过程中可能存在的错误难以发现。编制汇总记账凭证是一项比较复杂的工作,容易产生汇总错误,而且汇总记账凭证本身不能体现有关数字之间的平衡关系,即使存在汇总错误,也很难发现。

(三) 汇总记账凭证账务处理程序的适用范围

由于汇总记账凭证账务处理程序具有能够清晰地反映账户之间的对应关系和能够减轻登记总分类账的工作量等优点,它一般只适用于规模较大、经济业务量比较多、专用记账凭证比较多的单位。

第四节 科目汇总表账务处理程序

科目汇总表账务处理程序又称记账凭证汇总表账务处理程序,是指先根据记账凭证定期编制科目汇总表,再根据科目汇总表登记总账的一种账务处理程序。

采用科目汇总表账务处理程序时,其账簿设置、各种账簿的格式,以及记账凭证的种类和格式基本上与记账凭证账务处理程序相同,但应增设科目汇总表,以作为登记总账的依据。

一、科目汇总表的编制

1. 科目汇总表的编制方法

科目汇总表也是根据专用记账凭证汇总编制而成的。其基本的编制方法是:根据一定时期内的全部记账凭证,按照相同会计科目进行归类,定期(每10天或15天,或每月一次)分别汇总每一个账户的借、贷双方的发生额,并将其填列在科目汇总表的相应栏内,借以反映全部账户的借、贷方发生额。根据科目汇总表登记总账时,只需要将该表中汇总起来的各个会计科目的本期借、贷方发生额的合计数,分次或月末一次记入相应总账的借方或贷方即可。

所有会计科目的本期借方发生额合计等于所有会计科目的本期贷方发生额合计。

2. 科目汇总表的编制举例

【例 5 - 4】 琴岛有限责任公司 2×24 年假定在 7 月发生如下经济业务。记账凭证(简表)如表 5 - 7 所示。科目汇总表工作底稿如表 5 - 8 所示。科目汇总表如表 5 - 9 所示。

表 5 - 7 记账凭证(简表)

银付1:借:原材料	5 400		转1:借:应付账款	2 600
贷:银行存款		5 400	贷:短期借款	2 600
银付2:借:短期借款	5 000		银收1:借:银行存款	60 000
贷:银行存款		5 000	贷:实收资本	60 000
转2:借:生产成本	10 000		银收2:借:银行存款	8 000
贷:原材料		10 000	贷:主营业务收入	8 000

表 5 - 8　　　　　　　　　　　　　科目汇总表工作底稿

2×24 年 7 月

借	银行存款		贷	借	原材料		贷
银收 1	60 000	银付 1	5 400	银付 1	5 400	转 2	10 000
银收 2	8 000	银付 2	5 000				
本期发生额	68 000	本期发生额	10 400	本期发生额	5 400	本期发生额	10 000

借	生产成本		贷	借	应付账款		贷
转 2	10 000			转 1	2 600		
本期发生额	10 000	本期发生额	0	本期发生额	2 600	本期发生额	0

借	短期借款		贷	借	实收资本		贷
银付 2	5 000	转 1	2 600			银收 1	60 000
本期发生额	5 000	本期发生额	2 600	本期发生额	0	本期发生额	60 000

借	主营业务收入		贷
		银收 2	8 000
本期发生额	0	本期发生额	8 000

表 5 - 9　　　　　　　　　　　　　科目汇总表

2×24 年 7 月　　　　　　　　　　　　　　　　　　　　　　单位:元

会计科目	本期发生额		总账页数
	借方	贷方	
银行存款	68 000	10 400	
原材料	5 400	10 000	
生产成本	10 000		
应付账款		2 600	
短期借款	5 000	2 600	
实收资本		60 000	
主营业务收入		8 000	
合计	91 000	91 000	

二、科目汇总表账务处理程序的一般步骤

(1) 根据原始凭证填制汇总原始凭证。

(2) 根据原始凭证或汇总原始凭证填制记账凭证。
(3) 根据收款凭证和付款凭证逐笔登记现金日记账和银行存款日记账。
(4) 根据原始凭证、汇总原始凭证和记账凭证登记各种明细账。
(5) 根据各种记账凭证编制科目汇总表。
(6) 根据科目汇总表登记总账。
(7) 期末,将现金日记账、银行存款日记账的余额,以及各种明细账的余额合计数,分别与总账中相关账户的余额核对相符。
(8) 期末,根据核对无误的总账和明细账的相关资料,编制财务报表。
科目汇总表账务处理程序的一般步骤如图 5-3 所示。

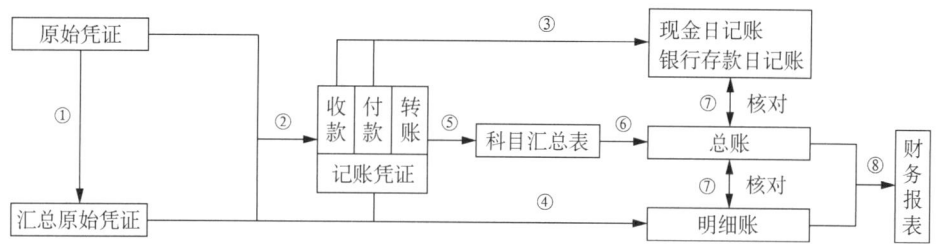

图 5-3 科目汇总表账务处理程序的一般步骤

三、科目汇总表账务处理程序的特点、优缺点和适用范围

(一) 科目汇总表账务处理程序的特点

科目汇总表账务处理程序的特点是定期根据所有记账凭证汇总编制科目汇总表,根据科目汇总表上的汇总数字登记总账。

(二) 科目汇总表账务处理程序的优缺点

1. 科目汇总表账务处理程序的优点

(1) 会计人员可以利用科目汇总表的汇总结果进行账户发生额的试算平衡。科目汇总表的汇总结果体现了一定会计期间内所有账户的借方发生额和贷方发生额之间的相等关系,利用这种发生额的相等关系,可以进行全部账户记录的试算平衡。

(2) 在试算平衡的基础上记账,能保证总账登记的正确性。在科目汇总表账务处理程序下,总账是根据科目汇总表中的汇总数字登记的。由于在登记总账之前,会计人员能够通过科目汇总表的汇总结果检验所填制的记账凭证是否正确,就等于在记账前进行了一次试算平衡,对汇总过程中可能存在的错误也容易发现。在所有账户借、贷发生额相等的基础上再记账,在一定程度上能够保证总账登记的正确性。

(3) 可以大大减轻登记总账的工作量。在科目汇总表账务处理程序下,会计人员可以根据科目汇总表上有关账户的汇总发生额,在月中定期或月末一次性登记总账,从而使登记总账的工作量大为减轻。

(4) 适用性比较强。与记账凭证账务处理程序和汇总记账凭证账务处理程序相比较,科目汇总表账务处理程序的优点较多,任何规模的会计主体都可以采用。

2. 科目汇总表账务处理程序的缺点

(1) 编制科目汇总表的工作量比较大。如同汇总记账凭证账务处理程序一样,在科目

汇总表账务处理程序下,会计人员对发生的经济业务也需要填制各种专用记账凭证,在此基础上,还需要定期地对这些专用记账凭证进行汇总,编制作为登记总账依据的科目汇总表,增加了编制科目汇总表的工作量。

(2) 科目汇总表不能够清晰地反映账户之间的对应关系。科目汇总表是按各个会计科目归类汇总其发生额的,在该表中不能清楚地显示出各个账户之间的对应关系,不能够清晰地反映经济业务的来龙去脉。在这一点上,科目汇总表不及专用记账凭证和汇总记账凭证。

(三) 科目汇总表账务处理程序的适用范围

由于科目汇总表账务处理程序清楚,又具有能够进行账户发生额的试算平衡,减轻总账登记的工作量等优点,它主要适用于经济业务较多的单位。实际工作中,不论规模大小的会计主体,都可以采用科目汇总表账务处理程序。

 知识拓展 5-1

日记总账账务处理程序

日记总账账务处理程序是指设置日记总账,根据经济业务发生以后所填制的各种记账凭证直接逐笔登记日记总账,并定期编制财务报表的账务处理程序。

在日记总账账务处理程序下采用的记账凭证主要是各种专用记账凭证,即收款凭证、付款凭证和转账凭证,也可采用通用记账凭证。采用的日记账和明细账与其他会计账务处理程序基本相同,有所不同的是:在这种核算组织程序下需要专门设置日记总账。

在日记总账账务处理程序下,对经济业务进行账务处理程序大体要经过以下六个步骤:

(1) 经济业务发生以后,根据有关的原始凭证或原始凭证汇总表填制各种专用记账凭证。
(2) 根据收款凭证和付款凭证逐笔登记现金日记账和银行存款日记账。
(3) 根据记账凭证并参考原始凭证或原始凭证汇总表,逐笔登记各种明细账。
(4) 根据各种记账凭证逐笔登记日记总账。
(5) 月末,将日记账、明细账的余额与日记总账中相应账户的余额进行核对。
(6) 月末,根据日记总账和明细账的记录编制财务报表。

本章小结

本章主要学习了记账凭证账务处理程序,汇总记账凭证账务处理程序,科目汇总表账务处理程序的一般步骤、特点、优缺点和适用范围。

本章重要概念

账务处理程序 记账凭证账务处理程序 汇总记账凭证账务处理程序
科目汇总表账务处理程序 科目汇总表

本 章 练 习

一、单选题

1. 下列各项中,属于各种账务处理程序之间主要区别的是( )。
   A. 填制记账凭证的直接依据不同
   B. 登记总账的依据和方法不同
   C. 编制财务报表的直接依据不同
   D. 登记明细账的依据和方法不同
2. 下列各项中,属于记账凭证账务处理程序特点的是( )。
   A. 直接根据原始凭证对总账进行登记
   B. 直接根据记账凭证对总账进行逐笔登记
   C. 先根据记账凭证编制汇总记账凭证,再根据汇总记账凭证登记总账
   D. 先将所有记账凭证编制成科目汇总表,再以科目汇总表为依据登记总账
3. 下列各项中,属于汇总记账凭证账务处理程序的使用范围的是( )。
   A. 规模大、经济业务较少的单位
   B. 规模小、经济业务较多的单位
   C. 规模大、经济业务较多的单位
   D. 规模小、经济业务较少的单位
4. 下列各项中,属于编制科目汇总表的根据是( )。
   A. 记账凭证
   B. 原始凭证
   C. 各种总账
   D. 原始凭证汇总表
5. 下列各项中,属于科目汇总表账务处理程序和汇总记账凭证账务处理程序的主要相同点是( )。
   A. 登记总账的依据相同
   B. 登记总账的方法相同
   C. 记账凭证汇总的方法相同
   D. 记账凭证都需要汇总并且记账步骤相同
6. 科目汇总表账务处理程序的缺点是( )。
   A. 科目汇总表的编制和使用较为简便,易学易做
   B. 不能清晰地反映各个账户之间的对应关系
   C. 可以大大减少登记总分类账的工作量
   D. 科目汇总表可以起到试算平衡的作用,保证总账登记的正确性
7. 规模较大、经济业务量较多的单位适用的账务处理程序是( )。
   A. 记账凭证账务处理程序
   B. 汇总记账凭证账务处理程序
   C. 多栏式日记账账务处理程序
   D. 科目汇总表账务处理程序
8. 财务报表是根据( )资料编制的。
   A. 日记账、总账和明细账
   B. 日记账和明细账
   C. 明细账和总账
   D. 日记账和总账
9. 下列各项中,属于科目汇总表账务处理程序缺点的是( )。
   A. 增加了会计核算的账务处理程序
   B. 增加了登记总账的工作量
   C. 不便于检查核对账目
   D. 不便于进行试算平衡
10. 企业的会计凭证和账簿组织与账务处理过程相结合的方式称为( )。

A. 账务处理程序　　　　　　　　　　B. 账簿组织
　　C. 记账工作步骤　　　　　　　　　　D. 会计处理方法

二、多选题

1. 下列各项中,属于企业常用的账务处理程序的有(　　)。
　　A. 记账凭证账务处理程序　　　　　　B. 科目汇总表账务处理程序
　　C. 汇总记账凭证账务处理程序　　　　D. 多栏式日记账账务处理程序
2. 下列各项中,属于账务处理程序主要内容的有(　　)。
　　A. 会计资料立卷归档的程序和方法
　　B. 会计凭证与会计账簿之间的联系方法
　　C. 会计凭证、会计账簿的种类及格式
　　D. 根据原始凭证填制记账凭证、登记总账和明细账、编制财务报表的程序和方法
3. 下列各项中,可能是登记明细账依据的有(　　)。
　　A. 汇总记账凭证　　B. 记账凭证　　C. 原始凭证　　D. 汇总原始凭证
4. 下列各项中,属于记账凭证账务处理程序优点的有(　　)。
　　A. 简单明了,易于理解
　　B. 登记总分类的工作量小
　　C. 登记总分类时耗用的账页少
　　D. 可以较详细地反映经济业务的发生情况
5. 下列各项中,属于科目汇总表账务处理程序优点的有(　　)。
　　A. 可以做到试算平衡
　　B. 易于理解,方便学习
　　C. 能反映各个账户之间的对应关系
　　D. 减轻了登记总分类账的工作量

三、判断题

1. 账务处理程序就是指记账程序。　　　　　　　　　　　　　　　　　　　　(　　)
2. 各种账务处理程序的共同点之一是编制财务报表的方法相同。　　　　　　　(　　)
3. 记账凭证账务处理程序适用于规模较小、经济业务较少的单位。　　　　　　(　　)
4. 汇总记账凭证账务处理程序的优点是减轻了登记总账的工作量。　　　　　　(　　)
5. 科目汇总表账务处理程序适用于经济业务较少的单位。　　　　　　　　　　(　　)

四、简答题

1. 简述账务处理程序的含义。常用的账务处理程序有哪些?
2. 简述记账凭证账务处理程序的一般步骤、特点、优缺点和适用范围。
3. 简述汇总记账凭证账务处理程序的一般步骤、特点、优缺点和适用范围。
4. 简述科目汇总表账务处理程序的一般步骤、特点、优缺点和适用范围。

五、案例题

　　学过"账务处理程序"一章的内容后,王华基本掌握了记账凭证账务处理程序、汇总记账凭证账务处理程序和科目汇总表账务处理程序的内容,将几种账务处理程序进行对比后,王华觉得最容易操作的还是记账凭证账务处理程序。在记账凭证账务处理程序下,会计人员依据填制好的记账凭证直接登记有关账户;而在另外两种账务处理程序下,会计人员都需要

先对填制好的记账凭证进行汇总,之后才能根据汇总的数字登记有关总账账户,编制汇总记账凭证和科目汇总表又比较繁琐,处理起来会增加不少工作量。

于是,王华产生了这样的想法:记账凭证账务处理程序既简便又适用,如果我毕业后从事会计工作的话,一定要选用这种账务处理程序。

请你利用所学的会计知识分析:王华的想法有道理吗?你认为一家企业应当怎样选择恰当的账务处理程序?

第六章　制造业企业主要经济业务的核算

- 内容提要
- 重点难点
- 学习目标
- 知识框架
- 思政育人
- 第一节　制造业企业主要经济业务概述
- 第二节　资金筹集业务的核算
- 第三节　供应过程业务的核算
- 第四节　生产过程业务的核算
- 第五节　销售过程业务的核算
- 第六节　财务成果形成与分配业务的核算
- 本章小结
- 本章重要概念
- 本章练习

内容提要

本章主要以制造业企业主要经济业务的核算为例，依次从资金筹集、供应过程、生产过程、销售过程和财务成果的形成与分配这五个环节，分别介绍每个环节涉及的主要经济业务的核算。

重点难点

本章重点为运用账户和借贷记账法的知识，对制造业企业发生的主要经济业务进行核算；难点为借贷记账法在制造业企业中的具体应用。

学习目标

通过本章学习，学生应理解和掌握制造业企业资金筹集业务、供应过程业务、产品生产过程业务、销售过程业务，以及财务成果形成与分配业务的具体核算内容，从而提高运用设置账户、复式记账方法处理企业各种经济业务的熟练程度。

知识框架

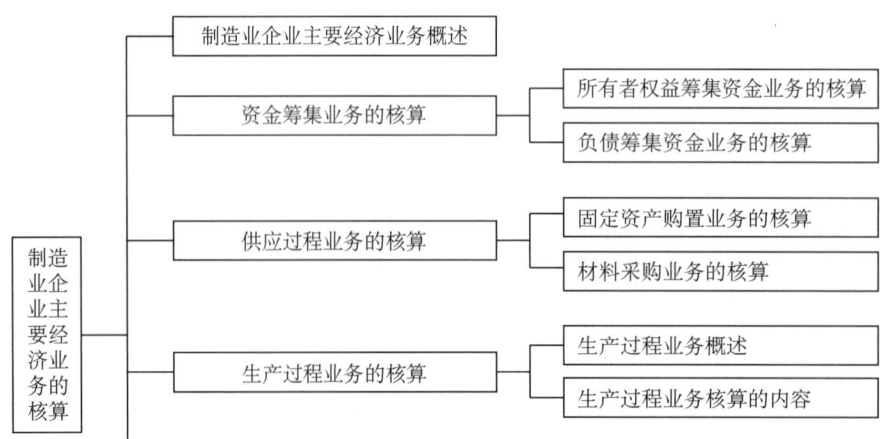

```
销售过程业务的核算 ──┬── 销售过程业务概述
                    └── 销售过程业务核算账户的设置

财务成果形成与分配业务的核算 ──┬── 财务成果形成业务的核算
                              └── 财务成果分配业务的核算
```

 思政育人 我国《公司法》完成修订于 2024 年 7 月 1 日起施行

十四届全国人大常委会第七次会议 12 月 29 日表决通过新修订的《中华人民共和国公司法》(以下简称《公司法》),于 2024 年 7 月 1 日起施行。

该法所称公司,是指依照该法在中华人民共和国境内设立的有限责任公司和股份有限公司。

修订后的《公司法》共十五章,包括总则,公司登记,有限责任公司的设立和组织机构,有限责任公司的股权转让,股份有限公司的设立和组织机构,股份有限公司的股份发行和转让,国家出资公司组织机构的特别规定,公司董事、监事、高级管理人员的资格和义务,公司债券,公司财务、会计,公司合并、分立、增资、减资,公司解散和清算,外国公司的分支机构,法律责任,附则。

修订后的《公司法》明确,为了规范公司的组织和行为,保护公司、股东、职工和债权人的合法权益,完善中国特色现代企业制度,弘扬企业家精神,维护社会经济秩序,促进社会主义市场经济的发展,根据宪法,制定本法。

资料来源:张千千.我国公司法完成修订于 2024 年 7 月 1 日起施行[EB/OL].(2023-12-29)[2024-01-31]. http://www.npc.gov.cn/npc/c2/c30834/202312/t20231229_433954.html.

第一节 制造业企业主要经济业务概述

制造业企业是一种具有不同规模的组织,这个组织的存在主要是通过对各种资源的组合和处理进而向其他单位或个人(企业的顾客)提供他们所需要的商品或服务。制造业企业能够将最原始的投入转变为顾客所需要的商品或服务,这个转变不仅需要自然资源、人力资源,而且还需要资本。

制造业企业是生产产品的单位,其完整的生产经营过程应由供应过程、生产过程和销售过程构成。制造业企业为了进行其生产经营活动,生产出适销对路的产品,就必须拥有一定数量的经营资金,而这些经营资金都是从一定的来源渠道取得的。经营资金在生产经营过程中被具体运用时表现为不同的占用形态,而且随着生产经营过程的不断进行,其资金形态不断转化,形成经营资金的循环与周转。

制造业企业要从各种渠道筹集生产经营所需要的资金,其筹资的渠道主要包括接受投资人的投资和向债权人借入各种款项。完成筹资任务即接受投资或形成负债,资金筹集业务的完成意味着资金投入制造业企业,因而,制造业企业就可以运用筹集到的资金开展正常的经营业务,进入供应、生产、销售过程。

制造业企业筹集到的资金最初一般表现为货币资金形态,也可以说,货币资金形态是资金运动的起点。制造业企业筹集到的资金最先进入供应过程。供应过程是制造业企业产品生产的准备过程,在这个过程中,制造业企业用货币资金购买机器设备等劳动资料形成固定资产、购买原材料等劳动对象形成储备资金,为生产产品做好物资上的准备,货币资金分别转化为固定资产形态和储备资金形态。由于固定资产一旦购买完成将长期供制造业企业使用,供应过程的主要核算内容是用货币资金(或形成结算债务)购买原材料的业务,包括支付材料价款和税款、发生采购费用、计算采购成本、材料验收入库结转成本等。制造业企业完成了供应过程的核算内容、为生产产品做好了各项准备后,进入生产过程。

生产过程是制造业企业经营过程的中心环节。在生产过程中,劳动者借助劳动资料对劳动对象进行加工,生产出各种各样适销对路的产品,以满足社会的需要。生产过程既是产品的制造过程,又是物化劳动和活劳动的耗费过程,即费用、成本的发生过程。从消耗或加工对象的实物形态及其变化过程看,原材料等劳动对象通过加工形成在产品,随着生产过程的不断进行,在产品终究要转化为产成品;从价值形态看,生产过程中发生的各种耗费,形成制造业企业的生产费用,具体而言,为生产产品要耗费材料形成材料费用,耗费劳动形成工资及福利等费用,使用厂房、机器设备等劳动资料形成折旧费用等,生产过程中发生的这些生产费用总和构成产品的生产成本(或称制造成本)。其资金形态从固定资产、储备资金和一部分货币资金形态转化为生产资金形态,随着生产过程的不断进行,产成品生产出来并验收入库之后,其资金形态又转化为成品资金形态。生产费用的发生、归集和分配,以及完工产品生产成本的计算等就构成了生产过程核算的基本内容。

销售过程是产品价值的实现过程。在销售过程中,制造业企业通过销售产品,并按照销售价格与购买单位办理各种款项的结算,收回货款,从而使得成品资金形态转化为货币资金形态,回到了资金运动的起点状态,完成了一次资金的循环。另外,销售过程中还要发生各种诸如包装、广告等销售费用,因此,计算并及时交纳各种销售税金、结转销售成本,这些都属于销售过程的核算内容。

对制造业企业而言,生产产品并销售产品是其主要的经营业务(即主营业务),但还不是其全部业务。除主营业务之外,制造业企业还会发生一些其他诸如销售材料、出租固定资产等业务;在对外投资活动过程中还会产生投资收益;在非营业活动中还会产生营业外的收支净额等,这些业务内容综合在一起,形成了制造业企业的全部会计核算内容。制造业企业在生产经营过程中所获得的各项收入遵循配比原则抵偿了各项成本、费用之后的差额,形成制造业企业的所得(即利润)。制造业企业实现的利润,一部分要以所得税的形式上缴国家,形成国家的财政收入;另一部分为税后利润,要按照规定的程序在各有关方面进行合理的分配。如果是发生了亏损,制造业企业还要按照规定的程序进行弥补。通过利润分配,一部分资金要退出制造业企业,一部分资金要以公积金等的形式继续参加制造业企业的资金周转。

综合上述内容,制造业企业在经营过程中发生的主要经济业务内容包括:资金筹集业务、供应过程业务、生产过程业务、销售过程业务、财务成果形成与分配业务。制造业企业资金周转循环如图6-1所示。

本节之后的内容,如果没有特别说明,企业专指制造业企业。

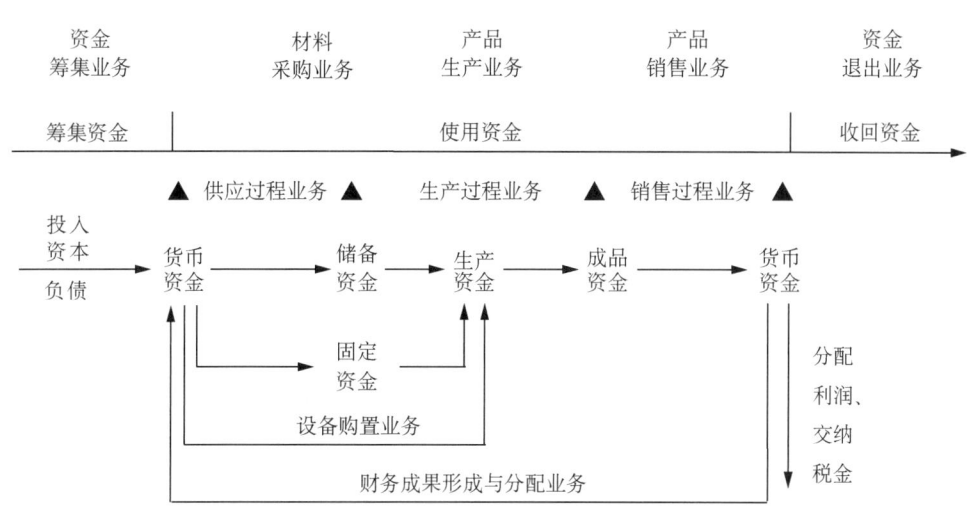

图 6-1 制造业企业资金周转循环

第二节 资金筹集业务的核算

一家企业的生存和发展,离不开资产要素的存在,资产是企业进行生产经营活动的物质基础。对任何一家企业而言,其资产形成的资金来源主要有两条渠道:一是投资人的投资及其增值,形成投资人的权益,该部分业务可以称为权益资金筹集业务。二是债权人借入的资金,形成债权人的权益,该部分业务可以称为负债资金筹集业务。

投资者将资金投入企业进而对企业资产的要求权形成企业的所有者权益,债权人将资金借给企业进而对企业资产的要求权形成企业的负债。所有者权益是指企业的所有者在企业资产中所享有的经济利益,其金额为资产减去负债后的差额。在会计上,我们一般将债权人的要求权和投资人的要求权统称为权益。但是,这两种权益又存在着一定的区别:两者性质不同、是否需要偿还和偿还期限不同、享受的权利不同、对象不同。因此,这两种权益在会计处理上也存在显著的差异。

一、所有者权益筹集资金业务的核算

企业从投资人处筹集到的资金形成企业所有者权益的重要组成部分。企业的所有者权益包括实收资本、资本公积、盈余公积和未分配利润四部分。其中,实收资本和资本公积是所有者直接投入企业的资本和资本溢价等,一般也将实收资本和资本公积称为投入资本;盈余公积和未分配利润则是企业在经营过程中所实现的利润留存于企业的部分,也称为留存收益。在本部分内容的学习中,我们将着重介绍所有者权益中的实收资本业务和资本公积业务的核算,至于盈余公积业务和未分配利润业务的核算将在本章第六节中进行阐述。制造业企业资金来源如图 6-2 所示。

(一) 实收资本业务的核算

1. 实收资本的含义

实收资本是指企业的投资者按照企业章程或合同、协议的约定,实际投入企业的资本金

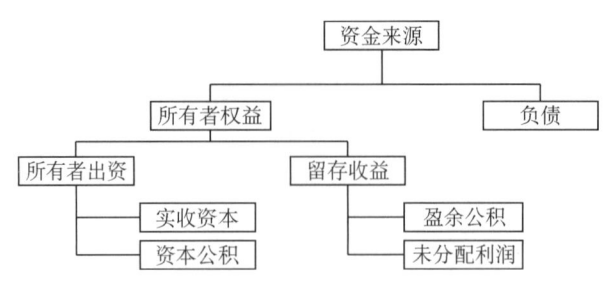

图 6-2 制造业企业资金来源

以及按照有关规定由资本公积、盈余公积转为资本的资金。实收资本代表着一家企业的实力,是创办企业的"本钱",也是一家企业维持正常的经营活动、以本求利、以本负亏的最基本条件和保障,还是企业独立承担民事责任的资金保证。实收资本反映了企业的不同所有者通过投资而投入企业的外部资金来源,这部分资金是企业进行经营活动的原动力,正是有了这部分资金的投入,才有了企业的存在和发展。

需要注意的是,注册资本和实收资本是两个不同的概念。注册资本是企业的法定资本;实收资本是指企业已收缴入账的股本,只有足额缴入后,实收资本才能等于注册资本。

2. 实收资本的分类

所有者向企业投入资本,即形成企业的资本金。企业的资本金按照投资主体的不同,可以分为:国家资本金——企业接受国家投资而形成的资本金;法人资本金——企业接受其他企业单位的投资而形成的资本金;个人资本金——企业接受个人包括企业内部职工的投资而形成的资本金;外商资本金——企业接受外国及港、澳、台地区的投资而形成的资本金。

企业的资本金按照投资者投入资本的不同,又可以分为货币资金和非货币资金等。

实收资本的分类如图 6-3 所示。

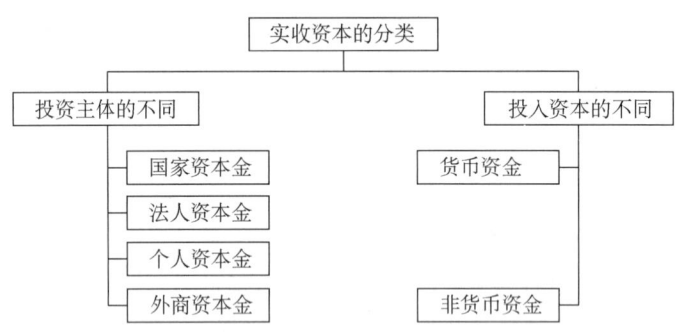

图 6-3 实收资本的分类

3. 实收资本核算账户的设置

为了反映实收资本的形成及其以后的变化情况,在会计核算中应设置"实收资本"账户。"实收资本"账户属于所有者权益类账户,用来核算所有者投入企业的资本金变化过程及结果。其贷方登记所有者投入企业资本金的增加,借方登记所有者投入企业资本金的减少。期末余额在贷方,表示所有者投入企业资本金的结余。"实收资本"账户设置如图 6-4 所示。企业按照投资者的不同设置明细账,进行明细核算。需要说明的是,股份有限公司要设置"股本"账户,用来核算投资者投入的资本。

	实收资本
所有者投入企业资本金的减少	所有者投入企业资本金的增加
	期末余额:所有者投入企业资本金的结余

图 6-4 "实收资本"账户设置

4. 实收资本入账价值的确定

投入资本应当按照实际收到的投资额入账。对收到的货币资金投资,应以实际收到的货币金额入账;对收到的实物等其他形式投资,应以投资各方确认的价值入账。

 延伸阅读 6-1

《企业会计准则第 4 号——固定资产》

《企业会计准则第 4 号——固定资产》第十一条规定,投资者投入固定资产的成本,应当按照投资合同或协商约定的价值确定,但合同或协议不公允的除外。

相关思考 6-1

1. 琴岛有限责任公司接受了某投资者投入的 500 000 元银行存款,作为投资。
2. 琴岛有限责任公司接受了某投资者投入一台价值 80 000 元的设备,但双方协商其入账价值为 75 000 元。

请问:上述业务中,所有者投入资产的成本分别是多少?

相关思考 6-1 解析:

1. 琴岛有限责任公司接受投入资产的成本为 500 000 元。
2. 琴岛有限责任公司接受投入资产的成本为 75 000 元。

琴岛有限责任公司对收到的货币资金投资,应以实际收到的货币金额入账;对收到的实物等其他形式投资,应以投资各方确认的价值入账。

【例 6-1】 2×24 年 9 月 15 日,琴岛有限责任公司收到甲投资方投入的设备一台,价值为 400 000 元,但投资合同约定价值为 300 000 元。琴岛有限责任公司应编制如下会计分录:

借:固定资产　　　　　　　　　　　　　　　　　　　　　　　300 000
　　贷:实收资本——甲　　　　　　　　　　　　　　　　　　　　　300 000

【例 6-2】 2×24 年 9 月 16 日,琴岛有限责任公司收到乙投资方投入银行存款 800 000 元。琴岛有限责任公司应编制如下会计分录:

借:银行存款　　　　　　　　　　　　　　　　　　　　　　　800 000
　　贷:实收资本——乙　　　　　　　　　　　　　　　　　　　　　800 000

【例 6-3】 2×24 年 9 月 20 日,琴岛有限责任公司收到丙投资方一块土地作为投资,经投资双方协商确认价值为 8 000 000 元。琴岛有限责任公司应编制如下会计分录:

借:无形资产　　　　　　　　　　　　　　　　　　　　　　8 000 000
　　贷:实收资本——丙　　　　　　　　　　　　　　　　　　　　8 000 000

（二）资本公积业务的核算

1. 资本公积的含义

资本公积是投资者或者他人投入到企业、所有权归属投资者并且金额上超过法定资本部分的资本（即资本投入过程中形成的溢价），是企业所有者权益的重要组成部分。资本公积的主要用途在于转增资本，即在办理增资手续后用资本公积转增股本，按股东原有股份比例发行新股或增加每股面值。

2. 资本公积核算账户的设置

为了反映和监督资本公积的增减变动及其结余情况，会计核算中应设置"资本公积"账户，"资本公积"账户属于所有者权益类账户，贷方登记取得的资本公积，即资本公积的增加数，借方登记资本公积转增资本，即资本公积的减少数。期末余额在贷方，表示资本公积的期末结余数。"资本公积"账户设置如图6-5所示。

资本公积	
资本公积的减少	资本公积的增加
	期末余额：资本公积的结余

图6-5 "资本公积"账户设置

【例6-4】 2×24年9月22日，琴岛有限责任公司收到华联公司投资的3 000 000元并存入银行，该公司按出资比例享有琴岛有限责任公司注册资本2 000 000元。琴岛有限责任公司应编制如下会计分录：

借：银行存款　　　　　　　　　　　　　　　　　　　　　　　3 000 000
　　贷：实收资本——华联公司　　　　　　　　　　　　　　　　2 000 000
　　　　资本公积　　　　　　　　　　　　　　　　　　　　　　1 000 000

【例6-5】 2×24年9月23日，琴岛有限责任公司将1 000 000元资本公积转增为资本。琴岛有限责任公司应编制如下会计分录：

借：实收资本　　　　　　　　　　　　　　　　　　　　　　　1 000 000
　　贷：资本公积　　　　　　　　　　　　　　　　　　　　　　1 000 000

所有者权益资金筹集业务核算示意图如图6-6所示，其说明：①企业接受所有者投入的货币资金投资。②企业接受所有者投入的固定资产等实物投资。③企业接受所有者投入的无形资产投资。④企业将资本公积转增资本。

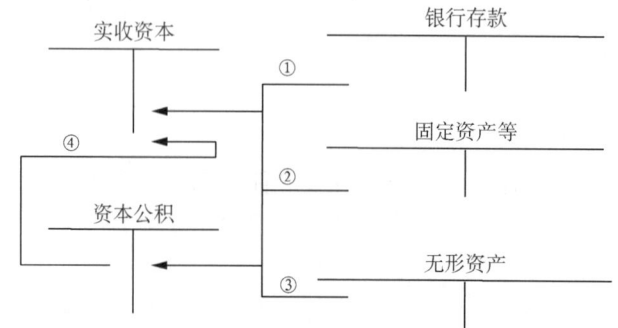

图6-6 所有者权益筹集资金业务核算示意图

二、负债筹集资金业务的核算

企业从债权人那里筹集到的资金形成企业的负债,它表示企业的债权人对企业资产的要求权,即债权人权益。当企业为了取得生产经营需要的资金、商品或劳务等,向银行借款或其他单位赊购材料、商品或服务时,就形成了企业与其他单位主体之间的债务关系。

负债按照偿还期限的不同,可以分为流动负债和非流动负债。这里仅以流动负债中的短期借款和长期借款为例,介绍负债筹集资金业务的核算。

(一) 短期借款业务的核算

1. 短期借款的含义

短期借款是指企业为了满足其生产经营对资金的临时需要而向银行或其他金融机构等借入的偿还期限在 1 年以内(含 1 年)的各种借款。一般情况下,企业取得短期借款是为了维持正常的生产经营所需或者为了抵偿某项债务。

2. 短期借款利息的确认和计量

短期借款必须按期归还本金并按时支付利息。短期借款的利息支出属于企业在经营活动过程中为筹集资金而发生的一项耗费,在会计核算中,企业应将其作为期间费用(财务费用)加以确认。短期借款利息的计算公式如下:

$$短期借款利息 = 借款本金 \times 利率 \times 时间$$

相关思考 6-2

琴岛有限责任公司于 2×24 年 1 月 16 日向银行借入了 6 个月期的短期借款 200 000 元,存入银行。琴岛有限责任公司计算 1 月短期借款利息时,时间要算多少天呢?

相关思考 6-2 解析:

按照权责发生制原则的要求,企业应于每月末确认当月的利息费用。这里的"时间"是一个月,利率往往都是年利率,将其转化为月利率,方可计算出一个月的利息额,年利率除以 12 即为月利率。如果在月内的某一天取得的借款,该日作为计息的起点时间,对借款当月和还款月则应按实际经历天数计算(不足整月),计算实际天数时要求算头不算尾,算尾不算头。在将月利率转化为日利率时,为简化核算,一个月一般按 30 天计算,一年按 360 天计算。

琴岛有限责任公司计算 1 月的利息时,时间应该算 15 天。1 月 16 日借入借款,到 1 月 31 日共使用 16 天,利息计算要求算头不算尾,算尾不算头,所以实际只算 15 天。

3. 短期借款核算账户的设置

对短期借款本金和利息的核算需要设置以下账户:

(1) "短期借款"账户。"短期借款"账户属于负债类账户,用来核算取得借款的本金。该账户的贷方登记取得的短期借款,即短期借款本金的增加,借方登记短期借款的偿还,即短期借款本金的减少。期末余额在贷方,表示企业尚未偿还的短期借款的本金结余。"短期借款"账户应按照债权人的不同设置明细账户,并按照借款种类进行明细分类核算。"短期借款"账户设置如图 6-7 所示。

短期借款	
短期借款本金的减少	短期借款本金的增加
	期末余额：尚未偿还的短期借款本金

图 6-7 "短期借款"账户设置

(2) "财务费用"账户。"财务费用"账户属于损益类账户，用来核算发生的借款费用。该账户的借方登记发生的财务费用，贷方登记发生的应冲减财务费用的利息收入及期末转入"本年利润"账户的财务费用净额，经过结转之后，该账户期末没有余额。"财务费用"账户应按照费用项目设置明细账户，进行明细分类核算。"财务费用"账户设置如图 6-8 所示。

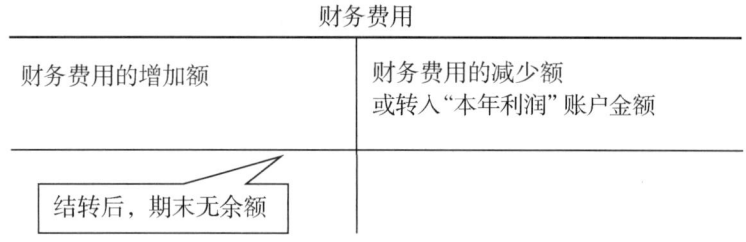

图 6-8 "财务费用"账户设置

(3) "应付利息"账户。"应付利息"账户属于负债类账户，用来核算企业已经发生但尚未实际支付的借款利息。该账户的贷方登记预先按照一定的标准提取的应由本期负担而尚未支付的利息债务，借方登记实际支付的利息债务。期末余额在贷方，表示企业已经预提但尚未支付的利息债务。"应付利息"账户设置如图 6-9 所示。

应付利息	
本期偿还的短期借款利息	本期增加的未付利息
	期末余额：尚未偿还的短期借款利息

图 6-9 "应付利息"账户设置

【例 6-6】 2×24 年 7 月 1 日，琴岛有限责任公司因生产经营临时性需要，向银行申请取得期限为 6 个月的借款 2 000 000 元，存入银行。琴岛有限责任公司应编制如下会计分录：

借：银行存款 2 000 000
　　贷：短期借款 2 000 000

【例 6-7】 承[例 6-6]，假如琴岛有限责任公司取得借款的利息年利率为 4.5%，利息按季度结算，经计算其 7 月应负担的利息为 7 500 元。琴岛有限责任公司应编制如下会计分录：

7 月短期借款利息 = 2 000 000 × 4.5% ÷ 12 = 7 500(元)

借：财务费用——利息支出 7 500
　　贷：应付利息 7 500

【例 6-8】 承[例 6-7],8 月末,琴岛有限责任公司应负担的短期借款利息的计算及会计分录如下:

$$8 月短期借款利息 = 2\,000\,000 \times 4.5\% \div 12 = 7\,500(元)$$

借:财务费用——利息支出　　　　　　　　　　　　　　　　　　　7 500
　　贷:应付利息　　　　　　　　　　　　　　　　　　　　　　　　　　7 500

注意:9 月短期借款利息的计算和账务处理方法与 8 月相同。

【例 6-9】 承[例 6-8],琴岛有限责任公司于 9 月末用银行存款 22 500 元支付本季度短期借款利息。琴岛有限责任公司应编制如下会计分录:

借:应付利息　　　　　　　　　　　　　　　　　　　　　　　　　　22 500
　　贷:银行存款　　　　　　　　　　　　　　　　　　　　　　　　　22 500

注意:10 月、11 月、12 月短期借款利息的计算和账务处理方法与 7 月、8 月、9 月相同。

【例 6-10】 琴岛有限责任公司在 12 月 31 日用银行存款 2 022 500 元偿还到期的临时借款本金及本季度短期借款利息。琴岛有限责任公司应编制如下会计分录:

$$12 月短期借款利息 = 2\,000\,000 \times 4.5\% \div 12 = 7\,500(元)$$

借:短期借款　　　　　　　　　　　　　　　　　　　　　　　　　2 000 000
　　贷:银行存款　　　　　　　　　　　　　　　　　　　　　　　　2 000 000

借:应付利息　　　　　　　　　　　　　　　　　　　　　　　　　　15 000
　　财务费用——利息支出　　　　　　　　　　　　　　　　　　　　7 500
　　贷:银行存款　　　　　　　　　　　　　　　　　　　　　　　　　22 500

注意:同一天结算,可只作一个会计分录。

(二) 长期借款业务的核算

1. 长期借款的含义

长期借款是指企业向银行及其他金融机构借入的偿还期限在 1 年以上(不含 1 年)的各种借款。一般来说,企业举借长期借款,主要是为了增添大型固定资产、购置地产、增添或补充厂房等,也就是为了满足扩充经营规模而增加各种长期耐用的固定资产的需要。

2. 长期借款核算账户的设置

为了核算长期借款本金及利息的取得和偿还情况,需要设置"长期借款"账户。该账户属于负债类账户,用来核算企业从银行或其他金融机构取得的长期借款的增减变动及其结余情况。其贷方登记长期借款的增加数,借方登记长期借款的减少数。期末余额在贷方,表示企业尚未偿还的长期借款结余。该账户应按贷款单位设置明细账户,并按贷款种类进行明细分类核算。"长期借款"账户设置如图 6-10 所示。

长期借款	
长期借款本金的减少	长期借款本金的增加
	期末余额:尚未偿还的长期借款

图 6-10 "长期借款"账户设置

【例 6-11】 琴岛有限责任公司为了建造一座新的厂房,于 2×23 年 1 月 1 日向银行取得期限为 2 年的借款 6 000 000 元存入银行。琴岛有限责任公司应编制如下会计分录:

借:长期借款——本金　　　　　　　　　　　　　　　　　　　　　6 000 000
　　贷:银行存款　　　　　　　　　　　　　　　　　　　　　　　　　　6 000 000

【例 6-12】 承[例 6-11],琴岛有限责任公司于 2×24 年 12 月 31 日向银行全部偿还该笔借款本金。琴岛有限责任公司应编制如下会计分录:

借:银行存款　　　　　　　　　　　　　　　　　　　　　　　　　　6 000 000
　　贷:长期借款——本金　　　　　　　　　　　　　　　　　　　　　　6 000 000

负债筹集资金业务核算示意图如图 6-11 所示,其说明:①企业取得借款。②企业按期计算或计提借款的利息。③企业偿还应付而未付的利息。④企业偿还借款本金。

6-3:扫一扫,练一练

6-4:扫一扫,练一练答案

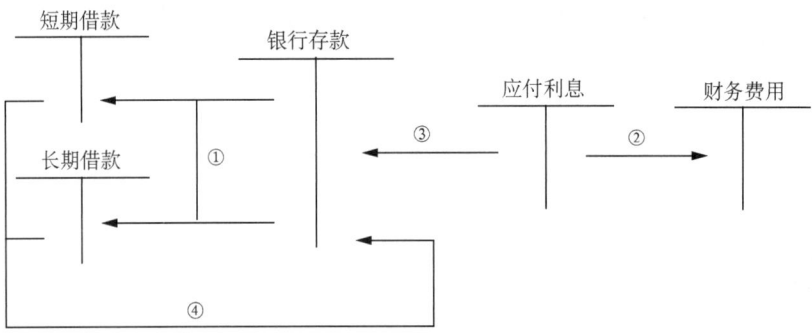

图 6-11　负债筹集资金业务核算示意图

第三节　供应过程业务的核算

供应过程是生产产品做准备的过程。为了生产产品,企业就需要做好多方面的物资准备工作,其中最重要的是构建固定资产和购买原材料。

一、固定资产购置业务的核算

(一) 固定资产的含义

固定资产是指企业为生产商品、提供劳务、出租或经营管理而持有的,使用的期限超过 1 个会计年度的房屋、建筑物、机器设备、运输工具,以及其他与生产、经营有关的设备、工具、器具等。

? 相关思考 6-3

1. 琴岛有限责任公司正在生产产品的机床。
2. 琴岛有限责任公司生产的机床。

请问:上述业务中,哪些属于琴岛有限责任公司的固定资产?

相关思考 6-3 解析:

1. 琴岛有限责任公司正在生产产品的机床,应计入本公司的固定资产。公司持有固定资产的目的是生产商品、提供劳务、出租或经营管理,即公司持有的固定资产是公司的劳动工具或手段,而不是用于出售的产品。

2. 如果是自制的机床等设备,公司自用,应计入本公司的固定资产。不计入固定资产的机床等设备,说明是机床生产企业销售的商品,不能算作固定资产,而是待售的库存商品。

(二) 固定资产入账价值的确定

固定资产入账价值是指记入"固定资产"账户的成本金额。固定资产按照来源的不同,可以分为外来的固定资产和自建的固定资产两种。固定资产应当按照取得时的实际成本入账。固定资产取得时的实际成本是指企业购建固定资产达到预定可使用状态前所发生的一切合理、必要的支出。一般来说,构成固定资产取得时的实际成本具体包括买价、运输费、保险费、包装费、装卸费、相关税费、安装成本等,但不包括采购人员的工资薪酬、增值税。

> **相关思考6-4**
>
> 琴岛有限责任公司购入一台合同价款为200 000元的设备,同时现金支付保险费6 000元、运输费5 000元、采购人员工资7 000元,则该设备的入账价值是多少?
>
> **相关思考6-4解析:**
>
> 固定资产入账价值包括买价、运输费、保险费、包装费、装卸费、相关税费、安装成本等,但不包括采购人员的工资薪酬、增值税。该设备的入账价值为211 000元(200 000+6 000+5 000)。

(三) 固定资产核算账户的设置

为了核算企业购买和自行建造完成固定资产价值的变动过程及结果,需要设置以下账户。

1. "固定资产"账户

"固定资产"账户属于资产类账户,用来核算企业固定资产取得成本的增减变动及其结余情况。该账户的借方登记固定资产取得成本的增加,贷方登记固定资产取得成本的减少。期末余额在借方,表示固定资产原价结余。注意:固定资产使用发生的磨损价值不在该账户中反映。该账户应按照固定资产的种类设置明细账户,进行明细分类核算。在使用该账户时,必须注意只有固定资产达到预定可使用状态,其取得成本已经形成,才可以记入"固定资产"账户。"固定资产"账户设置如图6-12所示。

固定资产	
固定资产取得成本的增加	固定资产取得成本的减少
期末余额:固定资产原价结余	

图6-12 "固定资产"账户设置

2. "在建工程"账户

"在建工程"账户属于资产类账户,用来核算企业为进行固定资产基建、安装、技术改造和大修理等工程而发生的全部支出(包括安装设备的价值),并据以计算确定各工程成本。该账户的借方登记工程支出的增加,贷方登记结转完工工程的成本。期末余额在借方,表示未完工工程的成本。在构建过程中发生的全部支出,都应归集至"在建工程"账户,待工程达到预定可使用状态形成固定资产之后,方可将该工程成本从"在建工程"账户转入"固定资产"账户。注意:该账户当工程完工结转后余额为零。"在建工程"账户应按工程内容来设置明细账户,进行明细核算。"在建工程"账户设置如图6-13所示。

在建工程	
工程支出的增加(包括安装设备的价值)	结转完工工程的成本
期末余额:未完工工程的成本	

图6-13 "在建工程"账户设置

企业购买的固定资产,有的购买完成之后当即可以投入使用,也就是当即达到预定可使用状态,因而可以当即形成固定资产;而有的固定资产,在购买之后,还需要经过安装过程,安装后方可投入使用。这两种情况在核算上是有区别的,会计人员在对固定资产进行核算时,一般将其区分为不需要安装固定资产和需要安装固定资产分别进行账务处理。

【例6-13】 琴岛有限责任公司于2×24年9月1日购入一台不需要安装的设备,该设备的买价为250 000元、增值税为32 500元、包装运杂费为4 000元,全部款项通过银行付讫,设备当即投入使用。琴岛有限责任公司应编制如下会计分录:

借:固定资产　　　　　　　　　　　　　　　　　　　　　　　254 000
　　应交税费——应交增值税(进项税额)　　　　　　　　　　　 32 500
　贷:银行存款　　　　　　　　　　　　　　　　　　　　　　　286 500

延伸阅读6-2

增值税

增值税是以商品(含应税劳务)在流转过程中产生的增值额作为计税依据而征收的一种流转税。从计税原理上说,增值税是对商品生产、流通、劳务服务中多个环节的新增价值或商品的附加值征收的一种流转税。实行价外税,也就是由消费者负担,有增值才征税,没增值不征税。

一般纳税人销售货物或者提供加工、修理修配劳务、进口货物以及提供有形动产租赁服务适用的增值税税率为13%。一般纳税人当期应纳税额的计算公式如下:

一般纳税人当期应纳税额 = 当期销项税额 — 当期进项税额

销项税额是指纳税人提供应税服务按照销售额和增值税税率计算的增值税税额。销项税额的计算公式如下:

销项税额 = 卖价 × 13%

进项税额是指纳税人购进货物或者接受加工修理修配劳务和应税服务,支付或者负担的增值税税额。进项税额的计算公式如下:

进项税额 = 买价 × 13%

资料来源:陈莎.税法[M].上海:立信会计出版社,2021.

6-5:增值税转型的原因

【例6-14】 承[例6-13],设备若需要安装,同日琴岛有限责任公司另以银行存款6 000元支付安装费。琴岛有限责任公司应编制如下会计分录:

(1) 设备交付安装时：

借：在建工程　　　　　　　　　　　　　　　　　　　　　　　　254 000
　　应交税费——应交增值税（进项税额）　　　　　　　　　　　32 500
　　　贷：银行存款　　　　　　　　　　　　　　　　　　　　　　286 500

(2) 支付安装费时：

借：在建工程　　　　　　　　　　　　　　　　　　　　　　　　6 000
　　　贷：银行存款　　　　　　　　　　　　　　　　　　　　　　6 000

【例 6-15】 承[例 6-13]和[例 6-14]，2×24 年 9 月 10 日，设备安装完工，达到预定可使用状态，同日交付使用，结转完工设备的成本。琴岛有限责任公司应编制如下会计分录：

借：固定资产　　　　　　　　　　　　　　　　　　　　　　　　260 000
　　　贷：在建工程　　　　　　　　　　　　　　　　　　　　　　260 000

二、材料采购业务的核算

企业要进行正常的产品生产经营活动，就必须购买和储备一定品种和数量的原材料，原材料是企业生产产品不可缺少的物质要素。

(一) 外购材料入账价值的确定

关于取得原材料成本的确定，不同方式取得的原材料，其成本的确定方法不同，成本构成内容也不同。其中，购入的原材料，其实际采购成本由买价和采购费用构成。

1. 买价

买价是指购货发票所注明的货款金额。

2. 采购费用

采购费用是指采购过程中发生的运输费、包装费、装卸费、保险费、仓储费、入库之前发生的整理挑选费用，以及按规定应计入材料采购成本中的各种税金。需要注意的是，市内零星运杂费、采购人员的差旅费，以及采购机构的经费、增值税等不构成材料的采购成本。

6-6 视频：材料及其采购成本

(二) 外购材料采购费用的分配

如果采购费用是为采购一种材料所发生的支出，则直接计入该材料的采购成本；如果采购费用是为采购几种材料共同发生的，则必须按一定的标准和方法在有关材料之间进行分配。分配时，首先根据材料的特点确定分配的标准，一般来说可以选择的分配标准有材料的重量、体积、买价等；其次计算材料采购费用分配率；最后计算各种材料的采购费用负担额，相关计算公式如下：

$$材料采购费用分配率 = 共同性采购费用额 \div 分配标准的合计$$

$$某材料应负担的采购费用额 = 采购费用分配率 \times 该材料的分配标准$$

【例 6-16】 琴岛有限责任公司在一次采购中购入 A、B、C 三种材料，其中 A 材料为 200 吨，单价为 1 000 元/吨；B 材料为 400 吨，单价为 200 元/吨；C 材料为 600 吨，单价为 200 元/吨；共支付运费 10 000 元、装卸费 1 000 元、保险费 1 000 元，采购费用由三种材料共同承担并按重量分配。试计算 A、B、C 三种材料的采购成本。

解析：
共同性采购费用＝10 000＋1 000＋1 000＝12 000(元)
材料总重＝200＋400＋600＝1 200(吨)
采购费用分配率＝12 000÷1 200＝10(元/吨)
A材料分配的采购费用＝200×10＝2 000(元)
B材料分配的采购费用＝400×10＝4 000(元)
C材料分配的采购费用＝600×10＝6 000(元)
A材料的采购成本＝200 000＋2 000＝202 000(元)
B材料的采购成本＝80 000＋4 000＝84 000(元)
C材料的采购成本＝120 000＋6 000＝126 000(元)

(三) 材料采购核算账户的设置

原材料在按照实际成本核算时,应设置以下几个账户。

1. "在途物资"账户

"在途物资"账户属于资产类账户,用来核算企业外购的尚未验收入库的各类材料的实际采购成本。该账户的借方登记购入材料的买价和采购费用,贷方登记结转完成验收入库材料的实际采购成本。期末余额在借方,表示尚未运达企业或已到达企业但尚未验收入库的在途材料的成本。注意:当材料验收入库结转后,该账户余额为零。"在途物资"账户按照购入材料的品种或种类设置明细账户。"在途物资"账户设置如图6-14所示。

在途物资	
购入材料的买价和采购费用	验收入库材料的实际采购成本
期末余额:尚未运达企业 或尚未验收入库的材料的成本	

图6-14 "在途物资"账户设置

2. "原材料"账户

"原材料"账户属于资产类账户,用来核算企业库存材料实际成本的增减变动及其结存情况。该账户的借方登记已验收入库材料实际成本的增加,贷方登记发出材料的实际成本(即库存材料成本的减少)。期末余额在借方,表示库存材料实际成本的期末结余额。"原材料"账户应按照材料的保管地点、材料的种类或类别设置明细账户,进行明细分类核算。"原材料"账户设置如图6-15所示。

原材料	
已验收入库材料实际成本的增加	发出材料的实际成本
期末余额:库存材料实际成本结余	

图6-15 "原材料"账户设置

3. "应付账款"账户

"应付账款"账户属于负债类账户,用来核算企业单位因购买材料物资、接受劳务供应而与供应单位发生的结算债务的增减变动及其结余情况。该账户的贷方登记应付供应单位款项(买价、税金和代垫运杂费等)的增加,借方登记应付供应单位款项的减少(即偿还)。期末余额一般在贷方,表示企业尚未偿还的应付款的结余额。"应付账款"账户应按照供应单位的名称设置明细账户,进行明细分类核算。"应付账款"账户设置如图6-16所示。

应付账款	
应付供应单位款项的减少	应付供应单位款项的增加
	期末余额:尚未偿还的应付款的结余

图6-16 "应付账款"账户设置

4. "预付账款"账户

"预付账款"账户属于资产类账户,用来核算企业按照合同规定向供应单位预付购料款而与供应单位发生的结算债权的增减变动及其结余情况。该账户的借方登记结算债权的增加即预付款的增加,贷方登记收到供应单位提供的材料物资而应冲销的预付款债权(即预付款的减少)。期末余额一般在借方,表示企业尚未结算的预付款的结余额。"预付账款"账户应按照供应单位的名称设置明细账户,进行明细分类核算。"预付账款"账户设置如图6-17所示。

预付账款	
预付供应单位款项的增加	冲销预付供应单位款项
期末余额:尚未结算的预付款的结余	

图6-17 "预付账款"账户设置

5. "应交税费"账户

"应交税费"账户属于负债类账户,用来核算企业按税法规定应交纳的各种税款(印花税等不需要预计税额的税种除外)的计算与实际交纳情况。该账户的贷方登记计算出的各种应交而未交税费的增加,包括计算出的增值税、消费税、城市维护建设税、所得税、资源税等,借方登记实际交纳的各种税费,包括支付的增值税进项税额。期末余额方向不固定,如果在贷方,表示企业未交税费的结余额;如果在借方,表示企业多交的税费。"应交税费"账户应按照税种设置明细账户,进行明细分类核算。"应交税费"账户设置如图6-18所示。

应交税费	
实际交纳的各种税费(包括支付的增值税进项税额)	计算出的各种应交而未交税费(包括计算出的增值税)
期末余额:多交的税费	期末余额:未交的税费

图6-18 "应交税费"账户设置

【例 6-17】 2×24 年 6 月 1 日,琴岛有限责任公司向盛泰工厂购进材料一批,材料尚未验收入库,全部款项已用银行存款支付。其中,甲材料为 10 吨,单价为 1 200 元/吨,货款总计 12 000 元,增值税为 1 560 元;乙材料为 200 吨,单价为 400 元/吨,货款总计 80 000 元,增值税为 10 400 元。琴岛有限责任公司应编制如下会计分录:

  借:在途物资——甲材料   12 000
      ——乙材料   80 000
    应交税费——应交增值税(进项税额)   11 960
    贷:银行存款   103 960

【例 6-18】 承[例 6-17],2×24 年 6 月 3 日,琴岛有限责任公司用银行存款支付购入甲、乙材料的运杂费 2 100 元,按材料重量比例分配。琴岛有限责任公司应编制如下会计分录:

$$采购费用分配率 = 21\,000 \div 210 = 100(元/吨)$$

$$甲材料分配的采购费用 = 10 \times 100 = 1\,000(元)$$

$$乙材料分配的采购费用 = 200 \times 100 = 20\,000(元)$$

  借:在途物资——甲材料   1 000
      ——乙材料   20 000
    贷:银行存款   21 000

【例 6-19】 承[例 6-16]和[例 6-17],2×24 年 6 月 6 日,琴岛有限责任公司购入的甲、乙材料运抵仓库,结转入库材料成本。琴岛有限责任公司应编制如下会计分录:

  借:原材料——甲材料   13 000
     ——乙材料   100 000
    贷:在途物资——甲材料   13 000
        ——乙材料   100 000

【例 6-20】 2×24 年 6 月 10 日,琴岛有限责任公司向佳悦公司购入丙材料一批,价税合计 6 780 元,材料已验收入库,货款尚未支付。琴岛有限责任公司应编制如下会计分录:

  借:在途物资——丙材料   6 000
    应交税费——应交增值税(进项税额)   780
    贷:应付账款——佳悦公司   6 780

【例 6-21】 2×24 年 6 月 17 日,琴岛有限责任公司向美强公司预付购货款 65 000 元。琴岛有限责任公司应编制如下会计分录:

  借:预付账款——美强公司   65 000
    贷:银行存款   65 000

供应过程业务核算示意图如图 6-19 所示,其说明:①企业购入原材料和设备(当即付款和赊购)。②结转入库材料的成本。③结转安装完工设备的成本。

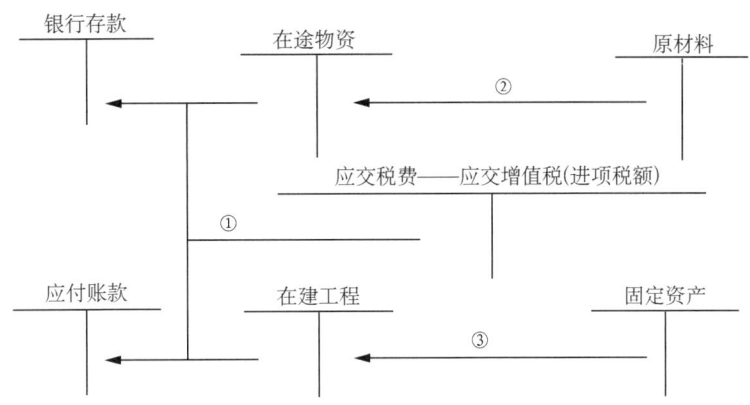

图 6-19 供应过程业务核算示意图

第四节 生产过程业务的核算

企业的主要经济活动是生产符合社会需要的产品,产品的生产过程同时也是生产的耗费过程。企业在生产经营过程中发生的各项耗费,是企业为获得收入而预先垫支并需要得到补偿的资金耗费,因而也是收入形成、实现的必要条件。

一、生产过程业务概述

企业要生产产品就要发生各种生产耗费,包括生产资料中的劳动手段(如机器设备)及劳动对象(如原材料)的耗费,以及劳动力等方面的耗费。

(一) 生产费用的含义

生产费用是指企业在生产过程中发生的、用货币额表现的生产耗费。这些费用最终都要归集、分配到一定种类的产品上去,从而形成各种产品的成本。也就是说,企业为生产一定种类、一定数量产品所支出的各种生产费用的总和对象化于产品就形成了这些产品的成本。

(二) 生产费用的构成

生产费用按其计入产品成本的方式的不同,可以分为直接费用和间接费用。

1. 直接费用

直接费用是指企业生产产品过程中实际消耗的费用,它包括以下几部分内容:

(1) 直接材料。它是指企业在生产产品和提供劳务的过程中所消耗的、直接用于产品生产,构成产品实体的各种原材料及主要材料、外购半成品以及有助于产品形成的辅助材料等。

(2) 直接工资。它是指企业在生产产品和提供劳务过程中,直接从事产品生产的工人工资、津贴、补贴等。

2. 间接费用

间接费用也称制造费用,是指企业为生产产品和提供劳务而发生的各项间接支出。制造费用的构成内容比较复杂,包括间接的工资费、福利费、折旧费、修理费、办公费、水电费、机物料消耗、季节性停工损失等。

上述各个项目是生产费用按其计入产品成本的方式的不同进行的分类,在会计上我们一般将其称为成本项目。

二、生产过程业务核算的内容

(一) 生产过程业务核算账户的设置

为了归集产品生产过程中所发生的各项费用,从而正确计算产品成本,应设置以下账户。

1. "生产成本"账户

"生产成本"账户属于成本类账户,用来归集和分配产品生产过程中所发生的各项生产费用,以正确计算产品生产成本。该账户的借方登记应计入产品生产成本的各项费用,包括直接计入产品生产成本的直接材料费、直接工资费和其他直接支出,以及期末按照一定的方法分配计入产品生产成本的制造费用;贷方登记结转完工入库产成品的生产成本。期末如有余额在借方,表示企业尚未完工产品(在产品)的成本,即生产资金的占用额。"生产成本"账户应按产品种类或类别设置明细账户,进行明细分类核算。"生产成本"账户设置如图6-20所示。

6-7视频:产品生产成本及其构成

生产成本

发生的生产费用: ① 直接材料 ② 直接人工 ③ 分配的制造费用	结转完工入库产成品的生产成本
期末余额:尚未完工产品(在产品)的成本	

图6-20 "生产成本"账户设置

2. "制造费用"账户

"制造费用"账户属于成本类账户,用来归集和分配企业生产车间为组织和管理产品的生产活动而发生的各项间接生产费用,包括车间范围内发生的间接工资(车间管理人员的工资)及福利费、折旧费、修理费、办公费、水电费、机物料消耗等。该账户的借方登记实际发生的各项制造费用,贷方登记期末经分配转入"生产成本"账户借方应计入产品生产成本的制造费用额。期末在费用结转后,该账户一般没有余额。"制造费用"账户应按不同车间设置明细账户,按照费用项目设置专栏进行明细分类核算。"制造费用"账户设置如图6-21所示。

3. "应付职工薪酬"账户

"应付职工薪酬"账户属于负债类账户,用来核算企业应付给职工各种薪酬总额与实际发放情况,并反映和监督企业与职工薪酬的结算情况。该账户的贷方登记本月计算的应付职工薪酬总额,包括各种工资、奖金、津贴和福利费等;借方登记本月实际支付的职工薪酬数。月末余额在贷方,表示企业本月应付职工薪酬大于实付职工薪酬的数额,即应付而未付的职工薪酬。"应付职工薪酬"账户可以按照"工资""职工福利""社会保险""住房公积金"等明细账户进行明细分类核算。"应付职工薪酬"账户设置如图6-22所示。

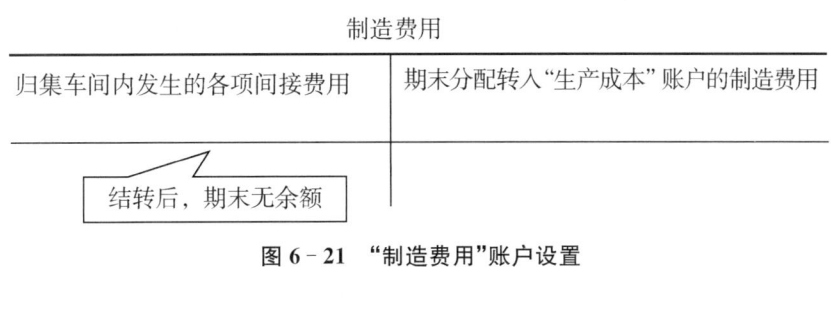

图 6-21 "制造费用"账户设置

图 6-22 "应付职工薪酬"账户设置

4．"管理费用"账户

"管理费用"账户属于损益类账户,用来核算企业为组织和管理生产经营活动所发生的各项费用,包括企业在筹建期间内发生的开办费、董事会费,以及行政管理部门在企业的经营管理中发生的应由企业统一负担的公司经费、工会经费、董事会费、聘请中介机构费、咨询费、诉讼费、业务招待费、房产税、车船税、土地使用税、印花税、技术转让费、矿产资源补偿费、研究费、排污费等。该账户的借方登记发生的各项管理费用,贷方登记期末转入"本年利润"账户的管理费用额,经过结转之后,该账户期末没有余额。"管理费用"账户应按照费用项目设置明细账中的专栏,进行明细分类核算。"管理费用"账户设置如图 6-23 所示。

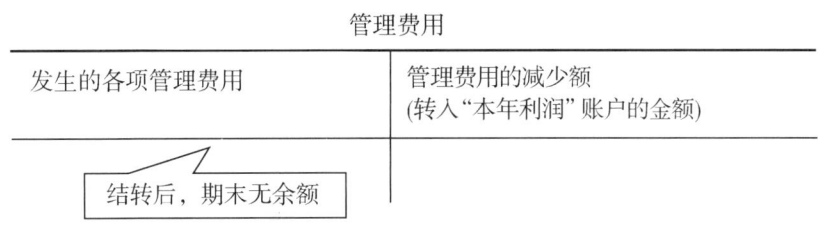

图 6-23 "管理费用"账户设置

5．"累计折旧"账户

"累计折旧"账户属于资产类账户,用来核算企业固定资产因磨损而减少的价值。由于管理的需要,"固定资产"账户要始终反映企业现有固定资产的原值,其因磨损而减少的金额应通过"累计折旧"账户来核算。"累计折旧"账户是"固定资产"账户的抵减账户,累计折旧的发生是固定资产价值的减少,该账户的贷方登记按月提取的折旧额即累计折旧的增加,借方登记因减少固定资产而减少的累计折旧。期末余额在贷方,表示企业已提折旧的累计额。"累计折旧"账户只进行总分类核算,不进行明细分类核算。如果要查明某项固定资产已提折旧的具体情况,可以通过固定资产卡片(台账)来了解。"累计折旧"账户设置如图 6-24 所示。

累计折旧

累计折旧的减少	累计折旧的增加
	期末余额：现有固定资产累计折旧

图 6-24 "累计折旧"账户设置

6. "库存商品"账户

"库存商品"账户属于资产类账户，用来核算企业库存的外购商品、自制产品（产成品）、自制半成品等的实际成本（或计划成本）的增减变动及其结余情况。该账户的借方登记验收入库商品成本的增加，包括外购、自产、委外加工等；贷方登记库存商品成本的减少（发出）。期末余额在借方，表示库存商品成本的期末结余额。"库存商品"账户应按照商品的种类、名称和存放地点等设置明细账，进行明细分类核算。"库存商品"账户设置如图 6-25 所示。

库存商品

验收入库商品成本的增加	库存商品成本的减少
期末余额：结存的库存商品成本	

图 6-25 "库存商品"账户设置

（二）生产过程业务的具体核算

1. 材料费用的归集和分配

企业在生产活动中耗用的材料费用是由会计部门在月末根据领退料等各种原始凭证，按照材料的用途进行归集和分配的。之后，企业编制"发出材料汇总表"，并根据编制好的"发出材料汇总表"，采用适当的分配方法，将消耗的各项材料费用分配计入各有关产品成本计算单中的"直接材料"成本项目。最后，企业根据编制的"发出材料汇总表"编制相应的会计分录。

【例 6-22】 2×24 年 9 月 30 日，琴岛有限责任公司发出材料汇总表如表 6-1 所示。

表 6-1　　　　　　　　　　发出材料汇总表　　　　　　　　金额单位：元

领料部门和用途	A 材料		B 材料		金额合计
	数量（千克）	金额	数量（千克）	金额	
生产产品耗用：					
甲产品耗用	20 000	160 000	40 000	80 000	240 000
乙产品耗用	12 000	96 000	8 000	16 000	112 000
车间一般耗用	400	3 200			3 200
管理部门耗用			1 600	3 200	3 200
合计	32 400	259 200	49 600	99 200	358 400

琴岛有限责任公司应编制如下会计分录：

借：生产成本——甲产品	240 000	
——乙产品	112 000	
制造费用	3 200	
管理费用	3 200	
贷：原材料		358 400

2. 人工费用的归集和分配

企业工薪费用的归集和分配主要通过编制"工资结算汇总表"和"工资费用分配表"来完成，由会计部门在月末，根据各种原始凭证，按照工资的用途进行归集，在"工资结算汇总表"中登记各岗位职工工资薪酬具体金额。企业根据编制好的"工资结算汇总表"，采用适当的分配方法，将计算的工资费用分配计入各有关产品成本计算单中的"直接人工"成本项目。通过归集和分配之后，企业根据分配的结果编制"工资费用分配表"。最后，企业根据编制的"工资结算汇总表"和"工资费用分配表"编制会计分录。

【例6-23】 2×24年9月30日，琴岛有限责任公司工薪结算汇总表如表6-2所示，工资费用分配表如表6-3所示。

表6-2　　　　　　　　　　　　　工资结算汇总表　　　　　　　　　　　单位：元

部门名称	基本工资	岗位工资	应发金额
生产工人	200 000	120 000	320 000
车间管理人员	60 000	30 000	90 000
管理部门	240 000	180 000	420 000
合计	500 000	330 000	830 000

表6-3　　　　　　　　　　　　　工资费用分配表　　　　　　　　　　金额单位：元

分配对象		工资			工资费用
会计科目	成本费用项目	生产工时	分配率	分配金额	合计
生产成本	甲产品　直接工资	20 000		200 000	200 000
	乙产品　直接工资	12 000		120 000	120 000
	小计	32 000	10	320 000	320 000
制造费用	工资			90 000	90 000
管理费用	工资			420 000	420 000
合计					830 000

生产甲、乙产品工人工资分配率 = 320 000 ÷ 32 000 = 10(元/小时)

琴岛有限责任公司应编制如下会计分录：

借：生产成本——甲产品	200 000	
——乙产品	120 000	
制造费用	90 000	
管理费用	420 000	
贷：应付职工薪酬		830 000

【例 6-24】 2×24 年 9 月 30 日,琴岛有限责任公司开出现金支票,从银行提取现金 830 000 元,以备发放工资。琴岛有限责任公司应编制如下会计分录:

  借:库存现金   830 000
    贷:银行存款   830 000

【例 6-25】 2×24 年 9 月 30 日,琴岛有限责任公司用现金 830 000 元发放工资。琴岛有限责任公司应编制如下会计分录:

  借:应付职工薪酬   830 000
    贷:库存现金   830 000

3. 制造费用的归集和分配

制造费用是指企业为生产产品和提供劳务而发生的各项间接费用,包括生产车间发生的机物料消耗、管理人员的工资、福利费等职工薪酬、折旧费、办公费、水电费、季节性的停工损失等。制造费用属于应计入产品成本但不专设成本项目的各项成本。

1) 制造费用的归集

制造费用的归集应当通过"制造费用"账户进行。该账户应按不同车间设置明细账户,按费用项目设置专栏进行明细分类核算。企业应当根据有关付款凭证、转账凭证和前述的各种成本分配表借记"制造费用"账户,贷记"原材料""应付职工薪酬""累计折旧""银行存款"等账户。

【例 6-26】 2×24 年 9 月 30 日,琴岛有限责任公司按照固定资产原价规定的折旧率,计算本月应计提的固定资产折旧额为 8 200 元,其中车间为 6 800 元,管理部门为 1 400 元。琴岛有限责任公司应编制如下会计分录:

  借:制造费用   6 800
    管理费用   1 400
    贷:累计折旧   8 200

【例 6-27】 2×24 年 9 月 30 日,琴岛有限责任公司以银行存款支付本月的水电费 10 000 元,其中车间为 8 000 元,管理部门为 2 000 元。琴岛有限责任公司应编制如下会计分录:

  借:制造费用   8 000
    管理费用   2 000
    贷:银行存款   10 000

2) 制造费用的分配

生产过程中发生的制造费用在平时发生时归集到"制造费用"账户,月末,通过适当的分配方法,根据编制的"制造费用分配表",将归集的制造费用分配计入生产产品的成本中,即转入"生产成本"账户,最后根据编制的"制造费用分配表"编制会计分录。

企业发生的制造费用属于间接费用,所以需要采用一定的标准在各种产品之间进行合理分配。常用的分配标准有:生产工人工时比例、生产工人工资比例、机器工时比例、耗用原材料的数量比例等。相关计算公式如下:

$$制造费用的分配率 = \frac{制造费用的总和}{分配标准之和}$$

$$某产品应分配的制造费用 = 某产品标准 \times 分配率$$

【例 6-28】 2×24 年 9 月 30 日,琴岛有限责任公司本月制造费用共计 27 000 元。琴岛有限责任公司编制的制造费用分配表如表 6-4 所示,据表 6-4 将制造费用分配计入相关产品成本。

表 6-4　　　　　　　　　　　　制造费用分配表　　　　　　　　金额单位:元

项目	定额工时	制造费用	
		分配率	分配金额
甲产品	1 200	10	12 000
乙产品	1 500	10	15 000
合计	2 700		27 000

琴岛有限责任公司应编制如下会计分录:

借:生产成本——甲产品　　　　　　　　　　　　　　　　　　　　12 000
　　　　　　——乙产品　　　　　　　　　　　　　　　　　　　　15 000
　　贷:制造费用　　　　　　　　　　　　　　　　　　　　　　　　　27 000

4. 完工产品生产成本的计算和结转

1) 完工产品生产成本的计算

在将制造费用分配由各种产品成本负担后,"生产成本"账户的借方归集了各种产品所发生的直接材料、直接工资、其他直接支出和制造费用的全部内容。在此基础上,企业就可以进行产品成本的计算。产品生产成本的计算应在生产成本明细账中进行。

如果月末不存在未完工产品的情况,各种产品生产成本明细账所归集的费用总额就是该种完工产品的总成本,用完工产品总成本除以该种产品的完工总产量即可计算出该种产品的单位成本。

如果月末存在未完工产品的情况,各种产品生产成本明细账所归集的费用总额需要先采取适当的分配方法在完工产品和在产品之间进行分配,然后再根据完工产品的总成本来计算单位成本。完工产品成本的计算公式如下:

完工产品成本 = 期初在产品成本 + 本期发生的生产费用 - 期末在产品成本

2) 完工产品生产成本的结转

在计算出当期完工产品成本后,对验收入库的产成品,应结转成本。根据计算的完工产品成本,企业应编制"完工产品成本计算单",将完工产品的生产成本从"生产成本"账户的贷方转入"库存商品"账户的借方。

【例 6-29】 2×24 年 9 月 30 日,琴岛有限责任公司完工产品成本计算单如表 6-5 所示。

表 6-5　　　　　　　　　　　完工产品成本计算单　　　　　　　　单位：元

成本项目	甲产品	乙产品
直接材料	120 000	5 500
直接人工	100 000	60 000
制造费用	6 000	7 500
合计	226 000	73 000
产量	1 000	1 000
单位成本	226	73

琴岛有限责任公司应编制如下会计分录：

借：库存商品——甲产品　　　　　　　　　　　　　　　　　　226 000
　　　　　　——乙产品　　　　　　　　　　　　　　　　　　 73 000
　　贷：生产成本——甲产品　　　　　　　　　　　　　　　　226 000
　　　　　　　　——乙产品　　　　　　　　　　　　　　　　 73 000

生产过程业务核算示意图如图 6-26 所示，其说明：①企业生产产品领用材料。②企业计算生产产品工人的工资。③归集制造费用（车间一般耗用原材料、车间管理人员工资、车间固定资产折旧）。④分配制造费。⑤结转完工产品成本。

6-8：扫一扫，练一练

6-9：扫一扫，练一练答案

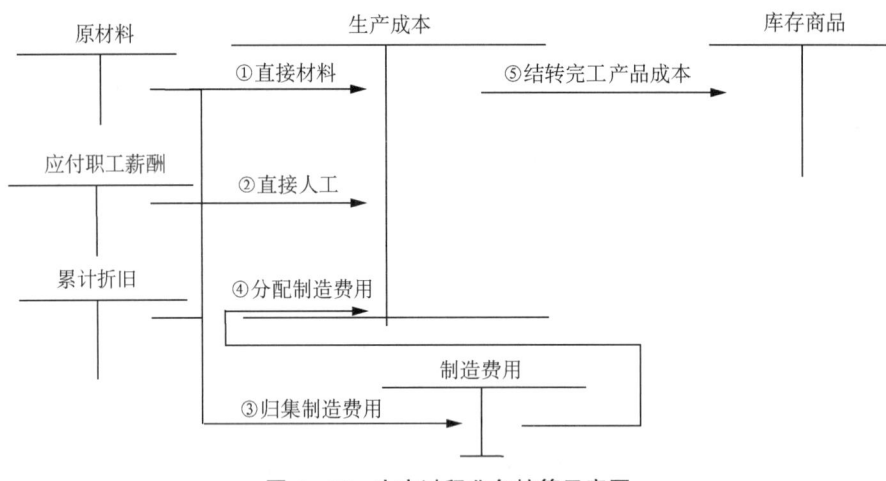

图 6-26　生产过程业务核算示意图

第五节　销售过程业务的核算

企业经过了产品生产过程，生产出符合要求、可供对外销售的产品，形成了存货，接下来就要进入销售过程。企业通过销售过程，将生产出来的产品销售出去，实现它们的价值。销售过程是企业经营过程的最后一个阶段。

一、销售过程业务概述

企业在销售过程中,通过销售产品,按照销售价格收取产品价款,形成商品销售收入,在销售过程中结转的商品销售成本,以及发生的运输、包装、广告等销售费用,按照国家税法的规定计算交纳的各种销售税金等都应该从销售收入中得到补偿,补偿之后的差额为企业销售商品的业务成果,即利润或亏损。

企业在销售过程中除了发生销售商品、自制半成品以及提供工业性劳务等业务,即主营业务,还可能发生一些其他业务如销售材料、出租包装物、出租固定资产等。本节主要介绍企业主营业务收支和其他业务收支的核算内容。

二、销售过程业务核算账户的设置

1. "主营业务收入"账户

"主营业务收入"账户属于损益类账户,用来核算企业销售商品和提供工业性劳务所实现的收入。该账户的贷方登记企业实现的主营业务收入,即主营业务收入的增加;借方登记发生销售退回和销售折让时应冲减本期的主营业务收入,以及期末转入"本年利润"账户的主营业务收入额(按净额结转),结转后该账户期末没有余额。"主营业务收入"账户应按照主营业务的种类设置明细账户,进行明细分类核算。"主营业务收入"账户设置如图6-27所示。

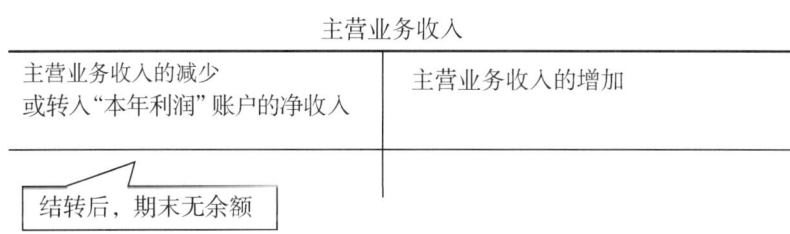

图6-27 "主营业务收入"账户设置

2. "主营业务成本"账户

"主营业务成本"账户属于损益类账户,用来核算企业主营业务而发生的实际成本及其结转情况。该账户的借方登记主营业务发生的实际成本,贷方登记期末转入"本年利润"账户的主营业务成本,结转后该账户期末没有余额。"主营业务成本"账户应按照主营业务的种类设置明细账户,进行明细分类核算。"主营业务成本"账户设置如图6-28所示。

图6-28 "主营业务成本"账户设置

3. "税金及附加"账户

"税金及附加"账户属于损益类账户,用来核算企业经营主要业务(包括销售商品、提供劳务等)和应由主营业务负担的各种税金及附加的计算及其结转情况。该账户的借方登记按照有关的计税依据计算出的各种税金及附加额,贷方登记期末转入"本年利润"账户的税金及附加额,结转后该账户期末没有余额。"税金及附加"账户设置如图 6-29 所示。

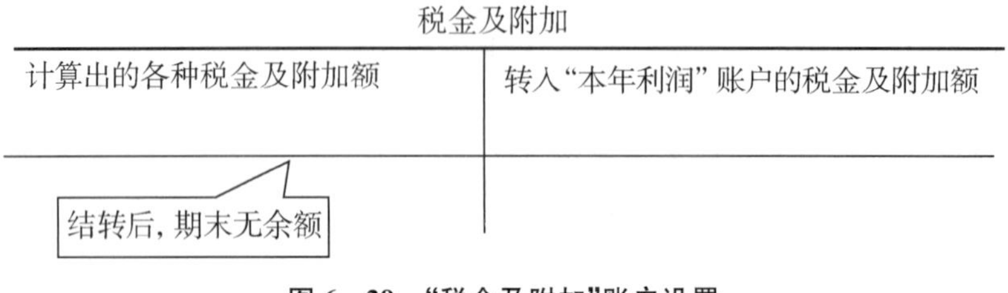

税金及附加	
计算出的各种税金及附加额	转入"本年利润"账户的税金及附加额

结转后,期末无余额

图 6-29 "税金及附加"账户设置

4. "销售费用"账户

"销售费用"账户属于损益类账户,用来核算企业在销售商品产品过程中发生的各项销售费用及其结转情况。该账户的借方登记发生的各项销售费用,贷方登记期末转入"本年利润"账户的销售费用额,结转后该账户期末没有余额。"销售费用"账户应按照费用项目设置明细账户,进行明细分类核算。"销售费用"账户设置如图 6-30 所示。

销售费用	
发生的各项销售费用	销售费用的减少额 或转入"本年利润"账户的金额

结转后,期末无余额

图 6-30 "销售费用"账户设置

5. "其他业务收入"账户

"其他业务收入"账户属于损益类账户,用来核算企业除主营业务以外的其他业务收入的实现及其结转情况。该账户的贷方登记其他业务收入的实现,即其他业务收入的增加;借方登记期末转入"本年利润"账户的其他业务收入额,结转后该账户期末没有余额。"其他业务收入"账户应按照其他业务的种类设置明细账户,进行明细分类核算。"其他业务收入"账户设置如图 6-31 所示。

其他业务收入	
其他业务收入的减少 或转入"本年利润"账户的净收入	其他业务收入的增加

结转后,期末无余额

图 6-31 "其他业务收入"账户设置

6. "其他业务成本"账户

"其他业务成本"账户属于损益类账户,用来核算企业除主营业务以外的其他业务支出的发生及其转销情况。该账户的借方登记其他业务支出,包括材料销售成本、提供劳务的成本费用,即其他业务支出的增加;贷方登记期末转入"本年利润"账户的其他业务支出额,结转后该账户期末没有余额。"其他业务成本"账户应按照其他业务的种类设置明细账户,进行明细分类核算。"其他业务成本"账户设置如图6-32所示。

其他业务成本	
其他业务发生的实际成本	转入"本年利润"账户的其他业务成本

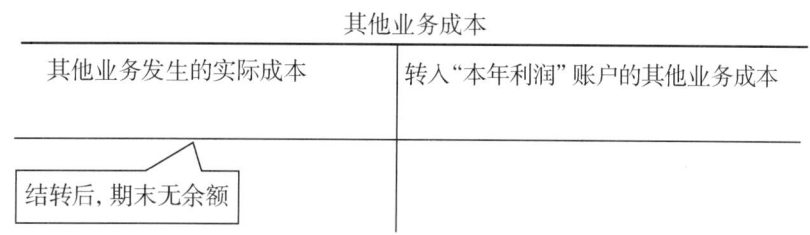

图6-32 "其他业务成本"账户设置

7. "应收账款"账户

"应收账款"账户属于资产类账户,用来核算因销售商品和提供劳务等而应向购货单位或接受劳务单位收取货款的结算情况(结算债权),代购单位垫付的各种款项也在该账户中核算。该账户的借方登记因销售商品及提供劳务等而发生的应收账款(即应收账款的增加),包括应收取的价款、税款和代垫款等;贷方登记已经收回的应收账款(即应收账款的减少)。期末余额如在借方,表示企业尚未收回的应收账款。"应收账款"账户应按不同的购货单位或接受劳务单位设置明细账户,进行明细分类核算。"应收账款"账户设置如图6-33所示。

应收账款	
应收货款的增加	应收货款的减少
期末余额:尚未收回的应收账款	

图6-33 "应收账款"账户设置

8. "预收账款"账户

"预收账款"账户属于负债类账户,用来核算企业按照合同的规定预收购买单位订货款的增减变动及其结余情况。该账户的贷方登记预收购买单位订货款的增加,借方登记销售实现时冲减的预收货款。期末余额如在贷方,表示企业预收款的结余额。"预收账款"账户应按照购货单位设置明细账户,进行明细分类核算。"预收账款"账户设置如图6-34所示。

预收账款	
冲销预收的购买单位的款项	预收购买单位款项的增加
	期末余额:预收款的结余额

图6-34 "预收账款"账户设置

【例 6-30】 2×24 年 9 月 1 日,琴岛有限责任公司向星禾公司销售甲产品 160 台,每台售价为 600 元,价款共计 96 000 元,增值税为 12 480 元,产品已发出,货款收到,存入银行。琴岛有限责任公司应编制如下会计分录:

  借:银行存款   108 480
    贷:主营业务收入——甲产品   96 000
      应交税费——应交增值税(销项税额)   12 480

【例 6-31】 2×24 年 9 月 3 日,琴岛有限责任公司销售给烁天商场甲产品 1 000 台,每台售价为 600 元,发票注明货款为 600 000 元,增值税为 78 000 元,合计 678 000 元,货已发出,货款尚未收到。琴岛有限责任公司应编制如下会计分录:

  借:应收账款——烁天商城   678 000
    贷:主营业务收入——甲产品   600 000
      应交税费——应交增值税(销项税额)   78 000

【例 6-32】 2×24 年 9 月 15 日,琴岛有限责任公司收到烁天商场归还的款项 678 000 元。琴岛有限责任公司应编制如下会计分录:

  借:银行存款   678 000
    贷:应收账款——烁天商城   678 000

【例 6-33】 2×24 年 9 月 16 日,琴岛有限责任公司向光明工厂销售乙产品,价税合计金额为 33 900 元,款项尚未收到。琴岛有限责任公司应编制如下会计分录:

  借:应收账款——光明工厂   33 900
    贷:主营业务收入——乙产品   30 000
      应交税费——应交增值税(销项税额)   3 900

【例 6-34】 2×24 年 9 月 20 日,琴岛有限责任公司收到名扬公司预付的购货款 30 000 元,存入银行。琴岛有限责任公司应编制如下会计分录:

  借:银行存款   30 000
    贷:预收账款——名扬公司   30 000

【例 6-35】 2×24 年 9 月 22 日,琴岛有限责任公司用银行存款支付广告公司销售产品的广告费 40 000 元。琴岛有限责任公司应编制如下会计分录:

  借:销售费用——广告费   40 000
    贷:银行存款   40 000

【例 6-36】 2×24 年 9 月 30 日,琴岛有限责任公司结转本月已销售的甲、乙产品的销售成本,其中甲产品为 400 000 元,乙产品为 16 000 元。琴岛有限责任公司应编制如下会计分录:

  借:主营业务成本——甲产品   400 000
        ——乙产品   16 000
    贷:库存商品——甲产品   400 000
        ——乙产品   16 000

【例 6-37】 2×24 年 9 月 30 日,琴岛有限责任公司根据规定计算本月应交纳的城市维护建设税为 6 606.6 元,教育费附加为 2 831.4 元。琴岛有限责任公司应编制如下会计分录:

借:税金及附加　　　　　　　　　　　　　　　　　　　　　9 438.0
　　贷:应交税费——应交城市维护建设税　　　　　　　　　　　　6 606.6
　　　　　　　——应交教育费附加　　　　　　　　　　　　　　2 831.4

【例 6-38】 2×24 年 9 月 30 日,琴岛有限责任公司出售多余的 A 材料一批,售价为 40 000 元,增值税税率为 13%,材料已发出,款项已存入银行。琴岛有限责任公司应编制如下会计分录:

借:银行存款　　　　　　　　　　　　　　　　　　　　　　45 200
　　贷:其他业务收入——A 材料　　　　　　　　　　　　　　　40 000
　　　　应交税费——应交增值税(销项税额)　　　　　　　　　　5 200

【例 6-39】 2×24 年 9 月 30 日,琴岛有限责任公司出售多余 A 材料的成本为 24 000 元,结转材料的销售成本。琴岛有限责任公司应编制如下会计分录:

借:其他业务成本——A 材料　　　　　　　　　　　　　　　　24 000
　　贷:原材料——A 材料　　　　　　　　　　　　　　　　　　24 000

销售过程业务核算示意图如图 6-35 所示,其说明:①销售商品及原材料(当即收款和赊销)。②结转销售商品的成本。③结转销售原材料的成本。

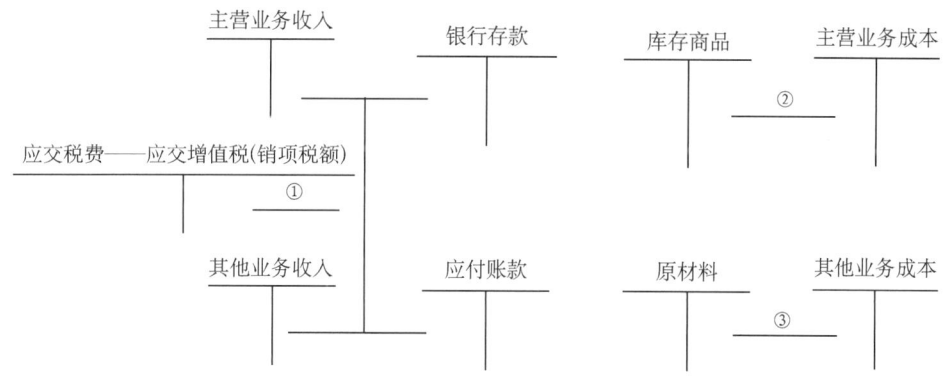

图 6-35　销售过程业务核算示意图

第六节　财务成果形成和分配业务的核算

财务成果是指企业在一定会计期间所实现的最终经营成果,也就是企业所实现的利润或亏损总额。利润是按照配比原则的要求,将一定时期内的收入与费用进行因果配比和期间配比而产生的结果,收入大于费用支出的差额部分为利润,反之则为亏损。利润是综合反映企业在一定时期生产经营成果的重要指标,因此获取利润就成为企业生产经营的主要目的之一。一家企业的获利与否,不仅关系到企业的稳定发展和职工生活水平的提高问题,而且还会影响到社会的积累与发展。

一、财务成果形成业务的核算

利润是一个综合指标,它综合了企业在经营过程中的所费与所得。利润的确认与计量以企业生产经营活动过程中所实现的收入和发生的费用的确认与计量为基础,同时还包括通过投资活动而获得的投资收益,以及与生产经营活动没有直接关系的营业外收支等。由此可见,反映企业财务成果的利润,就其构成内容来看,既有通过生产经营活动而获得的,又有通过投资活动而获得的,还有那些与生产经营活动没有直接关系的各项收入和支出等。

(一) 利润的构成

1. 营业利润

营业利润是指企业日常经营活动所产生的利润,是企业利润总额和净利润的主要来源。营业利润的计算公式如下:

营业利润 = 营业收入 - 营业成本 - 税金及附加 - 销售费用 - 管理费用(不含研发费用) - 研发费用 - 财务费用 + 其他收益 + 投资收益(-投资损失) + 净敞口套期收益(-净敞口套期损失) + 公允价值变动收益(-公允价值变动损失) - 信用减值损失 - 资产减值损失 + 资产处置收益(-资产处置损失)

其中:

营业收入 = 主营业务收入 + 其他业务收入

营业成本 = 主营业务成本 + 其他业务成本

2. 利润总额

利润总额是指企业通过日常的经营活动实现的营业利润,再加减营业外收支,即为企业的利润总额或亏损总额。利润总额的计算公式如下:

利润总额 = 营业利润 + 营业外收入 - 营业外支出

延伸阅读6-3

营业外收入与营业外支出

营业外收支是指企业发生的与日常活动无直接关系的各项收支。营业外收支虽然与企业生产经营活动没有多大的关系,但从企业主体来考虑,它同样带来收入或形成企业的支出,也是增加或减少利润的因素,对企业的利润总额及净利润产生较大的影响。

营业外收入是指企业发生的营业利润以外的收益。营业外收入并不是由企业经营资金耗费所产生的,不需要企业付出代价,它实际上是一种纯收入,不可能也不需要与有关费用进行配比。因此,在会计处理上,应当严格区分营业外收入与营业收入的界限。营业外收入主要包括非流动资产毁损报废利得、与企业日常活动无关的政府补助、盘盈利得、捐赠利得等。

营业外支出是指与企业正常的生产经营活动没有直接关系的各项支出。这种支出不属于企业的生产经营费用。营业外支出包括非流动资产处置损失、非货币性资产交换损失、债务重组损失、公益性捐赠支出、自然灾害及意外事故造成的损失、盘亏损失等。

需要注意的是,营业外收入和营业外支出应当分别核算。在具体核算时,不得以营业外支出直接冲减营业外收入,也不得以营业外收入冲减营业外支出,即企业应当区别营业外收入和营业外支出进行核算。

资料来源:中国注册会计师协会.会计[M].北京:中国财政经济出版社,2023.

3. 净利润

净利润是指企业各类经营活动实现的利润总额。净利润必须按照税法的规定交纳所得税。所以,企业利润总额减去应从当期利润总额中扣除的所得税费用后的余额即为净利润或税后利润。净利润的计算公式如下:

$$净利润 = 利润总额 - 所得税费用$$

(二) 财务成果形成业务核算账户的设置

1. "营业外收入"账户

"营业外收入"账户属于损益类账户,用来核算企业各项营业外收入的实现及其结转情况。该账户的贷方登记营业外收入的实现,即营业外收入的增加;借方登记会计期末转入"本年利润"账户的营业外收入额,结转后该账户期末没有余额。"营业外收入"账户应按照收入的具体项目设置明细账户,进行明细分类核算。"营业外收入"账户设置如图 6-36 所示。

图 6-36 "营业外收入"账户设置

2. "营业外支出"账户

"营业外支出"账户属于损益类账户,用来核算企业各项营业外支出的发生及其转销情况。该账户的借方登记营业外支出的发生,即营业外支出的增加;贷方登记期末转入"本年利润"账户的营业外支出额,结转后该账户期末没有余额。"营业外支出"账户应按照支出的具体项目设置明细账户,进行明细分类核算。"营业外支出"账户设置如图 6-37 所示。

营业外支出	
营业外支出的增加	转入"本年利润"账户的金额
结转后,期末无余额	

图 6-37 "营业外支出"账户设置

3. "所得税费用"账户

"所得税费用"账户属于损益类账户,用来核算企业按照有关规定应在当期损益中扣除的所得税费用的计算及其结转情况。该账户的借方登记按照应纳税所得额计算出的所得税费用额,贷方登记期末转入"本年利润"账户的所得税费用额,结转后该账户期末没有余额。"所得税费用"账户设置如图 6-38 所示。

```
                    所得税费用
    ┌─────────────────────┬──────────────────────┐
    │ 计算出的所得税费用额  │ 转入"本年利润"账户的金额 │
    └─────────────────────┴──────────────────────┘
              ↑
        结转后，期末无余额
```

图 6-38 "所得税费用"账户设置

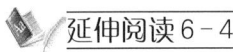延伸阅读 6-4

所得税

所得税是企业按照国家税法的有关规定，对企业某一经营年度实现的经营所得和其他所得，按照规定的所得税税率计算交纳的一种税款。所得税是企业使用政府所提供的各种服务而向政府应尽的义务。

企业的所得税通常是按年计算，分期预交。年末汇算清缴的，其计算公式为：

$$所得税税额 = 应纳税所得额 \times 所得税税率$$

$$应纳税所得额 = 利润总额 + 所得税前利润中予以调整的项目$$

上式中的所得税前利润中予以调整的项目包括纳税调整增加项目和纳税调整减少项目两部分。纳税调整增加项目主要包括税法规定允许扣除项目，企业已计入当期费用但超过税法规定扣除标准的金额，如超过税法规定标准的工资支出、业务招待费支出、税收罚款滞纳金、捐赠支出等；纳税调整减少项目主要包括按税法规定允许弥补的亏损和准予免税的项目，如 5 年内未弥补完的亏损、国债的利息收入等。

由于纳税调整项目的内容比较复杂，为了简化核算，我们一般假设纳税调整项目为零，因而就可以以会计上的利润总额为基础计算所得税税额。企业的所得税税率通常为 25%。所得税税额的计算公式如下：

$$所得税税额 = 利润总额 \times 所得税税率$$

资料来源：陈德英.基础会计[M].3 版.上海：立信会计出版社，2021.

4."本年利润"账户

"本年利润"账户属于所有者权益类账户，用来核算企业一定时期内净利润的形成或亏损的发生情况。该账户的贷方登记会计期末转入的各项收入，包括主营业务收入、其他业务收入、公允价值变动收益、营业外收入和投资净收益等；借方登记会计期末转入的各项支出，包括主营业务成本、税金及附加、其他业务成本、资产减值损失、公允价值变动损失、管理费用、财务费用、销售费用、营业外支出、投资净损失和所得税费用等。该账户年内期末余额如果在贷方，表示实现的累计净利润；如果在借方，表示累计发生的亏损。年末，应将该账户的余额转入"利润分配"账户，结转后该账户没有余额。"本年利润"账户设置如图 6-39 所示。

【例 6-40】 2×24 年 9 月 15 日，琴岛有限责任公司管理部门员工李青出差，预借差旅费 6 000 元，现金支票给付。琴岛有限责任公司应编制如下会计分录：

借：其他应收款——李青   6 000
　　贷：银行存款   6 000

图 6-39 "本年利润"账户设置

【例 6-41】 2×24 年 9 月 20 日,李青出差归来报销 5 600 元,退回现金 400 元。琴岛有限责任公司应编制如下会计分录:

  借:管理费用   5 600
    库存现金   400
    贷:其他应收款——李青   6 000

【例 6-42】 2×24 年 9 月 25 日,琴岛有限责任公司收到利华公司合同违约罚款 60 000 元,存入银行。琴岛有限责任公司应编制如下会计分录:

  借:银行存款   60 000
    贷:营业外收入——罚款收入   60 000

【例 6-43】 2×24 年 9 月 25 日,琴岛有限责任公司通过银行存款转账 100 000 元捐赠希望小学。琴岛有限责任公司应编制如下会计分录:

  借:营业外支出——捐赠支出   100 000
    贷:银行存款   100 000

【例 6-44】 2×24 年 12 月 31 日,琴岛有限责任公司有关损益类账户的发生额分别为:主营业务收入 4 548 000 元,其他业务收入 268 000 元,营业外收入 328 160 元,主营业务成本 3 052 800 元,其他业务成本 51 360 元,管理费用 791 380 元,财务费用 50 000 元,销售费用 93 620 元,营业外支出 40 000 元。期末结转时,琴岛有限责任公司应编制如下会计分录:

(1) 结转收入类账户:

  借:主营业务收入   4 548 000
    其他业务收入   268 000
    营业外收入   328 160
    贷:本年利润   5 144 160

(2) 结转费用类账户:

  借:本年利润   4 079 160
    贷:主营业务成本   3 052 800
      其他业务成本   51 360
      管理费用   791 380
      财务费用   50 000
      销售费用   93 620
      营业外支出   40 000

利润总额的计算如下：

$$利润总额 = 5\,144\,160 - 4\,079\,160 = 1\,065\,000(元)$$

【例 6－45】 2×24 年 12 月 31 日，琴岛有限责任公司适用的所得税税率为 25%。琴岛有限责任公司当期应交纳的所得税费用的计算及会计分录的编制如下：

$$应交所得税 = 1\,065\,000 \times 25\% = 266\,250(元)$$

借：所得税费用　　　　　　　　　　　　　　　　　　　　　　266 250
　　贷：应交税费——应交所得税　　　　　　　　　　　　　　　　　266 250

【例 6－46】 承[例 6－45]，2×24 年 12 月 31 日，琴岛有限责任公司开出支票，交纳当期所得税。琴岛有限责任公司应编制如下会计分录：

借：应交税费——应交所得税　　　　　　　　　　　　　　　　　266 250
　　贷：银行存款　　　　　　　　　　　　　　　　　　　　　　　266 250

【例 6－47】 承[例 6－45]和[例 6－46]，结转当期的所得税费用。琴岛有限责任公司应编制如下会计分录：

借：本年利润　　　　　　　　　　　　　　　　　　　　　　　266 250
　　贷：所得税费用　　　　　　　　　　　　　　　　　　　　　266 250

结转后，"所得税费用"账户余额为零，净利润（税后利润）为 798 750 元（1 065 000－266 250）

财务成果形成业务核算示意图如图 6－40 所示，其说明：①期末结转收入类账户。②期末结转费用类账户。

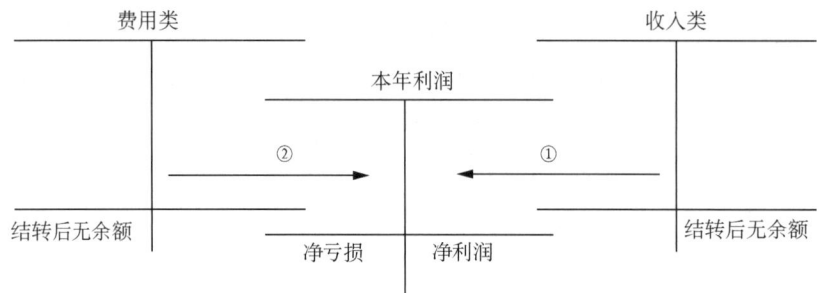

图 6－40　财务成果形成业务核算示意图

二、财务成果分配业务的核算

财务成果的分配即利润的分配，就是企业根据法律、董事会或类似权力机构提请股东大会或类似批准机构批准的、对企业可供分配利润指定其特定用途和分配给投资者的行为。

（一）利润分配的顺序

企业实现的净利润，应按照国家的规定和投资者的决议进行合理的分配。企业净利润的分配涉及各个方面的利益关系，包括投资人、企业和企业内部职工的经济利益，所以必须遵循兼顾投资人利益、企业利益和企业职工利益的原则对净利润进行分配。根据《公司法》等有关法律的规定，企业当年实现的净利润，最先应弥补以前年度尚未弥补的亏损，对于剩余部分,应按照下列顺序进行分配。

1. 提取法定盈余公积金

法定盈余公积金应按照本年实现净利润的一定比例提取,《公司法》规定公司制企业按净利润的10%提取;其他企业可以根据需要确定提取比例,但不得低于10%。企业提取的法定盈余公积金累计额超过注册资本50%以上的,可以不再提取。

2. 提取任意盈余公积金

企业从税后利润中提取法定公积金后,经股东会或者股东大会决议,还可以从税后利润中提取任意盈余公积金。非公司制企业经类似权力机构批准,也可提取任意盈余公积金。

3. 向投资者分配利润或股利

企业实现的净利润在扣除上述项目后,再加上年初未分配利润和其他转入数(公积金弥补的亏损等),形成可供投资者分配的利润。

利润经过上述分配之后,剩余的部分为企业的未分配利润(或未弥补亏损)。未分配利润是指企业留待以后年度进行分配的利润或等待分配的利润,它是所有者权益的一个重要组成部分。相对于所有者权益的其他部分来说,企业对于未分配利润的使用分配有较大的自主权。

(二) 财务成果分配业务核算账户的设置

为了核算企业利润分配的具体过程及结果、全面贯彻企业利润分配政策,以便于更好地进行财务成果分配业务的核算,企业需要设置以下的几个账户。

1. "利润分配"账户

"利润分配"账户属于所有者权益类账户,用来核算企业一定时期内净利润的分配或亏损的弥补,以及历年结存的未分配利润(或未弥补亏损)情况。该账户的借方登记实际分配的利润额,包括提取的盈余公积金和分配给投资人的利润,以及年末从"本年利润"账户转入的全年累计亏损额,贷方登记年末从"本年利润"账户转入的全年实现的净利润额。年内余额如果在借方,表示企业已分配的利润额,年末余额如果在借方,表示企业未弥补的亏损额;期末余额如果在贷方,表示企业未分配利润额。"利润分配"账户设置如图6-41所示。

利润分配

年末转入的净亏损; 实际分配的利润额: ① 提取的盈余公积金 ② 向投资者分配的股利	从"本年利润"账户转入的净利润
年内余额:已分配的利润额 年末余额:为弥补的亏损额	期末余额:未分配利润额

图6-41 "利润分配"账户设置

2. "盈余公积"账户

"盈余公积"账户属于所有者权益类账户,用来核算企业从税后利润中提取的盈余公积金,包括法定盈余公积金、任意盈余公积金的增减变动及其结余情况。该账户的贷方登记提取的盈余公积金,即盈余公积金的增加;借方登记实际使用的盈余公积金,即盈余公积金的减少。期末余额在贷方,表示企业结余的盈余公积金。"盈余公积"账户应设置"法定盈余公积""任意盈余公积"明细科目。"盈余公积"账户设置如图 6-42 所示。

盈余公积	
盈余公积金的减少	盈余公积金的增加
	期末余额:结余的盈余公积金或利润

图 6-42 "盈余公积"账户设置

3. "应付股利"账户

"应付股利"账户属于负债类账户,用来核算企业按照董事会或股东大会决议分配给投资人股利(现金股利)或利润的增减变动及其结余情况。该账户的贷方登记应付给投资人的股利(现金股利)或利润,即应付股利的增加;借方登记实际支付给投资人的股利(现金股利)或利润,即应付股利的减少。期末余额在贷方,表示企业尚未支付的股利(现金股利)或利润。这里需要注意的是,企业分配给投资人的股票股利不在"应付股利"账户中核算。"应付股利"账户设置如图 6-43 所示。

应付股利	
应付股利的减少	应付股利的增加
	期末余额:尚未支付的股利或利润

图 6-43 "应付股利"账户设置

【例 6-48】 2×24 年 12 月 31 日,经计算,琴岛有限责任公司本年实现的净利润为 798 750 元,结转本期实现的净利润。琴岛有限责任公司应编制如下会计分录:

借:本年利润　　　　　　　　　　　　　　　　　　　　　　　　　798 750
　　贷:利润分配　　　　　　　　　　　　　　　　　　　　　　　　　798 750

【例 6-49】 承[例 6-48],2×24 年 12 月 31 日,琴岛有限责任公司按净利润的 10% 提取法定盈余公积。琴岛有限责任公司应编制如下会计分录:

借:利润分配　　　　　　　　　　　　　　　　　　　　　　　　　79 875
　　贷:盈余公积——法定盈余公积　　　　　　　　　　　　　　　　　79 875

【例 6-50】 承[例 6-48]和[例 6-49],2×24 年 12 月 31 日,琴岛有限责任公司经股东大会决议,向投资者分配 100 000 元现金股利。琴岛有限责任公司应编制如下会计分录:

借:利润分配　　　　　　　　　　　　　　　　　　　　　　　　　100 000
　　贷:应付股利　　　　　　　　　　　　　　　　　　　　　　　　　100 000

期末未分配利润的计算如下:

期末未分配利润 = 798 750 - 79 875 - 100 000 = 618 875(元)

财务成果分配业务核算示意图如图 6-44 所示,其说明:①期末结转本年利润账户。

②计提盈余公积金。③分配现金股利。

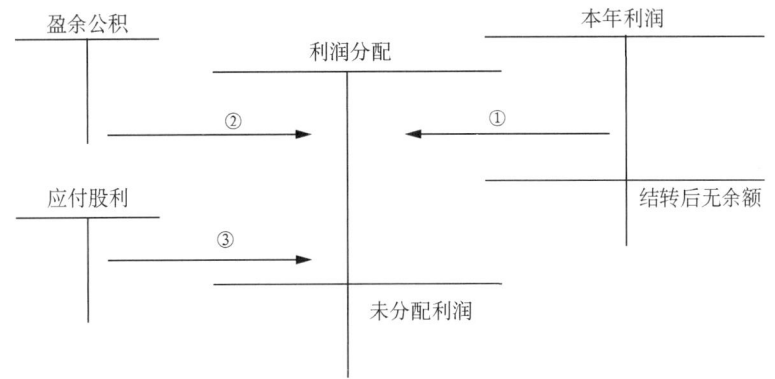

图 6-44 财务成果分配业务核算示意图

本 章 小 结

本章主要学习了制造业企业依次从资金筹集、供应过程、生产过程、销售过程,以及财务成果的形成和分配这五个环节所涉及的主要账户及相关的会计核算。

6-12:扫一扫,看课件

本章重要概念

实收资本　生产成本　制造费用　管理费用　财务费用　营业外收入　本年利润　利润分配

本 章 练 习

一、单选题

1. 生产产品发生的间接费用,先归集到(　　),然后再计入产品成本中。
   A. 间接费用　　　　B. 直接费用　　　　C. 制造费用　　　　D. 期间费用
2. "固定资产"账户反映固定资产的(　　)
   A. 原始价值　　　　B. 净值　　　　　　C. 累计折旧　　　　D. 损耗价值
3. 某企业购进材料一批,买价为 30 000 元,运输费用为 1 200 元,入库前整理费用为 800 元,增值税进项税额为 3 900 元。该批材料的采购成本是(　　)元。
   A. 32 000　　　　　B. 30 000　　　　　C. 31 200　　　　　D. 35 900
4. 企业购入货物或接受应税劳务而支付的增值税税额,应记入"应交税费——应交增值税"明细账户的(　　)专栏。
   A. 已交税金　　　　B. 进项税额　　　　C. 销项税额　　　　D. 进项税额转出
5. 下列各项中,属于其他业务收入的是(　　)。
   A. 捐赠收入　　　　　　　　　　　　　B. 投资收益
   C. 清理固定资产净收益　　　　　　　　D. 销售材料收入

6. 企业某期以银行存款支付业务招待费6.2万元、产品广告费15.8万元、行政办公费9.6万元、产品售后服务费2.4万元;发生工资费用32.4万元,其中行政管理人员工资为7.8万元、车间管理人员工资为21.6万元、销售机构人员工资为3万元。则企业当期应记入"管理费用"账户的金额是(　　)万元。
   A. 42.0　　　　　B. 39.0　　　　　C. 45.2　　　　　D. 23.6

7. 对于采用账结法的企业,"本年利润"账户年内贷方余额表示(　　)。
   A. 利润总额　　　　　　　　　　B. 亏损总额
   C. 未分配利润总额　　　　　　　D. 累计净利润额

8. 下列各项中,不属于企业营业外支出的是(　　)。
   A. 罚款支出　　　　　　　　　　B. 坏账准备
   C. 处置固定资产净损失　　　　　D. 固定资产盘亏损失

9. 下列各项中,期末应无余额的账户是(　　)账户。
   A. "实收资本"　　　　　　　　　B. "应付账款"
   C. "固定资产"　　　　　　　　　D. "管理费用"

10. "应收账款"账户的期末余额等于(　　)。
    A. 期初余额+本期借方发生额－本期贷方发生额
    B. 期初余额－本期借方发生额－本期贷方发生额
    C. 期初余额+本期借方发生额+本期贷方发生额
    D. 期初余额－本期借方发生额+本期贷方发生额

二、多选题

1. 工业企业的生产经营活动包括(　　)。
   A. 筹集资金　　　　　　　　　　B. 供应过程
   C. 生产过程　　　　　　　　　　D. 利润的形成与分配

2. 企业接受投资的形式包括(　　)。
   A. 无形资产　　　　　　　　　　B. 固定资产
   C. 原材料　　　　　　　　　　　D. 现金

3. 企业对固定资产计提折旧时,可能借记的账户有(　　)账户。
   A. "主营业务成本"　　　　　　　B. "管理费用"
   C. "制造费用"　　　　　　　　　D. "销售费用"

4. 期末一般无余额的账户有(　　)账户。
   A. "生产成本"　　B. "销售费用"　　C. "管理费用"　　D. "财务费用"

5. 企业结转已经销售产品成本,应使用的账户包括(　　)账户。
   A. "库存商品"　　　　　　　　　B. "制造费用"
   C. "生产成本"　　　　　　　　　D. "主营业务成本"

三、判断题

1. 实收资本是指企业实际收到的投入资本。　　　　　　　　　　　　　(　　)
2. 企业通过生产经营活动取得的收入,都属于主营业务收入。　　　　　(　　)
3. 本月完工产品成本＝月初在产品成本＋本月生产费用发生额。　　　　(　　)
4. "累计折旧"账户虽然属于资产类账户,但其结构等同于负债类账户。　(　　)

5. 计提短期借款利息,应记入"财务费用"账户。   (   )

四、业务题

琴岛有限责任公司 2×24 年发生以下经济业务:

(1) 购进一批材料,价值为 100 万元,款项尚未支付。
(2) 向银行投借入期限为 6 个月的短期借款 500 万元,存入银行。
(3) 用银行存款 3 万元偿还上月应付购货款。
(4) 以银行存款 60 万元,偿还银行短期借款。
(5) 将库存现金 10 万元存入银行。
(6) 以银行存款 400 万元购置一批固定资产。
(7) 以资本公积 200 万元转增资本。
(8) 经协商,将应付甲公司账户货款 12 万元转化为甲公司对琴岛有限责任公司的投资。

要求:试运用借贷记账法编制上述经济业务的会计分录。

第七章　财务报告

- 内容提要
- 重点难点
- 学习目标
- 知识框架
- 思政育人
- 第一节　财务报告概述
- 第二节　资产负债表
- 第三节　利润表
- 第四节　现金流量表
- 第五节　所有者权益变动表
- 第六节　附注
- 第七节　财务报表分析
- 本章小结
- 本章重要概念
- 本章练习

内容提要

本章主要讲解了财务报告的含义和目标，资产负债表、利润表、现金流量表、所有者权益变动表的编制方法。

重点难点

本章重点为资产负债表、利润表的编制，财务报表分析的基本方法和财务比率分析；难点为资产负债表的编制、财务比率分析。

学习目标

通过本章学习，学生应掌握资产负债表、利润表的编制，财务报表分析的基本方法和财务比率分析；熟悉附注的内容及财务报表的编制要求；了解现金流量表、所有者权益变动表的结构，财务报表的分类。

知识框架

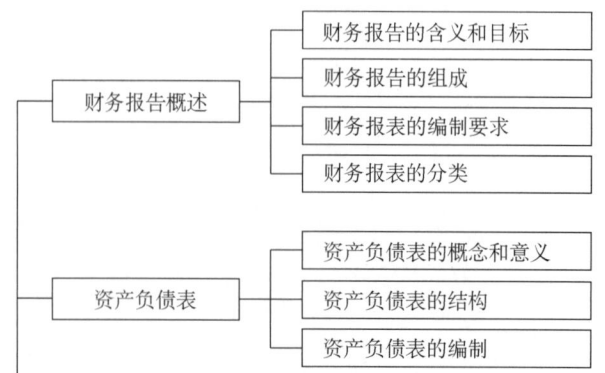

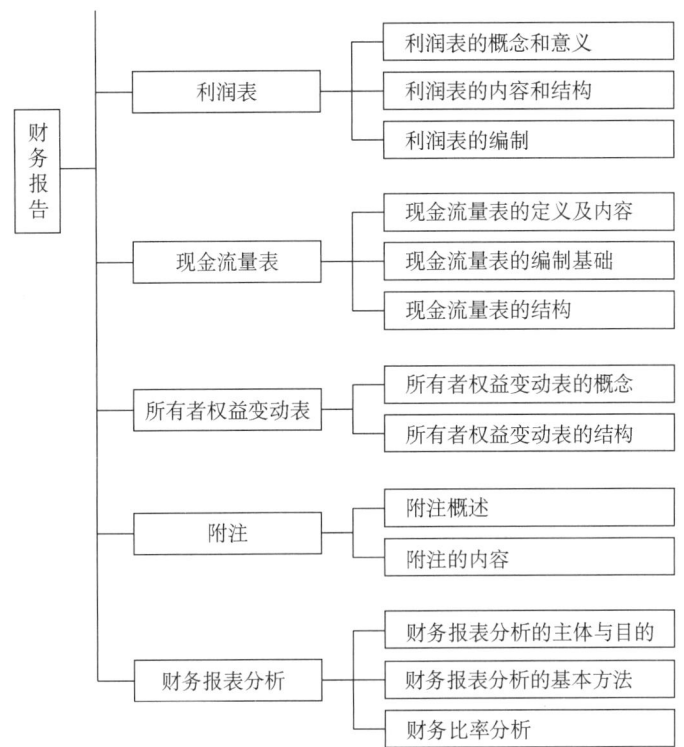

 思政育人　　因信息披露违法违规如意集团及董监高被罚

2024年1月4日晚间,如意集团公告称,公司当日收到山东证监局下发的《行政处罚决定书》和《市场禁入决定书》。

《行政处罚决定书》显示,2019年1月至6月,如意集团通过虚构与裕龙集团有限公司、青岛裕龙东雍国际物流有限公司,以及张家港保税区晟晖广和毛棉有限公司采购业务并向上述三家公司预付货款的方式,累计将5.94亿元最终划转至如意科技银行账户。上述如意科技对如意集团的非经营性资金占用行为,构成关联交易,所涉金额占2018年度经审计净资产的21.77%,占2019年半年度报告、2019年年度报告净资产的21.46%、21.41%。

2019年10月至11月,如意集团累计向如意科技指定的如意时尚账户支付10.9855亿元,用于收购如意科技控制的银川维信产业基金合伙企业(有限合伙)(以下简称维信基金)8.65亿元合伙企业份额。该交易构成关联交易,所涉金额占如意集团2018年度经审计净资产的40.27%,占2019年年度报告净资产的39.59%。

山东证监局认定,如意集团应当及时披露上述关联交易事项,但未及时披露。同时,如意集团应当在2019年半年度报告、2019年年度报告中披露上述资金占用事项;应当在2019年年度报告中将上述收购维信基金份额事项披露为关联交易,也未予披露。

山东证监局决定,对如意集团责令改正,给予警告,并对公司及董监高等相关负责人累计罚款总计1205万元。其中,对如意集团罚款200万元,对集团实控人邱亚夫处以罚款350万元,另外对相关责任人则处以50万元到90万元不等的罚款。

同时,山东证监局对时任董事长邱亚夫、时任总会计师张义英、时任总经理杜元姝分别采取10年、5年和3年市场禁入措施。

对于此次监管部门开出的罚单,如意集团表示,此次《行政处罚决定书》中涉及的如意科技为化解流动性危机非经营性占用公司资金事项,如意科技已于2021年4月29日向公司归还完毕上述非经营性资金占用本金及利息。此次处罚不会对公司经营等方面产生进一步不利影响。

如意集团表示高度重视《行政处罚决定书》中提到的问题,公司及董监高将虚心接受处理决定,针对具体问题、结合实际情况积极采取相关措施进行整改,避免出现类似问题。为吸取经验教训,强化内部治理的规范性,如意集团于2023年4月对董监事会及高级管理人员进行换届选举,新一届董事会将进一步加强公司治理,提高上市公司合法、合规运营水平。

如意集团称,公司将以本次事件为契机,强化内部治理的规范性及内外培训,提高信息披露质量,促进提升相关人员规范运作的意识,坚决杜绝其他违规事项的发生,严格遵守相关法律法规的规定,真实、准确、完整、及时、公平地履行信息披露义务,保障上市公司健康、稳定、持续地发展,维护公司及广大股东利益。

资料来源:罗茂林.因信息披露违法违规如意集团及董监高被罚[EB/OL].(2024-01-05)[2024-01-20]. http://www.stcn.com/article/detail/1083853.html.

第一节 财务报告概述

一、财务报告的含义和目标

财务报告是企业对外提供的反映某一特定日期财务状况和某一会计期间的经营成果、现金流量等会计信息的文件,它包括财务报表和其他应当在财务报告中披露的相关信息和资料。

企业编制财务报告的目标是向财务报告使用者提供与企业财务状况、经营成果和现金流量等有关的会计信息,反映企业管理层受托责任的履行情况,有助于财务报告使用者作出经济决策。

财务报告使用者通常包括投资者、债权人、政府及其有关部门和社会公众等。

二、财务报告的组成

财务报告是对企业财务状况、经营成果和现金流量的结构性表述。一套完整的财务报告至少应当包括资产负债表、利润表、现金流量表、所有者权益(或股东权益)变动表和附注。

资产负债表、利润表和现金流量表分别从不同角度反映企业的财务状况、经营成果和现金流量。其中,资产负债表反映企业在某一特定日期所拥有的资产、需偿还的债务和股东(投资者)拥有的净资产情况;利润表反映企业在一定会计期间的经营成果,即利润或亏损的情况,表明企业运用所拥有的资产的获利能力;现金流量表反映企业在一定会计期间现金和现金等价物流入和流出的情况。

所有者权益变动表反映构成所有者权益的各组成部分当期的增减变动情况。企业的净利润及其分配情况是所有者权益变动的组成部分,相关信息已经在所有者权益变动表及其附注中反映,企业不需要再单独编制利润分配表。

附注是财务报告不可或缺的组成部分,它是对在资产负债表、利润表、现金流量表和所有者权益变动表等财务报表中列示项目的文字描述或明细资料,以及对未能在这些财务报表中列示项目的说明等。

三、财务报表的编制要求

为了充分发挥财务报表的作用,财务报表的种类、格式、内容和编制方法,都应由财政部统一制定,企业应严格地按照统一规定填制和上报,保证财务报表口径一致,便于各有关部门利用财务报表了解、考核和管理企业的经济活动。为确保财务报表质量,企业编制财务报表必须符合以下几点要求。

(一) 数字真实

根据客观性原则,财务报表所填列的数字必须真实、可靠,能准确地反映企业的财务状况和经营成果。企业不得以估计数字填列财务报表,更不得弄虚作假、篡改伪造数字。为了确保财务报表的数字真实、准确,企业应做到如下几点:

(1) 报告期内所有的经济业务必须全部登记入账,应根据核对无误的账簿记录编制财务报表,不得用估计数字编制财务报表,不得弄虚作假,不得篡改数字。

(2) 在编制财务报表之前,应认真核对账簿记录,做到账证相符、账账相符。发现有不符之处,应先查明原因,加以更正,再据以编制财务报表。

(3) 企业应定期进行财产清查,对各项财产物资、货币资金和往来款项进行盘点、核实,在账实相符的基础上编制财务报表。

(4) 在编制财务报表时,要核对财务报表之间的数字,有勾稽关系的数字应要认真核对;本期财务报表与上期财务报表之间的数字应相对衔接一致、本年度财务报表与上年度财务报表之间相关指标数字应衔接一致。

(二) 内容完整

财务报表中各项指标和数据是相互联系、相互补充的,必须按规定填列齐全、完整。不论主表、附表或补充资料,都不能漏填、漏报。各财务报表之间、项目之间,凡有对应关系的项目的数据,应该相互一致,做到表表相符。

(三) 计算正确

财务报表上的各项指标,都必须按企业会计准则和《企业会计制度》中规定的口径填列,不得任意删减或增加,凡需经计算填列的指标,应按以上准则和制度所规定的公式计算填列。

(四) 编报及时

企业应按规定的时间编报财务报表,及时逐级汇总,以便财务报表使用者及时、有效地利用财务报表资料。为此,企业应科学地组织好会计的日常核算工作,选择适合本企业具体情况的会计核算组织程序,认真做好记账、算账、对账和按期结账工作。

四、财务报表的分类

财务报表可以按照不同的标准进行分类。

(一) 财务报表按反映的经济内容不同的分类

财务报表按反映的经济内容不同,可分为静态报表和动态报表。静态报表反映的是企业某一特定时点上的财务状况,如资产负债表;动态报表反映的是企业某一时期的经营成果或者现金流量,如利润表、现金流量表。

(二) 按编报期间不同的分类

财务报表按编报期间的不同,可以分为中期财务报表和年度财务报表。中期财务报表是以短于一个完整会计年度的报告期间为基础编制的财务报表,包括月报、季报和半年报等。中期财务报表至少应当包括资产负债表、利润表、现金流量表和附注,其中中期资产负债表、利润表和现金流量表应当是完整报表,其格式和内容应当与年度财务报表相一致。与年度财务报表相比,中期财务报表中的附注披露可适当简略。

(三) 按编报主体不同的分类

财务报表按编报主体不同的分类,可以分为个别财务报表和合并财务报表。个别财务报表是由企业在自身会计核算基础上对账簿记录进行加工而编制的财务报表,它主要用于反映企业自身的财务状况、经营成果和现金流量情况。合并财务报表是以母公司和子公司组成的企业集团为会计主体,根据母公司和所属子公司的财务报表,由母公司编制的综合反映企业集团财务状况、经营成果和现金流量的财务报表。

第二节 资产负债表

一、资产负债表的概念和意义

(一) 资产负债表的概念

资产负债表是指反映企业在某一特定日期(月末、季末或年末)财务状况的报表。它是根据"资产=负债+所有者权益"这一会计等式,按照一定的编制要求编制而成的,资产负债表是企业财务报表体系中的主要报表,它是一张揭示企业在一定时点上财务状况的静态报表。

(二) 资产负债表的意义

资产负债表能够提供资产、负债和所有者权益的全貌。资产负债表可以提供某一日期资产的总额,表明企业拥有或控制的经济资源及其分布情况,是分析企业生产经营能力的重要资料;可以反映某一日期的负债总额以及结构,表明企业未来需用多少资产或劳务清偿债务;可以反映所有者权益的情况,表明投资者在企业资产中所占的份额,了解权益的结构情况。资产负债表还能够提供进行财务分析的基本资料,会计人员通过资产负债表可以计算流动比率、速动比率、资产负债率、产权比率等指标,以了解企业的偿债能力等。

> **知识拓展 7-1**
>
> **资产负债表可以生成的经济指标**
>
> 资产负债表所反映的期初、期末数据,通过计算可以生成反映企业财务状况的重要指标,这些指标对于了解、掌握企业的发展状况具有重要意义,有助于报表使用者作出相关决策。例如,利用流动资产合计和流动负债合计可以计算生成流动比率;利用速动资产与流动负债合计可以计算生成速动比率;利用资产总额和负债总额可以计算生成资产负债率;利用负债总额与所有者权益总额可以计算出产权比率等,反映企业短期和长期偿债能力。又如,资产负债表的期末、期初数据变动可以反映企业财务状况的变动趋势,利用期初、期末固定资产总额可以计算分析企业固定资产投资的扩张程度;利用期初、期末所有者权益总额可以计算分析资本保值增值率等。

二、资产负债表的结构

资产负债表的结构分为账户式和报告式两种。

(一) 账户式资产负债表

账户式资产负债表是将表内项目分左、右两方,左方为资产项目,大体按资产的流动性大小排列。右方为负债及所有者权益项目,一般按要求清偿时间的先后顺序排列。资产各项目的合计等于负债和所有者权益项目金额的合计。

资产负债表的基本格式和内容见表7-1。

表7-1 资产负债表

编制单位:　　　　　　　　　　年　月　日　　　　　　　　　　单位:元

资产	期末余额	上年年末余额	负债和所有者权益(或股东权益)	期末余额	上年年末余额
流动资产:			流动负债:		
货币资金			短期借款		
交易性金融资产			交易性金融负债		
衍生金融资产			衍生金融负债		
应收票据			应付票据		
应收账款			应付账款		
应收款项融资			预收款项		
预付款项			合同负债		
其他应收款			应付职工薪酬		
存货			应交税费		
合同资产			其他应付款		
持有待售资产			持有待售负债		
一年内到期的非流动资产			一年内到期的非流动负债		
其他流动资产			其他流动负债		
流动资产合计			流动负债合计		
非流动资产:			非流动负债:		
债权投资			长期借款		
其他债权投资			应付债券		
长期应收款			其中:优先股		
长期股权投资			永续债		
其他权益工具投资			租赁负债		
其他非流动金融资产			长期应付款		
投资性房地产			预计负债		
固定资产			递延收益		

(续表)

资产	期末余额	上年年末余额	负债和所有者权益(或股东权益)	期末余额	上年年末余额
在建工程			递延所得税负债		
生产性生物资产			其他非流动负债		
油气资产			非流动负债合计		
使用权资产			负债合计		
无形资产			所有者权益(或股东权益):		
开发支出			实收资本(或股本)		
商誉			其他权益工具		
长期待摊费用			其中:优先股		
递延所得税资产			永续债		
其他非流动资产			资本公积		
非流动资产合计			减:库存股		
			其他综合收益		
			专项储备		
			盈余公积		
			未分配利润		
			所有者权益(或股东权益)合计		
资产总计			负债及所有者权益(或股东权益)总计		

根据我国企业会计准则的规定,企业资产负债表的结构一般采用账户式。

(二) 报告式资产负债表

报告式资产负债表是将资产负债表的项目自上而下排列,按顺序列示资产、负债、所有者权益数额,其使用的是"资产－负债＝所有者权益"的会计平衡公式。报告式资产负债表的简化格式见表7－2。

表7－2　　　　　　　　　　　　资产负债表
编制单位:　　　　　　　　　　　年　月　日　　　　　　　　　　　单位:元

项目	金额
资产 　　流动资产 　　非流动资产 资产合计	
负债 　　流动负债 　　非流动负债 负债合计	

(续表)

项目	金额
所有者权益	
实收资本	
资本公积	
减：库存股	
其他综合收益	
盈余公积	
未分配利润	
所有者权益合计	
负债和所有者权益合计	

三、资产负债表的编制

（一）资产负债表"上年年末余额"栏的填列方法

资产负债表各项目均需填列"上年年末余额"和"期末余额"两栏。本表的"上年年末余额"栏通常根据上年年末有关项目的期末余额填列，且与上年年末资产负债表"期末余额"栏一致。

企业在首次执行新准则时，应当按照《企业会计准则第 38 号——首次执行企业会计准则》对首次执行新准则当年的"上年年末余额"栏及相关项目进行调整；以后期间，如果企业发生会计政策变更、前期差错更正，应当对"上年年末余额"栏中的有关项目进行相应调整。此外，如果企业上年度资产负债表规定的项目名称和内容与本年度不一致，应当对上年年末资产负债表相关项目的名称和数字按照本年度的规定进行调整，填入"上年年末余额"栏。

7-1 视频：
资产负债表
的编制

（二）资产负债表"期末余额"栏的填列方法

资产负债表"期末余额"栏内各项数字，一般应根据资产类、负债类和所有者权益类账户的期末余额填列。"期末余额"栏主要有以下几种填列方法。

1. 根据总账余额填列

例如，"短期借款""应付票据""资本公积"等项目，根据"短期借款""应付票据""资本公积"各总账账户的余额直接填列；有些项目则需根据几个总账账户的期末余额计算填列，如"货币资金"项目，需根据"库存现金""银行存款""其他货币资金"三个总账账户的期末余额的合计数填列。

【例 7-1】 琴岛有限责任公司 2×24 年 12 月 31 日结账后的"库存现金"账户余额为 20 000 元，"银行存款"账户余额为 2 000 000 元，"其他货币资金"账户余额为 50 000 元。

琴岛有限责任公司 2×24 年 12 月 31 日资产负债表中的"货币资金"项目金额的计算如下：

$$20\ 000 + 2\ 000\ 000 + 50\ 000 = 2\ 070\ 000(元)$$

本例中，琴岛有限责任公司应当按照"库存现金""银行存款"和"其他货币资金"三个总账账户余额加总后的金额，作为资产负债表中"货币资金"项目的金额。

2. 根据有关明细账户的余额计算填列

例如，"应付账款"项目，需要根据"应付账款"和"预付账款"两个账户所属的相关明细账户的期末贷方余额计算填列;"应收账款"项目,需要根据"应收账款"和"预收账款"两个账户所属的相关明细账户的期末借方余额计算填列。

相关思考 7-1

某企业年末"应收账款"账户的借方余额为 650 万元,其中"应收账款"明细账户的借方余额为 850 万元、贷方余额为 200 万元,年末计提坏账准备后的"坏账准备"账户的贷方余额为 65 万元。假定年末坏账准备均与应收账款相关,该企业年末资产负债表中"应收账款"项目的金额为(　　)万元。

A. 585　　　　　　B. 600　　　　　　C. 785　　　　　　D. 800

相关思考 7-1 解析：

企业年末资产负债表中"应收账款"项目的金额为 785 万元(850－65)。故选项 C 正确。

3. 根据总账账户和明细账户的余额分析计算填列

例如,"长期借款"项目,应当根据"长期借款"总账账户余额扣除"长期借款"账户所属明细账户中将于 1 年内到期的部分填列;"应付债券"项目,应当根据"应付债券"总账账户余额扣除"应付债券"账户所属明细账户中将于 1 年内到期的部分填列。

4. 根据有关账户余额减去其备抵账户余额后的净额填列

例如,"固定资产"项目,应当根据"固定资产"账户的期末余额减去"累计折旧""固定资产减值准备"备抵账户余额后的净额填列;"无形资产"项目,应当根据"无形资产"账户的期末余额,减去"累计摊销""无形资产减值准备"备抵账户余额后的净额填列。

【例 7-2】 琴岛有限责任公司 2×24 年 12 月 31 日结账后的"固定资产"账户余额为 2 000 000 元,"累计折旧"账户余额为 800 000 元。

琴岛有限责任公司 2×24 年 12 月 31 日资产负债表中的"固定资产"项目金额的计算如下：

$$2\ 000\ 000 - 800\ 000 = 1\ 200\ 000(元)$$

本例中,琴岛有限责任公司应当以"固定资产"总账账户余额,减去"累计折旧"备抵类总账账户余额后的净额,作为资产负债表中"固定资产"的项目金额。

5. 综合运用上述填列方法分析填列

例如,资产负债表中的"存货"项目,应当根据"原材料""委托加工物资""周转材料""材料采购""在途物资""发出商品""材料成本差异"等总账账户期末余额的分析汇总数,减去"存货跌价准备"账户余额后的金额填列。

(三) 资产负债表各项目的填报说明

1. 资产项目的填报说明

(1)"货币资金"项目,反映企业库存现金、银行结算户存款、外埠存款、银行汇票存款、银行本票存款、信用卡存款、信用证保证金存款等的合计数。本项目应根据"库存现金""银行存款""其他货币资金"账户期末余额的合计数填列。

(2)"交易性金融资产"项目,反映资产负债表日企业分类为以公允价值计量且其变动计入当期损益的金融资产,以及企业持有的指定为以公允价值计量且其变动计入当期损益的金融资产的期末账面价值。本项目应根据"交易性金融资产"账户的相关明细账户期末余额分析填列。自资产负债表日起超过 1 年到期且预期持有超过 1 年的以公允价值计量且其变动计入当期损益的非流动金融资产的期末账面价值,在"其他非流动金融资产"项目反映。

(3)"衍生金融资产"项目,反映企业衍生工具形成的资产,本项目应根据"衍生工具""套期工具""被套期项目"等账户的期末借方余额分析填列。

(4)"应收票据"项目,反映资产负债表日以摊余成本计量的、企业因销售商品、提供服务等收到的商业汇票,包括银行承兑汇票和商业承兑汇票。本项目应根据"应收票据"账户的期末余额,减去"坏账准备"账户中相关坏账准备期末余额后的金额分析填列。

(5)"应收账款"项目,反映资产负债表日以摊余成本计量的、企业因销售商品、提供服务等经营活动应收取的款项。本项目应根据"应收账款"和"预收账款"账户所属各明细账户的期末借方余额的合计数,减去"坏账准备"账户中相关坏账准备期末余额后的金额分析填列。"应收账款"账户所属明细账户期末有贷方余额的,应在资产负债表"预收款项"项目内填列。

(6)"应收款项融资"项目,反映资产负债表日以公允价值计量且其变动计入其他综合收益的应收票据和应收账款等。

(7)"预付款项"项目,反映企业按照购货合同规定预付给供应单位的款项等。本项目应根据"预付账款"和"应付账款"账户所属各明细账户的期末借方余额合计数,减去"坏账准备"账户中有关预付款项计提的坏账准备期末余额后的金额填列。"预付账款"账户所属各明细账户期末有贷方余额的,应在资产负债表"应付账款"项目内填列。

(8)"其他应收款"项目,反映企业除应收票据、应收账款、预付账款等经营活动以外的其他各种应收、暂付的款项。本项目应根据"应收利息""应收股利"和"其他应收款"账户的期末余额合计数,减去"坏账准备"账户中相关坏账准备期末余额后的金额填列。其中,"应收利息"账户仅反映相关金融工具已到期可收取但于资产负债表日尚未收到的利息。基于实际利率法计提的金融工具的利息应包含在相应金融工具的账面余额中。

(9)"存货"项目,反映企业期末在库、在途和在加工中的各种存货的成本或可变现净值。本项目应根据"材料采购""原材料""库存商品""周转材料""委托加工物资""委托代销商品""生产成本"等账户的期末余额合计,减去"受托代销商品款""存货跌价准备"账户期末余额后的金额填列。材料采用计划成本核算,以及库存商品采用计划成本核算或售价核算的企业,还应按加或减材料成本差异、商品进销差价后的金额填列。

(10)"合同资产"项目,反映企业按照《企业会计准则第14号——收入》的相关规定,根据本企业履行履约义务与客户付款之间的关系在资产负债表中列示的合同资产。本项目应根据"合同资产"账户的相关明细账户期末余额分析填列,同一合同下的合同资产和合同负债应当以净额列示,其中净额为借方余额的,应当根据其流动性在"合同资产"或"其他非流动资产"项目中填列,已计提减值准备的,还应以减去"合同资产减值准备"账户中相关的期末余额后的金额填列;其中净额为贷方余额的,应当根据其流动性在"合同负债"或"其他非流动负债"项目中填列。

7-2:扫一扫,练一练

7-3:扫一扫,练一练答案

(11)"持有待售资产"项目,反映资产负债表日划分为持有待售类别的非流动资产及划分为持有待售类别的处置组中的流动资产和非流动资产的期末账面价值。本项目应根据"持有待售资产"账户的期末余额,减去"持有待售资产减值准备"账户的期末余额后的金额填列。

(12)"一年内到期的非流动资产"项目,反映企业预计自资产负债表日起1年内变现的非流动资产。本项目应根据有关账户的期末余额分析填列。

(13)"其他流动资产"项目,反映企业除货币资金、交易性金融资产、应收票据、应收账款、存货等流动资产以外的其他流动资产。本项目应根据有关账户的期末余额填列。

(14)"债权投资"项目,反映资产负债表日企业以摊余成本计量的长期债权投资的期末账面价值。本项目应根据"债权投资"账户的相关明细账户期末余额,减去"债权投资减值准备"账户中相关减值准备的期末余额后的金额分析填列。自资产负债表日起1年内到期的长期债权投资的期末账面价值,在"一年内到期的非流动资产"项目反映。企业购入的以摊余成本计量的1年内到期的债权投资的期末账面价值,在"其他流动资产"项目反映。

(15)"其他债权投资"项目,反映资产负债表日企业分类为以公允价值计量且其变动计入其他综合收益的长期债权投资的期末账面价值。本项目应根据"其他债权投资"账户的相关明细账户期末余额分析填列。自资产负债表日起1年内到期的长期债权投资的期末账面价值,在"一年内到期的非流动资产"项目反映。企业购入的以公允价值计量且其变动计入其他综合收益的1年内到期的债权投资的期末账面价值,在"其他流动资产"项目反映。

(16)"长期应收款"项目,反映企业租赁产生的应收款项、采用递延方式具有融资性质的销售商品和提供劳务等产生的长期应收款项等。本项目应根据"长期应收款"账户的期末余额,减去相应的"未实现融资收益"账户和"坏账准备"账户所属相关明细账户期末余额后的金额填列。

(17)"长期股权投资"项目,反映企业持有的对子公司、联营企业和合营企业的长期股权投资。本项目应根据"长期股权投资"账户的期末余额,减去"长期股权投资减值准备"账户期末余额后的金额填列。

(18)"其他权益工具投资"项目,反映资产负债表日企业指定为以公允价值计量且其变动计入其他综合收益的非交易性权益工具投资的期末账面价值。本项目应根据"其他权益工具投资"账户的期末余额填列。

(19)"其他非流动金融资产"项目,反映企业自资产负债表日起超过1年到期且预期持有超过1年的以公允价值计量且其变动计入当期损益的非流动金融资产的期末账面价值。本项目应根据"交易性金融资产"的发生额分析填列。

(20)"投资性房地产"项目,反映企业持有的投资性房地产的期末账面价值。企业采用成本模式计量投资性房地产的,本项目应根据"投资性房地产"账户的期末余额,减去"投资性房地产累计折旧(摊销)"和"投资性房地产减值准备"账户期末余额后的金额填列;企业采用公允价值模式计量投资性房地产的,本项目应根据"投资性房地产"账户的期末余额填列。

(21)"固定资产"项目,反映资产负债表日企业固定资产的期末账面价值和企业尚未清理完毕的固定资产清理净损益。本项目应根据"固定资产"账户的期末余额,减去"累计折旧"和"固定资产减值准备"账户的期末余额后的金额,以及"固定资产清理"账户的期末余额填列。

7-4:扫一扫,练一练

(22)"在建工程"项目,反映资产负债表日企业尚未达到预定可使用状态的在建工程的期末账面价值和企业为在建工程准备的各种物资的期末账面价值。本项目应根据"在建工程"账户的期末余额,减去"在建工程减值准备"账户的期末余额后的金额,以及"工程物资"账户的期末余额,减去"工程物资减值准备"账户的期末余额后的金额填列。

7-5:扫一扫,练一练答案

(23)"生产性生物资产"项目,反映企业持有的生产性生物资产的期末账面价值。本项目应根据"生产性生物资产"账户的期末余额,减去"生产性生物资产累计折旧"和"生产性生物资产减值准备"账户期末余额后的金额填列。

(24)"油气资产"项目,反映企业持有的矿区权益和油气井及相关设施的原价减去累计折耗和累计减值准备后的净额。本项目应根据"油气资产"账户的期末余额,减去"累计折耗"账户的期末余额和相应减值准备后的金额填列。

(25)"使用权资产"项目,反映资产负债表日承租人企业持有的使用权资产的账面价值。本项目应根据"使用权资产"账户的期末余额,减去"使用权资产累计折旧"和"使用权资产减值准备"账户的期末余额后的金额填列。

(26)"无形资产"项目,反映企业持有的无形资产,包括专利权、非专利技术、商标权、著作权、土地使用权等的期末账面价值。本项目应根据"无形资产"账户的期末余额,减去"累计摊销"和"无形资产减值准备"账户期末余额后的金额填列。

(27)"开发支出"项目,反映企业开发无形资产过程中能够资本化形成无形资产成本的支出部分。本项目应根据"研发支出"账户中所属的"资本化支出"明细账户期末余额填列。

(28)"商誉"项目,反映企业合并中形成的商誉的价值。本项目应根据"商誉"账户的期末余额,减去相应减值准备后的金额填列。

(29)"长期待摊费用"项目,反映企业已经发生但应由本期和以后各期负担的分摊期限在1年以上的各项费用。长期待摊费用中在1年内(含1年)摊销的部分,在资产负债表"一年内到期的非流动资产"项目填列。本项目应根据"长期待摊费用"账户的期末余额,减去将于1年内(含1年)摊销的数额后的金额分析填列。

(30)"递延所得税资产"项目,反映企业确认的可抵扣暂时性差异产生的递延所得税资产的期末账面价值。本项目应根据"递延所得税资产"账户的期末余额填列。

(31)"其他非流动资产"项目,反映企业除长期股权投资、固定资产、在建工程、工程物资和无形资产等资产以外的其他非流动资产。本项目应根据有关账户的期末余额填列。

2. 负债项目的填报说明

(1)"短期借款"项目,反映企业向银行或其他金融机构等借入的期限在1年以下(含1年)的借款。本项目应根据"短期借款"账户的期末余额填列。

(2)"交易性金融负债"项目,反映企业资产负债表日承担的交易性金融负债,以及企业持有的直接指定为以公允价值计量且其变动计入当期损益的金融负债的账面价值。本项目应根据"交易性金融负债"账户的相关明细账户的期末余额填列。

(3)"衍生金融负债"项目,反映企业衍生工具的负债的账面价值,本项目应根据"衍生工具""套期工具""被套期项目"等账户的期末贷方余额分析填列。

(4)"应付票据"项目,反映资产负债表日以摊余成本计量的、企业因购买材料、商品和接受服务等开出、承兑的商业汇票,包括银行承兑汇票和商业承兑汇票。本项目应根据"应付票据"账户的期末余额填列。

(5)"应付账款"项目,反映资产负债表日以摊余成本计量的、企业因购买材料、商品和接受服务等经营活动应支付的款项。本项目应根据"应付账款"和"预付账款"账户所属的相关明细账户的期末贷方余额合计数填列。

(6)"预收款项"项目,反映企业按照购货合同规定预收供应单位的款项。本项目应根据"预收账款"和"应收账款"账户所属各明细账户的期末贷方余额合计数填列。"预收账款"

账户所属明细账户期末为借方余额的,应在资产负债表"应收账款"项目内填列。

(7)"合同负债"项目,反映企业按照《企业会计准则第 14 号——收入》的相关规定,根据本企业履行履约义务与客户付款之间的关系在资产负债表中列示的合同负债。本项目应根据"合同负债"的相关明细账户期末余额分析填列。

同一合同下的合同资产和合同负债应当以净额列示,其中净额为贷方余额的,应当根据其流动性在"合同负债"或"其他非流动负债"项目中填列。资产负债表日,"合同结算"账户的期末余额在贷方的,根据其流动性在"合同负债"或"其他非流动负债"项目中填列。

(8)"应付职工薪酬"项目,反映企业为获得职工提供的服务或解除劳动关系而给予的各种形式的报酬或补偿。企业提供给职工配偶、子女、受赡养人、已故员工遗属及其他受益人等的福利,也属于职工薪酬。职工薪酬主要包括短期薪酬、离职后福利、辞退福利和其他长期职工福利。本项目应根据"应付职工薪酬"账户所属各明细账户的期末贷方余额分析填列。外商投资企业按规定从净利润中提取的职工奖励及福利基金,也在本项目列示。

(9)"应交税费"项目,反映企业按照税法规定计算应交纳的各种税费,包括增值税、消费税、所得税、资源税、土地增值税、城市维护建设税、房产税、土地使用税、车船税、教育费附加、矿产资源补偿费等。企业代扣代交的个人所得税,也通过本项目列示。企业所交纳的税金不需要预计应交数的,如印花税、耕地占用税等,不在本项目列示。本项目应根据"应交税费"账户的期末贷方余额填列;如"应交税费"账户期末为借方余额,应以"-"号填列。

需要说明的是,"应交税费"账户下的"应交增值税""未交增值税""待抵扣进项税额""待认证进项税额""增值税留抵税额"等明细账户期末借方余额,应根据情况在资产负债表中的"其他流动资产"或"其他非流动资产"项目列示;"应交税费——待转销项税额"等账户期末贷方余额,应根据情况在资产负债表中的"其他流动负债"或"其他非流动负债"项目列示;"应交税费"账户下的"未交增值税""简易计税""转让金融商品应交增值税""代扣代交增值税"等账户期末贷方余额,应在资产负债表中的"应交税费"项目列示。

(10)"其他应付款"项目,反映企业除应付票据、应付账款、预收款项、应付职工薪酬、应交税费等经营活动以外的其他各项应付、暂收的款项。本项目应根据"应付利息""应付股利"和"其他应付款"账户的期末余额合计数填列。其中,"应付利息"账户仅反映相关金融工具已到期应支付但于资产负债表日尚未支付的利息。基于实际利率法计提的金融工具的利息应包含在相应金融工具的账面余额中。

(11)"持有待售负债"项目,反映资产负债表日处置组中与划分为持有待售类别的资产直接相关的负债的期末账面价值。本项目应根据"持有待售负债"账户的期末余额填列。

(12)"一年内到期的非流动负债"项目,反映企业非流动负债中将于资产负债表日后 1 年内到期部分的金额,如将于 1 年内偿还的长期借款。本项目应根据有关账户的期末余额填列。

(13)"其他流动负债"项目,反映企业除短期借款、应付票据、应付账款、应付职工薪酬、应交税费等流动负债以外的其他流动负债。本项目应根据有关账户的期末余额填列。

(14)"长期借款"项目,反映企业向银行或其他金融机构借入的期限在 1 年以上(不含 1 年)的各项借款。本项目应根据"长期借款"账户的期末余额,扣除"长期借款"账户所属明细账户中将在资产负债表日起 1 年内到期,且企业不能自主地将清偿义务展期的长期借款后的金额计算填列。

（15）"应付债券"项目，反映企业为筹集长期资金而发行的债券本金和利息。本项目应根据"应付债券"账户所属的明细账户余额填列。对于资产负债表日企业发行的金融工具，分类为金融负债的，应在本项目填列，对于优先股和永续债还应在本项目下的"优先股"项目和"永续债"项目分别填列。

（16）"租赁负债"项目，反映资产负债表日承租人企业尚未支付的租赁付款额的期末账面价值。本项目应根据"租赁负债"账户的期末余额填列，自资产负债表日起1年内到期应予以清偿的租赁负债的账面价值，在"一年内到期的非流动负债"项目反映。

（17）"长期应付款"项目，反映资产负债表日企业除长期借款和应付债券以外的其他各种长期应付款项的期末账面价值。本项目应根据"长期应付款"账户的期末余额，减去相关的"未确认融资费用"账户的期末余额和1年内到期的部分后的金额，以及"专项应付款"账户的期末余额填列。

（18）"预计负债"项目，反映企业确认的对外提供担保、未决诉讼、产品质量保证、重组义务、亏损合同等确认的预计负债的期末账面价值。本项目应根据"预计负债"账户的期末余额填列。

（19）"递延收益"项目，反映尚待确认的收入或收益。本项目核算包括企业根据政府补助准则确认的应在以后期间计入当期损益的政府补助金额、售后租回形成融资租赁的售价与资产账面价值差额等其他递延性收入。本项目应根据"递延收益"账户的期末余额填列。本项目中摊销期限只剩1年或不足1年的，或预计在1年内（含1年）进行摊销的部分，不得归类为流动负债，仍在本项目中填列，不转入"一年内到期的非流动负债"项目。

（20）"递延所得税负债"项目，反映企业确认的应纳税暂时性差异产生的所得税负债。本项目应根据"递延所得税负债"账户的期末余额填列。

（21）"其他非流动负债"项目，反映企业除长期借款、应付债券等负债以外的其他非流动负债。本项目应根据有关账户的期末余额减去将于1年内（含1年）到期偿还数后的余额填列。非流动负债各项目中将于1年内（含1年）到期的非流动负债，应在"一年内到期的非流动负债"项目内单独反映。

3. 所有者权益（或股东权益）项目的填报说明

（1）"实收资本（或股本）"项目，反映企业各投资者实际投入的资本（或股本）总额。本项目应根据"实收资本"（或"股本"）账户的期末余额填列。

（2）"其他权益工具"项目，反映企业发行的除普通股以外分类为权益工具的金融工具的账面价值，并在"其他权益工具"项目下增设"优先股"和"永续债"两个项目，分别反映企业发行的分类为权益工具的优先股和永续债的账面价值。本项目应根据"其他权益工具"账户的期末余额填列。对于资产负债表日企业发行的金融工具，分类为金融负债的，应在"应付债券"项目填列。

（3）"资本公积"项目，反映企业资本公积的期末余额。本项目应根据"资本公积"账户的期末余额填列。

（4）"库存股"项目，反映企业持有尚未转让或注销的本公司股份金额。本项目应根据"库存股"账户的期末余额填列。

(5)"其他综合收益"项目,反映企业其他综合收益的期末余额。本项目应根据"其他综合收益"账户的期末余额填列。

(6)"专项储备"项目,反映高危行业企业按国家规定提取的安全生产费的期末账面价值。本项目应根据"专项储备"账户的期末余额填列。

(7)"盈余公积"项目,反映企业盈余公积的期末余额。本项目应根据"盈余公积"账户的期末余额填列。

(8)"未分配利润"项目,反映企业尚未分配的利润。本项目应根据"本年利润"账户和"利润分配"账户的余额计算填列。未弥补的亏损在本项目内以"一"号填列。

【例7-3】 琴岛有限责任公司2×24年12月31日的资产负债表(上年年末余额略)及2×24年12月31日的账户余额表分别如表7-3和表7-4所示。假设琴岛有限责任公司2×24年度除计提固定资产减值准备导致固定资产账面价值与其计税基础存在可抵扣暂时性差异外,其他资产和负债项目的账面价值均等于其计税基础。假设琴岛有限责任公司未来很可能获得足够的应纳税所得额用来抵扣可抵扣暂时性差异,适用的所得税税率为25%。

表7-3　　　　　　　　　　　　　科目余额表　　　　　　　　　　　　　单位:元

账户名称	借方余额	账户名称	贷方余额
库存现金	8 220.00	短期借款	60 000.00
银行存款	100 064.16	交易性金融负债	100 000.00
交易性金融资产	50 000.00	应付票据	25 000.00
应收票据	30 000.00	应付账款	356 457.14
应收账款	327 999.18	预收账款	50 000.00
预付账款	125 305.50	应付职工薪酬	56 896.84
其他应收款	34 433.25	应交税费	6 281.70
在途物资	1 240.00	其他应付款	99 376.75
原材料	14 260.00	长期借款	100 000.00
周转材料	3 868.00	实收资本	400 000.00
库存商品	30 549.53	盈余公积	8 514.31
发出商品	10 324.00	利润分配	76 628.75
长期股权投资	100 000.00	坏账准备	27 280.00
固定资产	1 024 906.87	存货跌价准备	13 600.00
在建工程	57 700.00	累计折旧	421 040.00
工程物资	62 300.00	固定资产减值准备	210 000.00
无形资产	5 665.00	累计摊销	760.00
递延所得税资产	25 000.00		
合计	2 011 835.49	合计	2 011 835.49

表 7-4　　　　　　　　　　　　　　　　资产负债表

编制单位:琴岛有限责任公司　　　2×24 年 12 月 31 日　　　　　　　　单位:元

资产	期末余额	上年年末余额	负债和所有者权益（或股东权益）	期末余额	上年年末余额
流动资产：			流动负债：		
货币资金	108 284.16	106 024.30	短期借款	60 000.00	75 000.00
交易性金融资产	50 000.00	15 000.00	交易性金融负债	100 000.00	15 000.00
衍生金融资产			衍生金融负债		
应收票据	30 000.00	25 000.00	应付票据	25 000.00	20 000.00
应收账款	300 719.18	431 471.44	应付账款	356 457.14	321 782.50
应收款项融资	0		预收款项	50 000.00	20 000.00
预付款项	125 305.50	105 306.50	合同负债		
其他应收款	34 433.25	50 000.00	应付职工薪酬	56 896.84	46 531.43
存货	46 641.53	14 363.23	应交税费	6 281.70	13 164.04
合同资产			其他应付款	99 376.75	89 700.00
持有待售资产			持有待售负债		
一年内到期的非流动资产			一年内到期的非流动负债		
其他流动资产			其他流动负债		
流动资产合计	695 383.62	747 165.47	流动负债合计	754 012.43	601 177.97
非流动资产：			非流动负债：		
债权投资			长期借款	100 000.00	100 000.00
其他债权投资			应付债券		
长期应收款			其中:优先股		
长期股权投资	100 000.00		永续债		
其他权益工具投资			租赁负债		
其他非金融资产			长期应付款		
投资性房地产			预计负债		
固定资产	393 866.87	362 692.13	递延收益		
在建工程	120 000.00	50 000.00	递延所得税负债		
生产性生物资产			其他非流动负债		
油气资产			非流动负债合计	100 000.00	100 000.00
使用权资产			负债合计	854 012.43	701 177.97
无形资产	4 905.00	5 450.00	所有者权益（或股东权益）：		

(续表)

资产	期末余额	上年年末余额	负债和所有者权益（或股东权益）	期末余额	上年年末余额
开发支出			实收资本（或股本）	400 000.00	400 000.00
商誉			其他权益工具		
长期待摊费用			其中：优先股		
递延所得税资产	25 000.00	15 000.00	永续债		
其他非流动资产			资本公积		
非流动资产合计	643 771.87	433 142.13	减：库存股		
			其他综合收益		
			专项储备		
			盈余公积	8 514.31	7 912.96
			未分配利润	76 628.75	71 216.67
			所有者权益（或股东权益）合计	485 143.06	479 129.63
资产总计	1 339 155.49	1 180 307.60	负债及所有者权益（或股东权益）总计	1 339 155.49	1 180 307.60

特别提示 7-1

［例 7-3］中，资产负债表有关项目的数据计算说明如下：

(1) "货币资金" 项目金额 = 8 220 + 100 064.16 = 108 284.16(元)
(2) "应收账款" 项目金额 = 327 999.18 - 27 280 = 300 719.18(元)
(3) "固定资产" 项目金额 = 1 024 906.87 - 421 040 - 210 000 = 393 866.87(元)
(4) "存货" 项目金额 = 1 240 + 14 260 + 3 868 + 30 549.53 + 10 324 - 13 600 = 46 641.53(元)

第三节 利润表

一、利润表的概念和意义

(一) 利润表的概念

利润表是指反映企业在一定会计期间（如年度、季度、月份）内经营成果的动态财务报表。利润表是以"收入－费用＝利润"这一会计等式为依据编制的。在利润表中，将一个会计期间内的收入、收益与同一会计期间的成本、费用进行配比，可以求出该会计期间的净利润（亏损）。

(二) 利润表的意义

利润表可以反映企业在一定会计期间的收入、费用、利润（或亏损）的数额、构成情况，帮助财务报表使用者全面了解企业的经营成果,分析企业的获利能力及盈利增长趋势,从而为其作出经济决策提供依据。

二、利润表的内容和结构

(一) 利润表的内容

利润表至少应反映营业收入取得、营业成本的耗费、税金及附加、管理费用、销售费用、财务费用、投资收益、公允价值变动损益、资产减值损失、营业外收支、非流动资产处置损失、所得税费用和净利润。

7-6 视频:利润表的格式

(二) 利润表的结构

目前比较普遍的利润表的结构有多步式和单步式两种,无论企业采用何种结构,编制的依据是"收入－费用＝利润"这一等式。

1. 单步式利润表

单步式利润表是先将当期所有的收入列在一起,然后再将所有的费用列在一起,两者相减得出净损益。单步式利润表的格式如表 7-5 所示。

表 7-5　　　　　　　　　　　　　　　利润表
　　　　　　　　　　　　　　　　　　年　月　　　　　　　　　　　　　　　　单位:元

项目	本期金额	上期金额
一、收入		
营业收入		
投资收益		
营业外收入		
收入合计		
二、费用		
营业成本		
税金及附加		
销售费用		
管理费用		
财务费用		
资产减值损失		
营业外支出		
所得税费用		
费用合计		
三、净利润		

单步式利润表的优点是编制方式简单,收入支出归类清楚;但缺点是收入、费用的性质不加区分,硬性归为一类,不利于报表分析。

2. 多步式利润表

多步式利润表是将不同性质的收入和费用进行对比,从而可以得出一些中间性的利润数据,便于财务报表使用者理解企业经营成果的不同来源。

我国企业的利润表采用多步式结构,如表 7-6 所示。

表 7-6　　　　　　　　　　　　　　　　利润表

编制单位：　　　　　　　　　　　　年　　月　　　　　　　　　　　　　　　单位：元

项目	本期金额	上期金额
一、营业收入		
减：营业成本		
税金及附加		
销售费用		
管理费用		
研发费用		
财务费用		
其中：利息费用		
利息收入		
加：其他收益		
投资收益（损失以"－"号填列）		
其中：对联营企业和合营企业的投资收益		
以摊余成本计量的金融资产终止确认收益（损失以"－"号填列）		
净敞口套期收益（损失以"－"号填列）		
公允价值变动收益（损失以"－"号填列）		
信用减值损失（损失以"－"号填列）		
资产减值损失（损失以"－"号填列）		
资产处置收益（损失以"－"号填列）		
二、营业利润（亏损以"－"号填列）		
加：营业外收入		
减：营业外支出		
三、利润总额（亏损总额以"－"号填列）		
减：所得税费用		
四、净利润（净亏损以"－"号填列）		
（一）持续经营净利润（净亏损以"－"号填列）		
（二）终止经营净利润（净亏损以"－"号填列）		
五、其他综合收益的税后净额		
（一）不能重分类进损益的其他综合收益		
1. 重新计量设定受益计划变动额		
2. 权益法下不能转损益的其他综合收益		

(续表)

项目	本期金额	上期金额
3. 其他权益工具投资公允价值变动		
4. 企业自身信用风险公允价值变动		
……		
（二）将重分类进损益的其他综合收益		
1. 权益法下可转损益的其他综合收益		
2. 其他债权投资公允价值变动		
3. 金融资产重分类计入其他综合收益的金额		
4. 其他债权投资信用减值准备		
5. 现金流量套期		
6. 外币财务报表折算差额		
……		
六、综合收益总额		
七、每股收益：		
（一）基本每股收益		
（二）稀释每股收益		

三、利润表的编制

（一）利润表的主要编制步骤和内容

我国一般企业利润表的主要编制步骤和内容如下：

第一步，以营业收入为基础，减去营业成本、税金及附加、销售费用、管理费用、研发费用、财务费用，加上其他收益、投资收益（或减去投资损失）、净敞口套期收益（或减去净敞口套期损失）、公允价值变动收益（或减去公允价值变动损失）、资产减值损失、信用减值损失、资产处置收益（或减去资产处置损失），计算出营业利润。营业利润的计算公式如下：

营业利润 = 营业收入 − 营业成本 − 税金及附加 − 销售费用 − 管理费用 − 研发费用 − 财务费用 + 其他收益 + 投资收益（− 投资损失）+ 经敞口套期收益（− 净敞口套期损失）+ 公允价值变动收益（− 公允价值变动损失）− 信用减值损失 − 资产减值损失 + 资产处置收益（− 资产处置损失）

其中，营业收入是指企业经营业务所确定的收入总额，包括主营业务收入和其他业务收入。营业成本是指企业经营业务所发生的实际成本总额，包括主营业务成本和其他业务成本。税金及附加是指主营业务和其他业务应负担的消费税、城市维护建设税、资源税、土地增值税和教育费附加等。

第二步，以营业利润为基础，加上营业外收入，减去营业外支出，计算出利润总额。利润总额的计算公式如下：

利润总额 = 营业利润 + 营业外收入 − 营业外支出

第三步,以利润总额为基础,减去所得税费用,计算出净利润(或净亏损)。净利润的计算公式如下:

$$净利润 = 利润总额 - 所得税费用$$

第四步,以净利润(或净亏损)为基础,计算出每股收益。

第五步,以净利润(或净亏损)和其他综合收益为基础,计算出综合收益总额。

(二) 利润表主要项目的填报说明

(1) "营业收入"项目,反映企业经营主要业务和其他业务所确认的收入总额。本项目应根据"主营业务收入"和"其他业务收入"账户的发生额分析填列。

(2) "营业成本"项目,反映企业经营主要业务和其他业务所发生的成本总额。本项目应根据"主营业务成本"和"其他业务成本"账户的发生额分析填列。

(3) "税金及附加"项目,反映企业经营业务应负担的消费税、城市建设维护税、资源税、土地增值税和教育费附加等。本项目应根据"税金及附加"账户的发生额分析填列。

(4) "销售费用"项目,反映企业在销售商品过程中发生的包装费、广告费等费用和为销售本企业商品而专设的销售机构的职工薪酬、业务费等经营费用。本项目应根据"销售费用"账户的发生额分析填列。

(5) "管理费用"项目,反映企业为组织和管理生产经营发生的管理费用。本项目应根据"管理费用"账户的发生额分析填列。

(6) "研发费用"项目,反映企业进行研究与开发过程中发生的费用化支出以及计入管理费用的自行开发无形资产的摊销。本项目应根据"管理费用"账户下的"研发费用"明细账户的发生额以及"管理费用"账户下"无形资产摊销"明细账户的发生额分析填列。

(7) "财务费用"项目,反映企业筹集生产经营所需资金等而发生的应予以费用化的利息支出。本项目应根据"财务费用"账户的发生额分析填列。"其中:利息费用"项目,反映企业为筹集生产经营所需资金等而发生的应予费用化的利息支出。本项目应根据"财务费用"账户的相关明细账户的发生额分析填列。

(8) "利息收入"项目,反映企业确认的利息收入。本项目应根"财务费用"账户的相关明细账户的发生额分析填列。

(9) "其他收益"项目,反映计入其他收益的政府补助等,以及其他与日常活动相关且计入其他收益的项目,本项目应根据"其他收益"账户的发生额分析填列。企业作为个人所得税的扣缴义务人,根据《中华人民共和国个人所得税法》收到的扣缴税款手续费,应作为其他与日常活动相关的收益在本项目中填列。

(10) "投资收益"项目,反映企业以各种方式对外投资所取得的收益。本项目应根据"投资收益"账户的发生额分析填列。如为投资损失,本项目以"-"号填列。

(11) "净敞口套期收益"项目,反映净敞口套期下被套期项目累计公允价值变动转入当期损益的金额或现金流量套期储备转入当期损益的金额。本项目应根据"净敞口套期损益"账户的发生额分析填列;如为套期损失,本项目以"-"号填列。

(12) "公允价值变动收益"项目,反映企业应当计入当期损益的资产或负债公允价值变动收益。本项目应根据"公允价值变动损益"账户的发生额分析填列,如为净损失,本项目以"-"号填列。

(13)"信用减值损失"项目,反映企业按照《企业会计准则第22号——金融工具确认和计量》的要求计提的各项金融工具信用减值准备所确认的信用损失。本项目应根据"信用减值损失"账户的发生额分析填列。

(14)"资产减值损失"项目,反映企业各项资产发生的减值损失。本项目应根据"资产减值损失"账户的发生额分析填列。

(15)"资产处置收益"项目,反映企业出售划分为持有待售的非流动资产(金融工具、长期股权投资和投资性房地产除外)或处置组(子公司和业务除外)时确认的处置利得或损失,以及处置未划分为持有待售的固定资产、在建工程、生产性生物资产及无形资产而产生的处置利得或损失。债务重组中因处置非流动资产(金融工具、长期股权投资和投资性房地产除外)产生的利得或损失和非货币性资产交换中换出非流动资产(金融工具、长期股权投资和投资性房地产除外)产生的利得或损失也包括在本项目内。本项目应根据"资产处置损益"账户的发生额分析填列;如为处置损失,以"－"号填列。

(16)"营业利润"项目,反映企业实现的营业利润。如为亏损,本项目以"－"号填列。

(17)"营业外收入"项目,反映企业发生的除营业利润以外的收益,主要包括与企业日常活动无关的政府补助、盘盈利得、捐赠利得(企业接受股东或股东的子公司直接或间接的捐赠,经济实质属于股东对企业的资本性投入的除外)等。本项目应根据"营业外收入"账户的发生额分析填列。

(18)"营业外支出"项目,反映企业发生的除营业利润以外的支出,主要包括公益性捐赠支出、非常损失、盘亏损失、非流动资产毁损报废损失等。本项目应根据"营业外支出"账户的发生额分析填列。

(19)"利润总额"项目,反映企业实现的利润。如为亏损,本项目以"－"号填列。

(20)"所得税费用"项目,反映企业应从当期利润总额中扣除的所得税费用。本项目应根据"所得税费用"账户的发生额分析填列。

(21)"净利润"项目,反映企业实现的净利润。如为亏损,本项目以"－"号填列。

"(一)持续经营净利润"和"(二)终止经营净利润"项目,分别反映净利润中与持续经营相关的净利润和与终止经营相关的净利润;如为净亏损,以"－"号填列。这两个项目应按照《企业会计准则第42号——持有待售的非流动资产、处置组和终止经营》的相关规定分别列报。

(22)"其他综合收益的税后净额"项目,反映企业根据企业会计准则规定未在损益中确认的各项利得和损失扣除所得税影响后的净额的合计数。综合收益由净利润和其他综合收益构成。其中,其他综合收益(即直接计入所有者权益的利得和损失)是指不应计入当期损益、会导致所有者权益发生增减变动的、与所有者投入资本或者向所有者分配利润无关的利得或者损失。

第一,"重新计量设定受益计划变动额"项目,反映企业重新计量设定受益计划净负债或净资产所产生的变动计入其他综合收益的金额。本项目应根据"其他综合收益"账户的相关明细账户的发生额分析填列。

第二,"权益法下不能转损益的其他综合收益"项目,反映企业按照权益法核算因被投资单位不能重分类进损益的其他综合收益变动,投资企业按持股比例计算确认的其他综合收益金额。本项目应根据"其他综合收益"账户的相关明细账户的发生额分析填列。

第三,"其他权益工具投资公允价值变动"项目,反映企业指定为以公允价值计量且变动计入其他综合收益的非交易性权益工具投资发生的公允价值变动。本项目应根据"其他综合收益"账户的相关明细账户的发生额分析填列。

第四,"企业自身信用风险公允价值变动"项目,反映企业指定为以公允价值计量且变动计入当期损益的金融负债,由企业自身信用风险变动引起的公允价值变动而计入其他综合收益额的金额。本项目应根据"其他综合收益"账户的相关明细账户的发生额分析填列。

第五,"权益法下可转损益的其他综合收益"项目,反映企业按照权益法核算因被投资企业可转损益的其他综合收益额的变动,投资企业按持股比例计算确认的其他综合收益金额。本项目应根据"其他综合收益"账户的相关明细账户的发生额分析填列。

第六,"其他债权投资公允价值变动"项目,反映企业分类为以公允价值计量且变动计入其他综合收益的债权投资发生的公允价值变动。企业将一项以公允价值计量且变动计入其他综合收益的金融资产重分类为以摊余成本计量的金融资产或重分类为以公允价值计量且变动计入当期损益的金融资产时,之前计入其他综合收益的累计利得或损失从其他综合收益中转出的金额作为该项目的减项。本项目应根据"其他综合收益"账户下的相关明细账户的发生额分析填列。

第七,"金融资产重分类计入其他综合收益的金额"项目,反映企业将一项以摊余成本计量的金融资产重分类为以公允价值计量且变动计入其他综合收益的金融资产时,计入其他综合收益的原账面价值与公允价值之间的差额。本项目应根据"其他综合收益"账户下的相关明细账户的发生额分析填列。

第八,"其他债权投资信用减值准备"项目,反映企业按照《企业会计准则第22号——金融工具确认和计量》分类为以公允价值计量且变动计入其他综合收益的金融资产的损失准备。本项目应根据"其他综合收益"账户下"信用减值准备"明细账户的发生额分析填列。

第九,"现金流量套期储备"项目,反映企业套期工具产生的利得或损失中属于套期有效的部分。本项目应根据"其他综合收益"账户下"套期储备"明细账户的发生额分析填列。

第十,"外币财务报表折算差额"项目,反映企业对境外经营的财务报表进行折算时,产生的外币财务报表折算差额计入其他综合收益(合并财务报表中)的金额,企业处置境外经营时自其他综合收益项目转入处置当期损益的金额作为减项。本项目应根据合并财务报表中"其他综合收益"的金额分析填列。

(23)"综合收益总额"项目,反映企业净利润与其他综合收益的合计金额。

(24)"基本每股收益"项目和"稀释每股收益"项目,反映普通股或潜在普通股已公开交易的企业,以及正处于公开发行普通股或潜在普通股过程中的企业的每股收益信息,是投资价值的重要指标,是投资决策最直观最重要的参考依据,这两项指标应当按照《企业会计准则第34号——每股收益》的规定计算填列。

"基本每股收益"项目,只考虑当期实际发行在外的普通股股份,按照归属于普通股股东的当期净利润除以当期实际发行在外普通股的加权平均数计算确定。计算基本每股收益时,分子为归属于普通股股东的当期净利润,即企业当期实现的可供普通股股东分配的净利润或应由普通股股东分担的净亏损金额。发生亏损的企业,每股收益以负数列示。以合并财务报表为基础计算的每股收益,分子应当是归属于母公司普通股股东的当期合并净利润,即扣减少数股东损益后的余额。与合并财务报表一同提供的母公司财务报表中企业自行选择列报每股收益的,以母公司个别财务报表为基础计算的每股收益,分子应当是归属于母公司全部普通股股东的当期净利润。计算基本每股收益时,分母为当期发行在外普通股的加权平均数,即期初发行在外普通股股数根据当期新发行或回购的普通股股数与相应时间权数的乘积进行调整后的股数。其中,作为权数的已发行时间、报告期时间和已回购时间通常按天数计算,在不影响计算结果合理性的前提下,也可以采用简化的计算方法,如按月数计算。公司库存股不属于发行在外的普通股,且无权参与利润分配,应当在计算分母时扣除。

相关思考7-2

某企业2×24年"主营业务收入"账户贷方发生额是2 000万元、借方发生额为退货50万元,发生现金折扣50万元,"其他业务收入"账户贷方发生额100万元,"其他业务成本"账户借方发生额为80万元,那么该企业利润表中"营业收入"项目填列的金额为(　　)万元。

A. 2 000　　　　B. 2 050　　　　C. 2 100　　　　D. 2 070

相关思考7-2解析:

该企业利润表中"营业收入"项目填列的金额为2 000万元(2 000－50－50＋100)。故选项A正确。

(三)"上期金额"栏的列报方法

利润表各项目均需填列"本期金额"和"上期金额"两栏。其中,"上期金额"栏内各项数字,应根据上年该期利润表的"本期金额"栏内所列数字填列。如果上年该期利润表规定的各个项目的名称和内容同本期不相一致,应对上年该期利润表各项目的名称和数字按本期的规定进行调整,填入利润表"上期金额"栏内。

(四)"本期金额"栏的列报方法

"本期金额"栏内各期数字,除"基本每股收益"和"稀释每股收益"项目外,应当按照相关账户的发生额分析填列。例如,"营业收入"项目,根据"主营业务收入""其他业务收入"账户的发生额分析计算填列;"营业成本"项目,根据"主营业务成本""其他业务成本"账户的发生额分析计算填列。

【例7-4】 琴岛有限责任公司2×24年度利润表账户本年累计发生额如表7-7所示。

表7-7　　　　　　　　2×24年度利润表账户本年累计发生额　　　　　　　　单位:元

账户名称	借方发生额	贷方发生额
主营业务收入		770 680.75
其他业务收入		150 000.00
主营业务成本	595 797.35	
其他业务成本	50 000.00	
税金及附加	18 454.13	
销售费用	17 196.00	
管理费用	36 832.85	
财务费用	9 382.51	
投资收益		10 000.00
营业外收入		10 000.00
营业外支出	5 000.00	
所得税费用	52 004.48	

根据表 7-7 所述资料,编制琴岛有限责任公司 2×24 年度利润表(表 7-8)。

表 7-8 利润表

编制单位:琴岛有限责任公司　　　　　2×24 年度　　　　　　　　　　　单位:元

项目	本期金额	上期金额
一、营业收入	920 680.75	830 820.28
减:营业成本	645 797.35	547 537.00
税金及附加	18 454.13	17 056.25
销售费用	17 196.00	19 187.00
管理费用	36 832.85	311 77.90
研发费用		
财务费用	9 382.51	9 302.08
其中:利息费用	10 382.51	10 202.08
利息收入	1 000.00	900.00
加:其他收益		
投资收益(损失以"一"号填列)	10 000.00	500.00
其中:对联营企业和合营企业的投资收益		
以摊余成本计量的金融资产终止确认收益(损失以"一"号填列)		
净敞口套期收益(损失以"一"号填列)		
公允价值变动收益(损失以"一"号填列)		
信用减值损失(损失以"一"号填列)		
资产减值损失(损失以"一"号填列)		
资产处置收益(损失以"一"号填列)		
二、营业利润(亏损以"一"号填列)	203 017.91	207 060.05
加:营业外收入	10 000.00	15 000.00
减:营业外支出	5 000.00	20 000.00
三、利润总额(亏损总额以"一"号填列)	208 017.91	202 060.05
减:所得税费用	52 004.48	50 515.01
四、净利润(净亏损以"一"号填列)	156 013.43	151 545.04
(一)持续经营净利润(净亏损以"一"号填列)		
(二)终止经营净利润(净亏损以"一"号填列)		
五、其他综合收益的税后净额	(略)	

(续表)

项目	本期金额	上期金额
（一）不能重分类进损益的其他综合收益		
1. 重新计量设定受益计划变动额		
2. 权益法下不能转损益的其他综合收益		
3. 其他权益工具投资公允价值变动		
4. 企业自身信用风险公允价值变动		
……		
（二）将重分类进损益的其他综合收益		
1. 权益法下可转损益的其他综合收益		
2. 其他债权投资公允价值变动		
3 金融资产重分类计入其他综合收益的金额		
4. 其他债权投资信用减值准备		
5. 现金流量套期		
6. 外币财务报表折算差额		
……		
六、综合收益总额	（略）	
七、每股收益：	（略）	
（一）基本每股收益		
（二）稀释每股收益		

第四节 现金流量表

一、现金流量表的定义及内容

现金流量表是反映企业在一定会计期间现金和现金等价物流入和流出的报表。编制现金流量表的主要目的是为财务报表使用者提供企业一定会计期间内现金和现金等价物流入和流出的信息，以便于财务报表使用者了解和评价企业获取现金和现金等价物的能力，并据以预测企业未来的现金流量。

现金流量指企业现金和现金等价物的流入和流出。根据企业业务活动的性质和现金流量的来源，《企业会计准则第31号——现金流量表》将企业一定期间产生的现金流量分为经营活动现金流量、投资活动现金流量和筹资活动现金流量三类。

（一）经营活动产生的现金流量

经营活动是指企业投资活动和筹资活动以外的所有交易和事项。各类企业由于行业特

7-7 视频：
现金流量表
的概念

点不同,对经营活动的认定存在一定差异。对工商企业而言,经营活动主要包括销售商品、提供劳务、购买商品、接受劳务、支付税费等。

通常情况下,经营活动产生的现金流入项目主要有:销售商品、提供劳务收到的现金;收到的税费返还;收到的其他与经营活动有关的现金。经营活动产生的现金流出项目主要有:购买商品、接受劳务支付的现金;支付给职工以及为职工支付的现金;支付的各项税费;支付的其他与经营活动有关的现金。

(二)投资活动产生的现金流量

投资活动是指企业长期资产的购建和不包括在现金等价物范围内的投资及其处置活动。这里所讲的投资活动,既包括实物资产投资,又包括金融资产投资。这里之所以将"包括在现金等价物范围内的投资"排除在外,是因为已经将包括在现金等价物范围内的投资视同现金。

通常情况下,投资活动产生的现金流入项目主要有:收回投资所收到的现金;取得投资收益所收到的现金;处置固定资产、无形资产和其他长期资产所收回的现金净额;收到的其他与投资活动有关的现金。投资活动产生的现金流出项目主要有:购建固定资产、无形资产和其他长期资产所支付的现金;投资所支付的现金;支付的其他与投资活动有关的现金。

(三)筹资活动产生的现金流量

筹资活动是指导致企业资本及债务规模和构成发生变化的活动。这里所说的债务,是指对外举债,包括向银行借款、发行债券以及偿还债务等。通常情况下,应付账款、应付票据等属于经营活动,不属于筹资活动。

通常情况下,投资活动产生的现金流入项目主要有:吸收投资所收到的现金;取得借款所收到的现金;收到的其他与筹资活动有关的现金。筹资活动产生的现金流出项目主要有:偿还债务所支付的现金;分配股利、利润或偿付利息所支付的现金;支付的其他与筹资活动有关的现金。

二、现金流量表的编制基础

现金流量表以现金及现金等价物为编制基础,按照收付实现制原则编制,将权责发生制下的盈利信息调整为收付实现制下的现金流量信息。

(一)现金

现金是指企业库存现金以及可以随时用于支付的存款。不能随时用于支付的存款不属于现金。现金主要包括:

(1)库存现金。库存现金是指企业持有可随时用于支付的现金,与"库存现金"账户的核算内容一致。

(2)银行存款。银行存款是指企业存入金融机构、可以随时用于支取的存款,与"银行存款"账户核算内容基本一致,但不包括不能随时用于支付的存款。例如,不能随时支取的定期存款等不应作为现金;提前通知金融机构便可支取的定期存款应包括在现金范围内。

(3)其他货币资金。其他货币资金是指存放在金融机构的外埠存款、银行汇票存款、银行本票存款、信用卡存款、信用证保证金存款和存出投资款等,与"其他货币资金"账户核算内容一致。

（二）现金等价物

现金等价物虽然不是现金,但其支付能力与现金的差别不大,可视为现金。例如,企业为保证支付能力,手持必要的现金,为了不使现金闲置,可以购买短期债券,在需要现金时,随时可以变现。

现金等价物是指企业持有的期限短、流动性强、易于转换为已知金额现金、价值变动风险很小的投资。其中,"期限短"一般是指从购买日起 3 个月内到期。期限短、流动性强,强调了变现能力;而易于转换为已知金额的现金、价值变动风险很小,则强调了支付能力的大小。现金等价物通常包括 3 个月内到期的短期债券投资。权益性投资变现的金额通常不确定,因而不属于现金等价物。

（三）现金及现金等价物范围的确定和变更

不同企业现金及现金等价物的范围可能不同。企业应当根据其经营特点等具体情况,确定现金及现金等价物的范围。商业银行与一般工商企业的现金及现金等价物的范围可能不同。例如,某商业银行的现金及现金等价物包括库存现金、存放中央银行可随时支取的备付金、存放同业款项、拆放同业款项、同业间买入返售证券、短期国债投资等。

根据《企业会计准则第 31 号——现金流量表》及其指南的规定,企业应当根据具体情况,确定现金及现金等价物的范围,一经确定不得随意变更。如果发生变更,应当按照会计政策变更处理。

三、现金流量表的结构

我国企业现金流量表采用报告式结构,分类反映经营活动产生的现金流量、投资活动产生的现金流量和筹资活动产生的现金流量,最后汇总反映企业某一期间现金及现金等价物的净增加额。现金流量表的格式如表 7-9 所示。

表 7-9　　　　　　　　　　　　现金流量表

编制单位：　　　　　　　　　　　　年　　月　　　　　　　　　　　　单位：元

项目	本期金额	上期金额
一、经营活动产生的现金流量：		
销售商品、提供劳务收到的现金		
收到的税费返还		
收到其他与经营活动有关的现金		
经营活动现金流入小计		
购买商品、接受劳务支付的现金		
支付给职工以及为职工支付的现金		
支付的各项税费		
支付其他与经营活动有关的现金		
经营活动现金流出小计		

(续表)

项目	本期金额	上期金额
经营活动产生的现金流量净额		
二、投资活动产生的现金流量：		
收回投资收到的现金		
取得投资收益收到的现金		
处置固定资产、无形资产和其他长期资产收回的现金净额		
处置子公司及其他营业单位收到的现金净额		
收到其他与投资活动有关的现金		
投资活动现金流入小计		
购建固定资产、无形资产和其他长期资产支付的现金		
投资支付的现金		
取得子公司及其他营业单位支付的现金净额		
支付其他与投资活动有关的现金		
投资活动现金流出小计		
投资活动产生的现金流量净额		
三、筹资活动产生的现金流量：		
吸收投资收到的现金		
取得借款收到的现金		
收到其他与筹资活动有关的现金		
筹资活动现金流入小计		
偿还债务支付的现金		
分配股利、利润或偿付利息支付的现金		
支付其他与筹资活动有关的现金		
筹资活动现金流出小计		
筹资活动产生的现金流量净额		
四、汇率变动对现金及现金等价物的影响		
五、现金及现金等价物净增加额		
加：期初现金及现金等价物余额		
六、期末现金及现金等价物余额		

资产负债表、利润表与现金流量表之间的"勾稽关系"

资产负债表与现金流量表之间的关系主要是资产负债表的现金、银行存款和其他货币资金等项目的期末数减去期初数,应该等于现金流量表最后的现金及现金等价物净流量。资产负债表是一个时点报表,现金流量表是一个时期报表。

至于利润表与现金流量表之间的关系要通过很多的运算才可以说明,比较复杂。要注意的是,这两张报表,有它们的相同之处,也有它们的不同之处。所谓相同之处就是,它们都是时期报表,即反映一段时期内的一些活动情况,它们一个是反映一段时期内的利润情况,另一个是反映一段时期内的现金流量情况。所谓不同之处就是,它们的编制基础不同。在会计上,对经济活动有两种不同的处理方法,一种处理方法叫收付实现制,就是真正收到钱,才叫收入,在会计上才确定收入,真正支付钱时,才叫支出,在会计上才确定为成本费用,而无论这笔钱是不是应该由收付的当时期间负担;另一种处理方法叫权责发生制,与收付实现制正好相反,就是在会计上确定收入和成本费用时,不是看是不是真正收到或支出的钱,而是看这些收入和支出是不是"应该"由当期负担,不由当期负担的,就不确定,而是等到应该负担的期间再确认。

第五节 所有者权益变动表

一、所有者权益变动表的概念

所有者权益变动表是反映构成所有者权益的各组成部分当期的增减变动情况的报表。

所有者权益变动表应当全面反映一定时期所有者权益变动的情况,不仅包括所有者权益总量的增减变动,还包括所有者权益增减变动的重要结构性信息,特别是要反映直接计入所有者权益的利得和损失,让报表使用者准确理解所有者权益增减变动的根源。

二、所有者权益变动表的结构

在所有者权益变动表上,企业至少应当单独列示反映下列信息的项目:①综合收益总额。②会计政策变更和差错更正的累积影响金额。③所有者投入资本和向所有者分配利润等。④提取的盈余公积。⑤所有者权益各组成部分的期初和期末余额及其调节情况。

所有者权益变动表以矩阵的形式列示:一方面,列示导致所有者权益变动的交易或事项,即所有者权益变动的来源,对一定时期所有者权益的变动情况进行全面反映;另一方面,按照所有者权益各组成部分(即实收资本、资本公积、其他综合收益、盈余公积、未分配利润和库存股)列示交易或事项对所有者权益各部分的影响。所有者权益变动表的具体格式如表7-10所示。

表 7-10

所有者权益变动表

年度

编制单位：　　单位：元

项目	本年金额										上年金额									
	实收资本（或股本）	其他权益工具		资本公积	减：库存股	其他综合收益	专项储备	盈余公积	未分配利润	所有者权益合计	实收资本（或股本）	其他权益工具		资本公积	减：库存股	其他综合收益	专项储备	盈余公积	未分配利润	所有者权益合计
		优先股	永续债									优先股	永续债							
一、上年年末余额																				
加：会计政策变更																				
前期差错更正																				
其他																				
二、本年年初余额																				
三、本年增减变动金额（减少以"-"号填列）																				
（一）综合收益总额																				
（二）所有者投入和减少资本																				
1. 所有者投入的普通股																				
2. 其他权益工具持有者投入资本																				
3. 股份支付计入所有者权益的金额																				

财务报告 第七章

（续表）

项目	本年金额										上年金额									
	实收资本（或股本）	其他权益工具			资本公积	减：库存股	其他综合收益	专项储备	盈余公积	未分配利润	所有者权益合计	实收资本（或股本）	其他权益工具			资本公积	减：库存股	其他综合收益	专项储备	盈余公积	未分配利润	所有者权益合计
		优先股	永续债	其他									优先股	永续债	其他							
4.其他																						
（三）利润分配																						
1.提取盈余公积																						
2.对所有者（或股东）的分配																						
3.其他																						
（四）所有者权益内部结转																						
1.资本公积转增资本（或股本）																						
2.盈余公积转增资本（或股本）																						
3.盈余公积弥补亏损																						
4.设定受益计划变动额结转留存收益																						
6.其他																						
四、本年年末余额																						

第六节 附 注

一、附注概述

(一) 附注的定义

附注是对资产负债表、利润表、现金流量表和所有者权益变动表等报表中列示项目的文字描述或明细资料,以及对未能在这些报表中列示项目的说明等。

(二) 附注披露的基本要求

《企业会计准则第 30 号——财务报表列报》对附注的披露要求是对企业附注披露的最低要求,应当适用于所有类型的企业,企业还应当按照各项具体会计准则的规定在附注中披露相关信息。附注披露的基本要求如下:

(1) 附注披露的信息应是定量、定性信息的结合,从而能从量和从质两个角度对企业经济事项完整地进行反映,也才能满足信息使用者的决策需求。

(2) 附注应当按照一定的结构进行系统合理的排列和分类,有顺序地披露信息。由于附注的内容繁多,因此更应按逻辑顺序排列,分类披露,条理清晰,具有一定的组织结构,以便于使用者理解和掌握,以更好地实现财务报表的可比性。

(3) 附注相关信息应当与资产负债表、利润表、现金流量表和所有者权益变动表等报表中列示的项目相互参照,以有助于使用者联系相关联的信息,并由此从整体上更好地理解财务报表。

(三) 附注的形式

附注的形式灵活多样,常见的有以下四种:

(1) 括弧说明。它常用于为财务报表主体内提供补充信息,因为它把补充信息直接纳入财务报表主体,所以比起其他形式来,显得更直观,不易被人忽视,缺点是它包含内容过短。

(2) 尾注说明。它是附注的主要形式,一般适用于说明内容较多的项目。

(3) 脚注说明。它是指在报表下端进行的说明,如说明已贴现的商业承兑汇票和已包括在固定资产原价内的租入的固定资产原价等;备抵与附加账户,在财务报表中单独列示,能够为财务报表使用者提供更多有意义的信息。

(4) 补充说明。有些无法列入财务报表主体中的详细数据、分析资料,可用单独的补充报表进行说明,如可利用补充报表的形式来揭示关联方的关系和交易等内容。

二、附注的内容

按照《企业会计准则第 30 号——财务报表列报》的规定,附注一般应当至少披露以下几点:

(1) 企业的基本情况:①企业注册地、组织形式和总部地址。②企业的业务性质和主要经营活动。③母公司以及集团最终母公司的名称。④财务报表的批准报出者和财务报告批准报出日,或者以签字人及其签字日期为准。⑤营业期限有限的企业,还应当披露有关其营业期限的信息。

(2) 财务报表的编制基础。
(3) 遵循企业会计准则的声明。
(4) 重要会计政策和会计估计。
(5) 会计政策和会计估计变更以及差错更正的说明。
(6) 报表重要项目的说明。企业应当按照资产负债表、利润表、现金流量表和所有者权益变动表及其项目列示的顺序,采用文字和数字描述相结合的方式对报表的重要项目进行披露说明。报表重要项目的明细金额的合计,应当与报表项目金额相衔接。在披露顺序上,一般应当按照资产负债表、利润表、现金流量表、所有者权益变动表的顺序及其项目列示的顺序。
(7) 其他需要说明的重要事项。
(8) 有助于财务报表使用者评价企业管理资本的目标、政策及程序的信息。

第七节 财务报表分析

财务报表分析是指以财务报告资料及其他相关资料为依据和起点,采用专门的分析技术和方法,对企业等经济组织过去和现在的有关筹资活动、投资活动、经营活动的盈利能力、营运能力、偿债能力和增长能力进行分析和评价。财务报表分析的产生与发展是社会经济发展对财务分析信息需求与供给共同作用的结果。财务报表分析的演进是与财务分析主体的需求变化及财务报告的发展变化紧密联系在一起的。财务报表分析在不同的应用领域有不同的主体,其进行财务报表分析的目的是不同的,所关注的问题也是不同的,从而导致财务报表分析的作用也不尽相同。

一、财务报表分析的主体与目的

(一) 财务报表分析的主体

财务报表分析的主体是指与企业存在一定现实或潜在的利益关系,为特定目的而对企业的财务状况、经营成果和现金流量情况等进行分析的单位、团体或个人。企业财务报表分析根据分析主体的不同可分为内部分析和外部分析。内部分析是由企业内部有关经营管理人员所进行的财务分析;外部分析是由企业投资者、债权人或其他与企业有利害关系的人及代表公众利益的社会中介服务机构等所进行的财务报表分析。上述机构和人员共同构成了企业财务报表分析的主体。

(二) 财务报表分析的目的

财务报表分析的目的是其内在的本质要求,而财务报表分析的作用则是其目的的外在体现,是不同财务信息使用者所赋予的。不同信息使用者所关注的财务报表分析结论是不同的,因此,财务报表分析对于他们的作用也就不同。

1. 从企业股权投资者的角度看财务报表分析的目的

企业的股权投资者包括企业的所有者和潜在投资者,他们进行财务报表分析的最根本目的是看企业的盈利能力状况,因为盈利能力是投资者资本保值和增值的关键。但是投资者仅关心盈利能力还是不够的,为了确保资本保值增值,他们还应研究企业的权益结构、支付能力和营运状况。只有投资者认为企业有着良好的发展前景,企业的所有者才会保持或增加投资，潜在投资者才能把资金投向该企业。否则，企业所有者将会尽可能地抛售股权，潜在投资者将会转向其他企业投资。另外，对企业所有者而言，财务报表分析也能评价企业经营者的经营业绩，发现经营过程中存在的问题，企业所有者可以通过行使股东权利，为企业未来发展指明方向。

2. 从企业经营者的角度看财务报表分析的目的

企业经营者主要指企业的经理以及各分厂、部门、车间等的管理人员。他们进行财务报表分析的目的是综合的、多方面的。从对企业所有者负责的角度，企业经营者也关心企业的盈利能力，这是他们的总体目标。但是，在财务报表分析中，他们关心的不仅仅是盈利的结果，还包括盈利的原因及过程，如资产结构分析、营运状况与效率分析、经营风险与财务风险分析、支付能力与偿债能力分析等。这种分析的目的是及时发现生产经营中存在的问题与不足，并采取有效措施解决这些问题，使企业不仅用现有资源盈利更多，而且使企业盈利能力保持持续增长。

3. 从企业债权者的角度看财务报表分析的目的

企业债权者包括企业借款的银行和一些金融机构，以及购买企业债券的单位与个人等。债权者进行财务报表分析的目的与经营者和投资者都不同，银行等债权人一方面从各自经营或收益目的出发愿意将资金贷给某企业，另一方面又要非常小心地观察和分析该企业有无违约或清算破产的可能性。一般地说，银行、金融机构和其他债权人不仅要求本金的及时收回，还要得到相应的报酬或收益，而这个收益的大小又与其承担的风险程度相适应，通常偿还期越长，风险越大。因此，从债权人的角度进行财务报表分析的主要目的，一是看其对企业的借款或其他债权是否能及时、足额收回，即研究企业偿债能力的大小；二是看债务者的收益状况与风险程度是否相适应，为此，还应将偿债能力分析与盈利能力分析相结合。

4. 其他财务报表分析的目的

其他财务报表分析的主体或服务对象主要指企业内部员工、与企业经营有关的企业单位和国家行政管理与监督部门。

企业内部员工不但关心企业目前的经营状况和盈利能力，而且也关心企业未来的发展前景，他们也需要通过财务报表分析的结果来获取信息。此外，企业内部员工要通过财务报表分析知晓自己将会获得怎样的成果，企业和本部门的指标是否完成，了解工资、奖金和福利变动的原因，以及企业的稳定性和职业保障程度等。

7-8：扫一扫，练一练

与企业经营有关的企业单位主要指材料供应者、产品购买者等。这些企业单位出于保护自身利益的需要，也非常关心往来企业的财务状况，从而进行财务报表分析。他们进行财务报表分析的主要目的在于搞清企业的信用状况，包括商业上的信用和财务上的信用。商业信用指按时、按质完成各种交易行为；财务信用则指及时清算各种款项。企业信用状况分析，首先可通过对企业支付能力和偿债能力的评价进行；其次可根据对企业利润表中反映的企业交易完成情况进行分析判断来说明。

7-9：扫一扫，练一练答案

国家行政管理与监督部门主要指工商、财政、税务以及审计等部门。它们进行财务报表分析的目的，一是监督、检查党和国家的各项经济政策、法规、制度在企业单位的执行情况；二是保证企业财务会计信息和财务分析报告的真实性、准确性，为宏观决策提供可靠信息。

二、财务报表分析的基本方法

财务报表分析的方法多种多样,在实际工作中应根据分析主体的具体目的和资料的实际特征进行选择确定。财务报表分析的一般方法概括起来主要有比较分析法、比率分析法、趋势分析法和因素分析法。

(一)比较分析法

比较分析法是指通过比较两个或两个以上相关的财务数据,以绝对数和相对数的形式,来解释财务数据之间的相互关系。通过对比,分析者确定成绩,发现差异,揭露问题,分析原因,总结经验教训,提出改进措施。比较分析法是财务报表分析工作中最基本的、经常使用的技术方法。在实际工作中,主要从以下三个方面进行比较分析。

1. 本期实际完成数与预算数相比较

通过对比,分析、评价企业预算的完成情况,进一步分析其原因。其计算公式为:

$$实际完成数比预算增减数 = 实际完成数 - 预算数$$

2. 本期实际数与上期、过去同期或特定时期的实际数相比较

通过分析对比,了解不同时期事物的变化情况,发现问题,从中探索其发展变化的规律,有助于吸取经验,改进工作。其计算公式为:

$$本期实际数比上期或过去同期实际数增减数 = 本期实际数 - 上期或过去同期实际数$$

3. 本单位与其他单位同类型指标比较

在同类型单位之间对相同指标进行比较,可以发现先进与后进的差距,有利于各有关单位取长补短,共同提高。比较分析法是从数字上找出差距,为改进工作、挖掘内部潜力、超额完成任务提供可靠的数据资料。但是,在实际运用中要注意财务指标的可比性,否则,就会失去意义,甚至产生误导作用。为此,在进行比较分析时要求,一是在性质上同类,不同类型的企业,其相关的财务指标则是不可比的;二是在范围上一致,即相比较的财务指标所代表的主体范围应基本相同;三是在时间上相同,即相比较的财务指标所代表的时期是相同的,如都是采用年度指标或季度指标等。只有用于比较的指标保持相同的口径,比较才有意义。

此外,在比较过程中,还应该注重绝对数指标与相对数指标的有机结合。单纯注重绝对数指标或单纯看重相对数指标的做法常常是不可取的,也容易造成分析结果的失误。例如,假设甲公司去年全年实现税后净利润260万元,而乙公司实现税后净利润500万元。倘若仅仅看其净利润这一绝对数指标,显然会认为乙公司盈利水平远高于甲公司。然而,如果结合公司规模或公司所占用的资源去分析,结果可能将有所改变。在此例中,假设甲公司实现税后净利润260万元,其所占用的全部经济资源(资产总额)为1 000万元,即其资产净利润率高达26%,而乙公司所实现的税后净利润500万元,依靠的是对5 000万元资产的占用,则其资产净利润率仅为10%。显然,就有限资源的盈利效果而言,甲公司明显强于乙公司。

(二)比率分析法

比率分析法是指把某些彼此存在关联的财务指标加以对比,计算出比率,据以确定经济活动变动程度的分析方法。比率是相对数,采用这种方法,能够把某些条件下的不可比指标变为可比指标,利于分析。

1. 相关比率分析

相关比率是以两个相互联系但又不同的财务指标相除求得的。以两个指标的相除求得的比率,也就是通常所说的相对指标。利用相关比率指标,可以考察有联系的相关业务安排得是否合理,以保障企业的业务活动能够顺畅进行。例如,负债除以资产得出资产负债率,可以分析、考核企业负债及利用资金的效益情况。

2. 构成比率分析

构成比率又称结构比率,是以某项财务指标的某个组成部分的数据除以该项财务指标的总和数据求得的,也就是通常所说的比重。所以,构成比率分析就是比重分析。使用构成比率,可以考察总体中某个部分的形成和安排是否合理,以便协调各项财务活动。例如,对企业资产总额构成进行动态分析,即分析计算出每年的流动资产、固定资产、无形资产等各项目占总资产的比重,通过分析比较可以揭示企业资产结构的变化趋势及其原因。

3. 效率比率分析

效率比率是某项经济指标所费与所得的比率,反映投入与产出的关系。利用效率比率分析,可以进行得失比较,考察经营成果,评价经济效益。如将某些企业投资项目与成本、利润、资本等加以对比,可计算出投资利润率、资本利润率、成本利润率等,可以从不同角度观察比较企业财务管理能力等。

比率分析法的优点是计算简便,计算结果容易判断。但是使用这一方法时,应注意:一是对比指标的相关性。计算比率的子项和母项必须具有相关性,把不相关的指标进行对比是没有意义的。二是对比口径的一致性。计算比率的子项和母项必须在计算时间、范围等方面保持口径一致。三是衡量标准的科学性。运用比率分析,需要选用一定的标准与之对比,以便对企业的财务状况作出评价。通常而言,科学、合理的对比标准有预定目标(如预算指标、计划指标、定额指标等)、历史标准(如上期实际、上年同期实际、历史先进水平等)、行业标准(如主管部门颁布的标准、企业同行业平均水平等)、公认标准。

(三) 趋势分析法

趋势分析法又称水平分析法,是指将两期或连续数期财务报告中相同指标进行对比,确定其增减变动的方向、数额和幅度,以说明企业财务状况或投资效果的变动趋势的一种方法。采用这种方法,可以分析引起变化的主要原因、变动的性质,并预测企业未来的发展前景。

1. 趋势分析法的原理

趋势分析法的一般步骤如下:

(1) 计算趋势比率或指数。趋势指数的计算通常有两种方法:一是定基指数。二是环比指数。定基指数就是各个时期的指数都是以某一固定时期为基期来计算的,环比指数则是各个时期的指数以前一期为基期来计算的。趋势分析法通常采用定基指数。两种指数的计算公式分别如下:

$$定基指数 = \frac{某一分析期某指标数据}{固定基期某指标数据} \times 100\%$$

$$环比指数 = \frac{某一分析期某指标数据}{前期某指标数据} \times 100\%$$

(2) 根据指数计算结果,评价与判断企业该指标的变动趋势及其合理性。

(3) 预测未来的发展趋势。根据企业分析期该项目的变动情况,研究其变动趋势或总结其变动规律,从而可预测出企业该项目的未来发展情况。

2. 趋势分析法的应用

应用趋势分析法,需要注意以下几点:

(1) 比较的指标,既可以直接针对财务报表的项目,又可以针对财务指标,如净资产收益率、流动比率、资产负债率等,还可以针对结构比重。

(2) 比较的形式,除计算定基指数或环比指数以外,财务报表使用者还可以不加以处理,直接采用趋势分析图的形式进行比较分析,这样更加直观。

(3) 比较的基础,财务报表使用者需要注意当某项目基期为零或负数时就不能计算趋势指数,因为这样比较会失去实际意义,此时可以采用趋势分析图的形式。

(4) 对计算趋势指数的财务报表数据,财务报表使用者同样要注意比较前后期的会计政策、会计估计的一致性,如果会计政策、会计估计不一致,那么趋势指数也会失去比较的实际意义。

(5) 对分析结果,财务报表使用者需要注意排除偶然性或意外性因素的影响。对健康发展的企业而言,其发展规律通常应该是稳步上升或下降的趋势(视分析项目不同而定),但有可能由于一些偶然性或意外性的因素,在某一分析期出现背离整个发展趋势的情形,此时财务报表使用者应该深入分析其是否受一些偶然性或意外性因素的影响,从而对企业该项目的真实发展趋势作出合理判断。

(四) 因素分析法

应用比较分析法和比率分析法,可以确定财务报表中各项经济指标变动而产生的差异。至于差异形成的原因及各种原因对差异形成的影响程度,则需要进一步应用因素分析法来进行具体分析。

因素分析法也称因素替换法,是指用来确定几个相互联系的因素对某个分析对象(即综合财务指标或经济指标)的影响程度的一种分析方法。采用这种方法的出发点在于,当有若干因素对分析对象发生作用时,假定其他因素都无变化,顺序确定每一个因素单独变化所产生的影响。因素分析是通过分析影响财务指标的各项因素,并计算其对指标的影响程度,用以说明本期实际与计划或基期相比财务指标发生变动或差异产生原因的一种分析方法。因素分析法适用于多种因素构成的综合性指标的分析。

因素分析法的一般计算程序如下:

(1) 列出各个因素的预算数和实际数。

(2) 依次以每个因素的实际数替换预算数,有几个因素就替换几次,直到所有因素都由预算数替换成实际数,并计算出"替换指标"。然后,将各次替换后与替换前的指标相比较,两者的差额就是某一因素对预算完成结果的影响程度。

(3) 将各个因素的影响值相加,即实际数与预算数之间的总差额。

设某一经济指标 P 是由相互联系的 A、B、C 三个因素组成,基准指标和实际指标的公式是:

$$基准指标\ P_0 = A_0 \times B_0 \times C_0$$
$$实际指标\ P_1 = A_1 \times B_1 \times C_1$$

该指标实际脱离基准的差异(P_1-P_0),可能同时受上列三因素变动的影响。在测定各个因素的变动对指标 P 的影响程度时可顺序计算如下:

$$基准指标\ P_0 = A_0 \times B_0 \times C_0 \qquad (7-1)$$

$$第一项替代\ P_2 = A_1 \times B_0 \times C_0 \qquad (7-2)$$

$$第二项替代\ P_3 = A_1 \times B_1 \times C_0 \qquad (7-3)$$

$$第三项替代\ P_1(即实际指标) = A_1 \times B_1 \times C_1 \qquad (7-4)$$

据此测定的结果:

式(7-2)—式(7-1)=P_2-P_0 是由于 A 变动的影响。

式(7-3)—式(7-2)=P_3-P_2 是由于 B 变动的影响。

式(7-4)—式(7-3)=P_1-P_3 是由于 C 变动的影响。

把各因素变动的影响程度综合起来,则:

$$(P_1-P_3)+(P_3-P_2)+(P_2-P_0)=P_1-P_0$$

分析结果与分析对象(实际指标与基准指标的差异)相符合。

连环替代法在财务报表分析中是运用较为广泛的一种方法,它既可以全面分析每个因素对某一经济指标的影响,又可以单独分析某个因素对某一经济指标的影响。连环替代法具有这样的特点:第一,每次顺序替代一个因素。当测定每一因素的影响程度时,是以以前各个因素已变、而以后各个因素不变为条件的。第二,每一个中间环节都连续重复比较两次,形成一系列比较的联环结。由于这些特点,运用连环替代法时必须正确分解指标,并确定正确的替代顺序,这样才能使分析结果明确,区分经济责任,并得出正确的结论。

三、财务比率分析

(一)偿债能力比率

偿债能力比率是反映企业用现有资产偿还债务的能力的比率,用于分析企业目前是否存在不能偿还债务的风险。短期偿债能力比率主要包括流动比率和速动比率;长期偿债能力主要包括资产负债率和股东权益比率等。

1. 流动比率

流动比率是指企业流动资产与流动负债的比率。其计算公式为:

$$流动比率 = \frac{流动资产}{流动负债} \times 100\%$$

流动比率是衡量企业短期偿债能力的最基本、最通用的指标,表明某一时点企业每 1 元流动负债所对应的可用于偿付的流动资产量,反映企业在短期债务到期时其流动资产可变现用于偿还流动负债的能力。从一般经验看,流动比率应达到 200% 以上。

对流动比率的分析,也可从静态和动态两方面进行。从静态上分析,就是计算并分析某一时点的流动比率,同时可将其与同行业的平均流动比率进行比较;从动态上分析,就是将不同时点的流动比率进行对比,研究变动的特点及合理性。

【例 7-5】 根据表 7-4,运用流动比率指标对琴岛有限责任公司 2×24 年偿债能力进行分析。

期末流动比率 = 695 383.62 ÷ 754 012.43 × 100% = 92.22%
期初流动比率 = 747 165.47 ÷ 601 177.97 × 100% = 124.28%

根据上述计算可知,琴岛有限责任公司2×24年期初流动比率为124.28%,偿债能力一般;期末流动比率为92.22%,偿债能力趋于下降。如果按照经验标准来判断,该公司无论是期初还是期末,流动比率都低于200%的水平,表明该公司的偿债能力较弱。

就琴岛有限责任公司流动比率变动的原因进行分析表明,由于期末流动资产降低了6.93%,而期末流动负债增加了25.42%,两者综合作用的结果,使期末流动比率下降了32.06%。

2. 速动比率

速动比率又称酸性实验比率,是企业速动资产与流动负债的比率。其计算公式为:

$$速动比率 = \frac{速动资产}{流动负债} \times 100\%$$

速动资产是指那些"放久了容易变酸的项目(指存货及预付款项)"予以剔除后而剩下的流动资产,包括货币资金、交易性金融资产、应收票据、应收账款、应收利息、应收股利、其他应收款、一年内到期的非流动资产和其他流动资产,不包括存货和预付账款。这主要是因为存货是流动资产中变现速度最慢的资产,变现时要经过销售和收款,变现速度一般比较慢,甚至有可能出现滞销或者被抵押的情况而无法转换为现金;此外,存货还有一个变现价值的问题,其历史成本与可变现净值之间往往存在着较大的差距,使得它无法正确反映实际的变现价值。至于预付账款,本质上属于预付费用,只能减少企业未来时期的现金支出,其流动性实际上是很低的。

当企业流动比率较高时,如果流动资产中可以立即变现用来支付债务的资产较少,其偿债能力也是较差的;反之,即使流动比率较低,但流动资产中的大部分都可以在较短的时间内转化为现金,其偿债能力也很强。所以用速动比率来评价企业的短期偿债能力相对更准确一些。一般认为,速动比率的一般标准为100%,就是说,每1元的流动负债,都有1元几乎可以立即变现的资产来偿付。如果速动比率低于100%,一般认为偿债能力较差,但分析时还要结合其他因素进行评价。

这两个比率是用来衡量一家企业的短期偿债能力的,一般来说,比率越高,流动负债的偿还能力越强,但是这两个比率也不是越高越好,因为流动资产流动性比较强,但是通常收益性差,或者根本没有收益,比如现金。如果一家企业流动资产在资产中的比重过大,就会降低整体盈利能力,所以这两个比率在某种程度上反映了企业的经营能力和经营风格,将这两个比率与企业往年同期的该比率进行比较或者与行业的正常水平进行比较,看是否有较大的变动,并分析这一变动是如何产生的,将有利于了解企业的战略和经营风格。

【例7-6】 根据表7-4,运用速动比率指标对琴岛有限责任公司偿债能力进行分析。

期末速动比率 = (108 284.16 + 50 000 + 30 000 + 300 719.18 + 34 433.25)
÷ 754 012.43 × 100% = 69.42%

期初速动比率 = (106 024.30 + 15 000 + 25 000 + 431 471.44 + 50 000)
÷ 601 177.97 × 100% = 104.38%

从计算结果可以看出,琴岛有限责任公司期末短期偿债能力弱于期初。如果联系到该公司的流动比率,综合加以分析就会更清楚地发现,该公司的偿债能力并不像流动比率指标显示得那样弱。这是因为在该公司的流动资产中,速动资产占有较大比重,期初的速动资产如果能够及时变现,可以偿还所有的流动负债;期末能偿还流动负债的69.42%,当然该公司要想偿付所有的流动负债,还必须变现其他的资产。

3. 杠杆比率

杠杆比率是指企业的负债与所有者间的对比关系,是用来评价企业长期偿债能力和继续举借债务能力的指标。

企业可以用来偿还债务的资金来源除了自身拥有的财产、经营过程中赚取的利润,还包括向外部债权人举借债务所获得的资金,而在评估企业的举债能力的大小时,债权人通常会考虑企业的债务与权益的相对比率。一般来说,企业股东权益与负债的比率越大,企业进一步举债的能力就越大,这是因为债权人在借出资金时要考虑贷款的风险,债务与股东权益的比率越小,企业用来偿还负债的资产越有保障,风险越小。

杠杆比率具体有以下几个:

(1) 资产负债率。资产负债率等于负债总额除以资产总额,表示企业全部资产来源中有多少来源于举借债务。资产负债率也是衡量企业财务风险的主要指标,反映企业的举债经营情况和债权人的安全保障程度。其计算公式为:

$$资产负债率 = \frac{负债总额}{资产总额} \times 100\%$$

资产负债率是对企业负债状况的一个总体反映。资产负债率的高低对企业的债权人和所有者具有不同的意义。对债权人而言,其最关心的是提供给企业的贷款本金和利息能否按期收回。如果负债比率高,说明企业总资产中仅小部分是由股东提供的,而大部分是由债权人提供的,这样一来,企业的风险将主要由债权人承担,这对债权人来说是不利的。所以,债权人希望负债比率越低越好,这样其权益的保障程度就越高。对所有者而言,其最关心的是投入资本的收益率。由于企业债权人投入的资金与企业所有者投入的资金发挥着同样的作用,只要企业的总资产收益率高于借款的利息率,举债越多,即负债比率越大,所有者的投资收益就越大。

一般情况下,企业负债经营规模应控制在一个合理的水平,负债比重应控制在一定的标准内。如果负债比率过高,企业的财务风险将越来越大,对债权人和所有者都会产生不利的影响。该指标为40%~60%较为正常,若超过70%,企业的经营风险就较大,西方国家以70%为警戒线。若该指标小于30%,则表明企业未充分利用财务杠杆的作用来举债经营。

【例7-7】 根据表7-4,计算琴岛有限责任公司的资产负债率。

期末资产负债率 = 854 012.43 ÷ 1 339 155.49 × 100% = 63.77%

期初资产负债率 = 701 177.97 ÷ 1 180 307.60 × 100% = 59.41%

琴岛有限责任公司资产负债率2×24年比2×23年增加了4.36%,表明该公司的债务负担虽略有提高,但偿债能力还是较强的。

(2) 净资产负债率。净资产负债率也称产权比率,是指企业的负债总额与所有者权益总额之间的比率。其计算公式为:

$$净资产负债率 = \frac{负债总额}{所有者权益总额} \times 100\%$$

该指标也是衡量企业长期偿债能力的一个重要指标,它反映了企业清算时,企业所有者权益对债权人利益的保证程度。从偿债能力或债权人的角度看,该指标越低越好,因为净资产负债率越低,所有者权益对负债偿还的保证程度就越大,债权人就越安全。但从企业所有者和经营者角度看,为了扩大生产经营规模和取得财务杠杆利益,适当的负债经营是有益的。一般认为,净资产负债率为100%比较合适。

【例7-8】 根据表7-4,计算琴岛有限责任公司的净资产负债率。

期末净资产负债率 = 854 012.43 ÷ 485 143.06 × 100% = 176.03%

期初净资产负债率 = 701 177.97 ÷ 479 129.63 × 100% = 146.34%

从净资产负债率的计算结果可得出,琴岛有限责任公司的债务负担期末略有提高,偿债能力一般。

(3) 股东权益比率和权益乘数。

第一,股东权益比率是所有者权益同资产总额的比率,反映企业全部资产中有多少是投资人投资形成的。其计算公式为:

$$股东权益比率 = \frac{所有者权益总额}{资产总额} \times 100\% = 1 - 资产负债率$$

这是企业长期偿债能力保证程度的重要指标,该指标越高,说明企业资产中由投资人投资所形成的资产越多,偿还债务的保证越大。从"股东权益比率=1-资产负债率"来看,该指标越大,资产负债率越小。债权人对这一比率是非常感兴趣的,当债权人将其资金借给股东权益比率较高的企业,由于有较多的企业自有资产做偿债保证,债权人全额收回债权就不会有问题,即使企业清算时资产不能按账面价值收回,债权人也不会有太大损失。

第二,权益乘数是股东权益比率的倒数。其计算公式为:

$$权益乘数 = \frac{1}{股东权益比率} = \frac{资产总额}{所有者权益总额} \times 100\% = 1 + 净资产负债率$$

该指标表示企业的股东权益支撑着多大规模的投资,该指标越大,说明企业对负债经营利用得越充足,财务风险也就越大。

除了以上比率,还有利息保障倍数和固定支出保障倍数,这两个指标是用来评价企业的偿债能力的。但这两个比率与上述比率的评价角度是不同的,上述比率是从评价企业偿还债务本金的能力的角度出发,而这两个比率则是从评价企业每年支付利息和固定支出的能力的角度出发,这也是由长期负债的自身特点决定的,长期负债除要求到期偿还本金外,每年还要支付利息,如果企业出现不能及时偿还利息的情况,企业的信誉就会受到影响,企业的举债能力也会受到打击,所以,这两个比率通常也作为评价企业清偿能力的指标。

(4) 利息保障倍数。利息保障倍数是指企业生产经营所获得的息税前利润与利息费用的比率,反映企业经营活动所获得的收益是企业所需支付利息费用的倍数。企业以息税前利润偿还利息费用的能力大小,是衡量长期偿债能力的重要指标。其计算公式为:

$$利息保障倍数 = \frac{息税前正常营业利润}{利息费用} = \frac{营业利润 + 利息费用}{利息费用}$$

上式中的利息费用,包括财务费用中的利息支出和资本化利息。

该指标一般一定会大于1,通常认为,该指标越大越好。一般认为,利息保障倍数反映了企业偿还利息的能力,倍数越大,表明企业还息能力越强。只要该指标大于1,企业即可继续举债。

但是,在短时间内,企业偿还利息的能力应主要取决于企业的现金支付能力,与利息保障倍数无关。实际上,如果利息保障倍数小于1,则表明企业的财务成果不足以回报债权人,从长期来看,将最终损害股东的利益。因此,利息保障倍数的真正作用在于能从股东的角度评价企业当前的借债政策是否有利。

【例 7-9】 根据表 7-8,计算琴岛有限责任公司的利息保障倍数。

$$期末利息保障倍数 = (203\,017.91 + 10\,382.51) \div 10\,382.51 = 20.55$$
$$期初利息保障倍数 = (207\,060.05 + 10\,202.08) \div 10\,202.08 = 21.3$$

可见,琴岛有限责任公司 2×23 年生产经营所得是支付利息的 21.3 倍。2×24 年利息保障倍数降低到 20.55 倍,支付利息的保障程度有一定的降低。2×24 年利息保障倍数降低的主要原因是本年的生产经营业绩较差。

(5) 固定费用保障倍数。固定费用保障倍数是进一步考虑了租赁费用等固定费用支出所形成的反映长期偿债能力的指标。其计算公式为:

$$固定费用保障倍数 = \frac{息税前正常营业利润 + 折旧 + 租赁费用}{利息费用 + 租赁费用 + 偿还本金额 \div (1 - 所得税税率)}$$

该指标考虑到企业中除了利息费用,还有一些固定的费用支出,即无论企业是否盈利都会发生的支出,如优先股的股利、为了保证到期偿还债务而设立的偿债基金、要求每年提取的费用等。在计算该指标时必须注意的是,如果是税后支付的固定费用,如优先股股利,要折算成税前的数值进行计算。用该指标评价企业的偿债能力比利息保障倍数更保守、更稳健。

(二) 盈利能力比率

对企业报表的使用者来说,最关心的通常是企业赚取利润的能力。企业如果有足够的利润,就可以偿还债务、支付股利和进行投资等。评价企业盈利能力的指标有很多,主要有两类:一类是经营活动赚取利润的能力;另一类是企业的资产对企业利润的贡献。

1. 销售毛利率

销售毛利率是毛利占销售收入的百分比,通常将其简称为毛利率。其中,毛利是销售净收入与销售成本的差额。其计算公式为:

$$销售毛利率 = \frac{销售收入 - 销售成本}{销售收入} \times 100\%$$

该指标最大的特点在于没有扣除期间费用。因此,它能够排除管理费用、财务费用、营业费用对主营业务利润的影响,直接反映销售收入与支出的关系。销售毛利率的值越大,说明在主营业务收入净额中主营业务成本占的比重越小,企业通过销售获得利润的能力更强。正是因为销售毛利率的以上特点,它能够更为直观地反映企业主营业务对于利润创造的贡献。

企业的销售毛利率越高,最终的利润空间越大。例如,甲企业的销售毛利率为 50%,乙企业的销售毛利率为20%。这意味着甲企业每卖出100元产品,产品的成本只有50元,毛利为50元,只要每100元销售收入需要抵补的各项费用低于50元,企业就能盈利。而乙企业每卖出100元产品,产品的成本高达80元,毛利只有20元,只有每100元销售收入需要抵补的各项费用低于20元时企业才能盈利。

我们也可以对销售毛利率进行横向和纵向的比较。通过与同行业平均水平或竞争对手的比较,可以洞悉企业主营业务的利润空间在整个行业中的地位以及与竞争对手相比的优劣。如果通过横向比较,发现企业的销售毛利率过低,则应进一步查找原因,并采取措施及时调整。通过与企业以往各期的销售毛利率进行比较,可以看出企业主营业务盈利空间的变动趋势。如果在某一期间内销售毛利率突然下降,企业应进行内部分析,进一步查找原因,看看销售毛利率下降是降价所致,还是成本上升所致,并及时找出改善的对策。

【例7-10】 根据表7-8,运用销售毛利率指标对琴岛有限责任公司盈利能力进行分析。

琴岛有限责任公司2×24年年末的销售毛利率为:

$$销售毛利率 = (920\,680.75 - 645\,797.35) \div 920\,680.75 \times 100\% = 29.86\%$$

琴岛有限责任公司2×23年的销售毛利率为:

$$销售毛利率 = (830\,820.28 - 547\,537.00) \div 830\,820.28 \times 100\% = 34.10\%$$

根据上述计算结果可知,琴岛有限责任公司2×23年的销售毛利率为34.10%,而2×24年该公司销售毛利率为29.86%。显然,与2×23年相比,2×24年琴岛公司的销售毛利率有所降低,这说明该公司盈利能力较2×23年相比有所下降,琴岛有限责任公司应采取措施增加收入,降低成本,提高公司的销售毛利率水平。

2. 销售净利率

销售净利率是指企业净利润与销售收入的比率。其计算公式为:

$$销售净利率 = \frac{净利润}{销售收入} \times 100\%$$

该指标表示每1元销售收入可实现的净利润是多少。该指标用于衡量企业营业收入给企业带来利润的能力。销售净利率越高,说明企业通过扩大销售获取收益的能力越强。当销售净利率较低时,表明企业经营管理者未能创造出足够多的营业收入或者没有成功地控制成本。通过分析销售净利率的变化,不仅可以促使企业扩大销售,还可以让企业注意改善经营管理,控制期间费用,提高盈利水平。

同时,销售净利率的分子是企业的净利润,即企业的收入在扣除了成本和费用以及税后的净值,是企业最终为自身创造的收益,反映了企业能够自行分配的利润额。之后的提取公积金、发放股利等行为,都是建立在这个净利润的基础上。因此,用它与销售收入相比,能够从企业生产经营最终目的的角度,看待销售收入的贡献。销售净利率越高,说明企业在正常经营的情况下由盈转亏的可能性越小,并且通过扩大主营业务规模获取利润的能力越强。

但要注意,在企业的净利润中以纯经营活动为主的条件下此比率意义较大,如果企业的净利润中,投资收益、公允价值变动损益等这些与企业的本期营业收入无关的项目金额过大,则此比率同样会失去意义。

7-10:扫一扫,练一练

7-11:扫一扫,练一练答案

【例7-11】 根据表7-8,运用销售净利率指标对琴岛有限责任公司盈利能力进行分析。

琴岛有限责任公司2×24年年末的销售净利率为:

$$销售净利率 = 156\,013.43 \div 920\,680.75 \times 100\% = 16.95\%$$

琴岛有限责任公司2×23年的销售净利率为:

$$销售净利率 = 151\,545.04 \div 830\,820.28 \times 100\% = 18.24\%$$

琴岛有限责任公司2×23年销售净利率为18.24%,2×24年销售净利率16.95%,显然,琴岛有限责任公司2×24年销售净利率比2×23年的要低,说明琴岛有限责任公司销售净利率有所下降,即通过销售获取净利润的能力较去年相比有所下降。

3. 净资产收益率

净资产收益率又称股东权益收益率、净值收益率或所有者权益收益率,是企业一定时期内的净利润与净资产平均余额,反映股东投入的资金所获得的收益率。其计算公式为:

$$净资产收益率 = \frac{净利润}{净资产平均余额} \times 100\%$$

上式中,净利润是指企业的税后利润,净资产平均余额是指企业所有者权益年初数同所有者权益年末数的平均数,即"净资产平均余额=(所有者权益年初数+所有者权益年末数)÷2"。股东权益报酬率是评价企业权益资本及其累积获取报酬水平的最具综合性与代表性的指标,它反映了企业资本运营的综合效益。该指标通用性强,适用范围广,不受行业局限。通过对该指标的综合对比分析,我们可以看出企业的获利能力在同行业中所处的地位。

【例7-12】 根据表7-4及表7-8,运用净资产收益率指标对琴岛有限责任公司2×24年盈利能力进行分析。

$$净资产收益率 = 156\,013.43 \div 482\,136.34 \times 100\% = 32.36\%$$
$$净资产平均余额 = (479\,129.63 + 485\,143.06) \div 2 = 482\,136.34(元)$$

从计算结果可以看出,琴岛有限责任公司2×24年净资产收益率为32.36%。净资产收益率是反映盈利能力的核心指标,企业的根本目标是所有者权益或者股东价值最大化,净资产收益率既可以反映资本的增值能力,又影响着企业股东价值的大小,该指标越大,反映企业权益资本获取收益的能力越强,运营效益越好,对企业投资者、债权人的保障程度越高。

4. 总资产报酬率

总资产报酬率又称总资产利润率、总资产回报率、资产总额利润率,是指企业一定时期内息税前利润与资产平均总额的比率。其计算公式为:

$$总资产报酬率 = \frac{息税前利润}{平均总资产} \times 100\%$$

$$息税前利润 = 利润总额 + 财务费用$$

上式中,平均总资产是期初总资产和期末总资产的和除以2得到的。该指标反映的是:不考虑利息费用和纳税因素,只考虑经营情况时,管理层对能够运用的所有资产管理好坏的程度,即管理层利用公司现有资源创造价值的能力。该指标是对企业盈利能力的衡量,没有考虑公司的财务结构和税收影响。

总资产报酬率越高,表明资产利用效率越高,说明企业在增加收入、节约资金使用等方面取得了良好的效果;总资产报酬率越低,说明企业资产利用效率低,应分析差异原因,提高销售利润率,加速资金周转,提高企业经营管理水平。该指标表示企业全部资产获取收益的水平,全面反映了企业的获利能力和投入产出状况。通过对该指标的深入分析,可以增强各方面对企业资产经营的关注,促进企业提高单位资产的收益水平。

【例7-13】 根据表7-4及表7-8,运用总资产报酬率指标对琴岛有限责任公司2×24年盈利能力进行分析。

$$总资产报酬率 = 217\,400.42 \div 1\,259\,731.54 \times 100\% = 17.26\%$$
$$息税前利润 = 208\,017.91 + 9\,382.51 = 217\,400.42(元)$$
$$总资产平均余额 = (1\,339\,155.49 + 1\,180\,307.60) \div 2 = 1\,259\,731.54(元)$$

从计算结果可以看出,琴岛有限责任公司2×24年总资产报酬率为17.26%,表明该公司每1元资产投入,可获得息税前利润0.1726元。

总资产报酬率越高,说明企业资产的运用效率越好,也意味着企业的资产盈利能力强。评价总资产报酬率时,需要与企业前期的比率、同行业其他企业的这一比率等进行比较,并进一步找出影响该指标的不利因素,以利于企业加强经营管理。

5. 上市公司的特殊比率

对上市公司而言,报表使用者还应关注与每股普通股有关的比率,以供其在决定股票投资时作为参考。

(1)每股收益。每股收益又称每股税后利润、每股盈余,即每股盈利(EPS),是指税后利润与股本总数的比率。它是测定股票投资价值的重要指标之一,是分析每股价值的一个基础性指标,是综合反映公司获利能力的重要指标,是公司某一时期净利润与股份数的比率。该指标反映了每股创造的税后利润,每股收益越高,表明所创造的利润就越多。若公司只有普通股时,每股收益就是税后利润,股份数是指发行在外的普通股股数。如果公司还有优先股,应先从税后利润中扣除分派给优先股股东的股息。其计算公式为:

$$每股收益 = \frac{净利润 - 优先股股息}{发行在外的普通股加权平均数}$$

一般来说,每股收益越高,在利润质量较好的情况下,表明股东的投资效益越好,股东获取较高股利的可能性也就越大。这个指标是普通股股东最关心的指标之一,而且这个指标的大小直接影响公司支付普通股股利的多少,如果没有足够的收益就不能支付股利。当然,股利的实际支付还受公司现金状况的影响。

(2)股利收益率。股利收益率,即股利与市价的比率,是企业普通股每股股利与普通股每股市价间的比率。其计算公式为:

$$股利收益率 = \frac{每股股利}{每股股价} \times 100\%$$

由上式可以看出,股票价格的波动和股利水平的任何变化均会导致股利收益率的变化,它粗略地计量了当年投资当年收回的情况下收益的比率。

(3)市盈率。市盈率,即市价与每股盈余的比例,是普通股每股市价与普通股每股收益

的比值。其计算公式为:

$$市盈率 = \frac{每股市价}{每股收益}$$

该指标表示投资人愿意为获取公司每1元的收益付出多高的价格。一般来说,市盈率高,说明投资者愿意出更高的价格购买该公司股票,对该公司的发展前景看好。因此,一些成长性较好的公司股票的市盈率通常要高一些。例如,假设甲、乙两家公司的每股收益相等,说明两家公司当期每股的盈利能力相同。如果甲公司的市盈率高于乙公司,说明甲公司的每股市价高于乙公司的每股市价。对当期盈利能力相同的两只股票,投资者愿意出更高的价格购买甲公司的股票,说明投资者对甲公司的未来发展更加看好。

市盈率是反映市场对公司的期望的指标,该指标越高,市场对公司的未来前景越看好。但是,该指标不能用于不同行业间公司的比较,因为市盈率与公司的增长率相关,不同行业的增长率不同,所以,进行不同行业的公司之间比较时,这个数值没有意义。

在我国现阶段,股票的市价可能并不能很好地代表投资者对公司未来前景的看法,因为股价中含有很多炒作的成分在内。因此,我们应用市盈率对公司作评价时需要谨慎。

(4) 股利支付率。股利支付率是每股股利与每股收益的比例。其计算公式为:

$$股利支付率 = \frac{每股股利}{每股收益} \times 100\%$$

股利支付率反映普通股股东从全部获利中实际可获取的股利份额。单纯从股东角度的眼前利益讲,股利支付率越高,股东所获取的回报越多。我们可以通过该数据分析公司的股利政策,因为股票价格会受股利的影响,公司为了稳定股票价格可能采取不同的股利政策。我国的情况比较特殊,通常支付现金股利的公司股票价格不会迅速增长,配股或者送股的公司股票价格反而上涨很多,这与其他国家的情况有很大的不同。

(三) 营运能力比率

营运能力比率是以各种资产周转率或周转期为计算主体,来分析企业使用其经济资源的效率及有效性,以此反映企业的营运能力和经营管理水平。常用的营运能力比率包括存货周转率、应收账款周转率、固定资产周转率、总资产周转率等。

1. 存货周转率

存货周转率是用来衡量企业销售能力及存货管理水平的指标。存货周转率是指营业成本与平均存货余额之比。其计算公式为:

$$存货周转率 = \frac{营业成本}{平均存货余额}$$

上式中,平均存货余额可以是年平均存货余额、季平均存货余额或月平均存货余额。营业成本是对应的年营业成本、季营业成本和月营业成本。最常用的是年营业成本除以年平均存货余额,平均存货余额是年初存货余额加上年末存货余额的和除以2。使用这个指标的条件是假设存货在当年中匀速使用,不发生波动。很显然,这种假设对很多企业是不适用的,因为很多企业的存货存在季节性。例如,商业企业在年末是旺季,存货比其他季节要多,这样计算得到的存货周转率就会比实际的存货周转率要小,会发生对该指标的扭曲。实际工作中,常用的另一个数据是存货平均周转天数,它实际是存货周转率的另一种表达方式,是一个问题的两种表述形式。不过,存货周转天数比存货周转率更直观、更容易理解。

存货周转率应与行业数比较。存货周转率越高,表示企业存货管理效率越高,存货从资金投入到销售收回的时间越短,在销售净利率相同的情况下,获取的利润就越多;反之,存货周转率过低,表示企业的存货管理效率欠佳,产销配合不好,存货积压过多,致使资金冻结在存货上,仓储费用及利息负担过重。

【例7-14】 根据表7-4及表7-8,运用存货周转率指标对琴岛有限责任公司2×24年流动资产营运能力进行分析。

$$存货周转率 = 645\,797.35 \div 30\,502.38 = 21.17$$

$$存货平均余额 = (46\,641.53 + 14\,363.23) \div 2 = 30\,502.38(元)$$

根据计算结果可得,琴岛有限责任公司2×24年存货周转率为21.17,已知行业存货周转率的平均水平为20,经比较可以发现,该公司的存货周转率高于行业平均水平,说明该公司的存货营运能力比较好。

2. 应收账款周转率

应收账款周转率是企业赊销收入净额与应收账款平均余额之比,反映企业资金被占用的程度。由于应收账款存在收不回来的可能性,过高的应收账款会加大未来损失的可能性,过低的应收账款又对企业的销售造成影响。其计算公式为:

$$应收账款周转率 = \frac{赊销收入净额}{应收账款平均余额}$$

上式中,应收账款平均余额是年初应收账款和年末应收账款之和除以2得到的。赊销收入净额应该是通过赊销取得的收入。通常,企业是通过赊销和现金销售两种方式进行销售,应收账款是在赊销过程中产生的,所以计算应收账款周转率时应该用赊销额。但是赊销额只有内部人员才能够得到,外部报表使用者很难得到这个数据,常用营业收入代替赊销额来计算该指标。在用营业收入代替赊销额时,通常将现金销售视为回收期为零的应收账款。所以如果企业销售中赊销比例较小,得到的应收账款周转率就会较大。

需要强调的是,利用上述公式进行分析时应注意:一是企业的应收票据应该规模不大(因为应收票据也推动了赊销收入)。二是应收账款应该用没有减除坏账准备以前的原值金额(因为企业真正周转和回收的不是净值,而是原值)。三是在实施增值税的条件下,销售额的项目还应该乘以(1+增值税税率),这是因为债权中包括了销项税额。

实际工作中,常用的另一个数据是应收账款周转天数。如果应收账款周转天数长于企业通常的放款期或信用期,表明企业信用管理欠佳,收账不力,以致资金沉淀于应收账款中;反之,应收账款周转天数越短,企业销货之后能迅速收回现金,则可加速资金周转。如果应收账款周转天数低于同行业太多,可能是该企业的信用政策偏紧,影响销售。

【例7-15】 根据表7-4及表7-8,运用应收账款周转率指标对琴岛有限责任公司2×24年流动资产营运能力进行分析。

$$应收账款周转率 = 920\,680.75 \div 393\,595.30 = 2.34$$

$$应收账款平均余额 = [(30\,000 + 300\,719.17) + (25\,000 + 431\,471.44)] \div 2$$
$$= 393\,595.3(元)$$

根据上述计算结果可以看出,琴岛有限责任公司 2×24 年应收账款周转率为 2.34。假设琴岛有限责任公司所在行业的应收账款周转率为 4,根据比较可知,琴岛有限责任公司的应收账款周转率低于行业平均水平,企业应采取措施缩短平均收账期,减少坏账损失,加速应收账款周转。

3. 固定资产周转率

固定资产周转率是企业销售收入净额与平均固定资产原值的比率,是衡量固定资产利用效率好坏的指标。其计算公式为:

$$固定资产周转率 = \frac{产品销售收入}{平均固定资产原值}$$

上式中,平均固定资产原值是期初固定资产原值和期末固定资产原值的和除以 2 得到的,这个指标可以粗略地计量企业固定资产创造收入的能力,反映企业管理层管理企业固定资产的能力。

需要说明的是,有些教材会用固定资产净值来计算此指标。本书认为,企业利用的固定资产不是净值,而是原值。这是因为用原值计算出来的周转率可以恰当地反映企业对固定资产的运用状况,否则就会出现这样的情况:企业相邻 2 年的营业收入完全一样,但由于第二年企业计提了折旧导致净值减少,结果用净值计算出来的第二年固定资产周转率高于第一年;而如果用原值计算,就会得出 2 年固定资产周转率一样的恰当结果。

固定资产周转率高,不仅表明企业充分利用了固定资产,同时还表明企业固定资产投资得当,效率得到了充分发挥;固定资产周转率低,表明固定资产使用效率不高,企业的营运能力欠佳。企业要提高固定资产周转率,就应加强对固定资产的管理,做到固定资产投资规模得当,结构合理。

【例 7 - 16】 根据表 7 - 4 及表 7 - 8,运用固定资产周转率指标对琴岛有限责任公司 2×24 年固定资产营运能力进行分析。

$$固定资产周转率 = 920\ 680.75 \div 378\ 279.50 = 2.43$$

$$固定资产平均余额 = (393\ 866.87 + 362\ 692.13) \div 2 = 378\ 279.50(元)$$

根据上述计算结果可以看出,琴岛有限责任公司 2×24 年的固定资产周转率为 2.43,表明每 1 元固定资产所产生的收入为 2.43 元。

4. 总资产周转率

总资产收入率从资产周转角度看,亦称总资产周转率(次数)。尽管这两个指标的计算方法相同,但总资产周转率是从资产流动性方面反映总资产的利用率。其计算公式为:

$$总资产周转率 = \frac{销售收入净额}{平均总资产}$$

上式中,平均总资产是期初总资产和期末总资产的和除以 2 得到的,这个指标可以粗略地计量企业资产创造收入的能力,反映企业管理层管理企业资产的能力。但是资产的组成很复杂,所以这个指标只是一种粗略的描述,还要考虑企业资产的具体情况,才能作出合理细致的评价。需要注意的是,在企业对外投资规模较大时,平均总资产应该剔除并不引起营业收入增加的短期投资和长期投资。

总资产周转率反映了企业全部资产的使用效率和周转速度。总资产周转率高,说明全部资产经营效率高,周转速度快,取得的收入多;总资产周转率低,说明全部资产经营效率低,周转速度慢,取得的收入少,最终会影响企业的盈利能力。

【例 7-17】 根据表 7-4 及表 7-8,运用总资产周转率指标对琴岛有限责任公司 2×24 年总资产营运能力进行分析。

$$总资产周转率 = 920\,680.75 \div 1\,259\,731.55 = 0.73$$

$$总资产平均余额 = (1\,339\,155.49 + 1\,180\,307.60) \div 2 = 1\,259\,731.55(元)$$

根据上述计算结果可以看出,琴岛有限责任公司 2×24 年的总资产周转率为 0.73。总资产周转率取决于流动资产周转率以及流动资产在总资产中所占的比重,企业要想提高总资产周转率,可以改变资产结构、加大流动资产在总资产中所占比重、加强流动资产管理、提高流动资产的周转速度。

5. 流动资产周转率

流动资产周转率是反映流动资产总体周转情况的重要指标,是指一定时期流动资产周转额与流动资产的平均占用额之间的比率。一般情况下,可以选择一定期间内取得的主营业务收入净额作为流动资产周转额的替代指标。其计算公式为:

$$流动资产周转率 = \frac{销售收入净额}{流动资产平均余额}$$

流动资产周转率反映流动资产的周转速度。流动资产周转率高,说明流动资产周转速度快,会相对节约流动资产,扩大资产投入,增强企业盈利能力;而流动资产周转率低,说明流动资产周转速度慢,需要补充流动资产,这会形成资金浪费,降低企业盈利能力。

【例 7-18】 根据表 7-4 及表 7-8,运用流动资产周转率指标对琴岛有限责任公司 2×24 年流动资产营运能力进行分析。

$$流动资产周转率 = 920\,680.75 \div 721\,274.54 = 1.28$$

$$流动资产平均余额 = (695\,383.62 + 747\,165.47) \div 2 = 721\,274.54(元)$$

根据上述计算结果可以看出,琴岛有限责任公司 2×24 年流动资产周转率为 1.28,假设琴岛有限责任公司所在行业的流动资产周转率为 2,根据比较可知,琴岛有限责任公司的流动资产周转率低于行业平均水平,琴岛有限责任公司应采取措施降低存货规模,缩短流动资产周转期,加速应收账款周转。

(四)杜邦分析法

以上内容是针对企业财务状况的一个方面进行的分析,用几个比率来衡量企业财务状况的某一个方面。总体来说,是用两个数据得出一个比率,然后用几个相关的比率综合分析企业的财务状况的一个侧面,或者用一系列的比率得到企业财务状况的每一个方面,并综合起来得到企业整体财务状况和管理状况的分析。通常这种分析只告诉我们这个企业怎么样、有什么问题,而很难反过来分析为什么是这样、应该怎样改进。

杜邦公司的经理提出了一套分析方法——杜邦分析法,该方法通过图示来表示杜邦分析的思路。杜邦分析法实际是一种层层分解的思路,即从一个比率出发,通过一个关系体系将不同的比率和数据联系在一起进行分析,是一个从综合性数据出发,分解到细节的过程。

它从企业绩效最综合的指标——净资产收益率出发,将偿债能力、营运能力、盈利能力有机地结合起来,层层分解企业财务报告中的单个项目,并在分解过程中体现各指标间的关系,最终形成完整的杜邦财务分析体系,全面、系统、直观地反映企业的财务状况。

净资产收益率与总资产净利率及权益乘数之间的关系为:

$$净资产收益率 = 总资产净利率 \times 权益乘数$$

其中,

$$权益乘数 = 资产总额 \div 股东权益总额$$

总资产净利率与销售净利率及总资产周转率之间的关系为:

$$总资产净利率 = 销售净利率 \times 总资产周转率$$

销售净利率与净利润及销售收入之间的关系为:

$$销售净利率 = 净利润 \div 销售收入$$

总资产周转率与销售收入及资产平均总额之间的关系为:

$$总资产周转率 = 销售收入 \div 资产平均总额$$

"总资产净利率=销售净利率×总资产周转率"这一等式称作杜邦等式。杜邦分析系统在揭示上述几种关系之后,又将净利润、总资产进行层层分解,这样就可以全面、系统地揭示出企业的财务状况以及财务状况与这个系统内部各个因素之间的相互关系。

传统的杜邦分析原理图如图7-1所示,可以了解到下面所述的财务信息:

(1) 净资产收益率是一个综合性极强、最有代表性的财务比率,它是杜邦系统的核心。企业财务管理的重要目标之一就是实现股东财富的最大化,净资产收益率反映了股东投入资金的获利能力,这一比率反映了企业筹资、投资和生产运营等各方面经营活动的效率。净资产收益率取决于企业总资产净利率和权益乘数。总资产净利率主要反映企业在运用资产进行生产经营活动的效率如何,而权益乘数则主要反映了企业的筹资情况,即企业资金来源结构如何。

(2) 总资产净利率是反映企业获利能力的一个重要财务比率,它揭示了企业生产经营活动的效率,综合性也极强。企业的销售收入、成本费用、资产结构、资产周转速度以及资金占用量等各种因素,都直接影响总资产净利率的高低。总资产净利率是销售净利率与总资产周转率的乘积。因此,可以从企业的销售活动与资产管理两个方面来对其进行分析。

(3) 从企业的销售方面看,销售净利率反映了企业净利润与销售收入之间的关系。一般来说,销售收入增加,企业的净利润也会随之增加。但是,要想提高销售净利率,则必须一方面提高销售收入;另一方面要降低各种成本费用,这样才能使净利润的增长高于销售收入的增长,从而使销售净利率得到提高。

(4) 在企业资产方面,主要应该分析以下两个方面。第一,分析企业的资产结构是否合理,即流动资产与非流动资产的比例是否合理。资产结构实际上反映了企业资产的流动性,它不仅关系到企业的偿债能力,也会影响企业的获利能力。第二,结合销售收入,分析企业的资产周转情况。资产周转速度直接影响企业的获利能力,如果企业资产周转较慢,就会占用大量资金,增加资金成本,减少企业的利润。资产周转情况的分析,不仅要分析企业总资

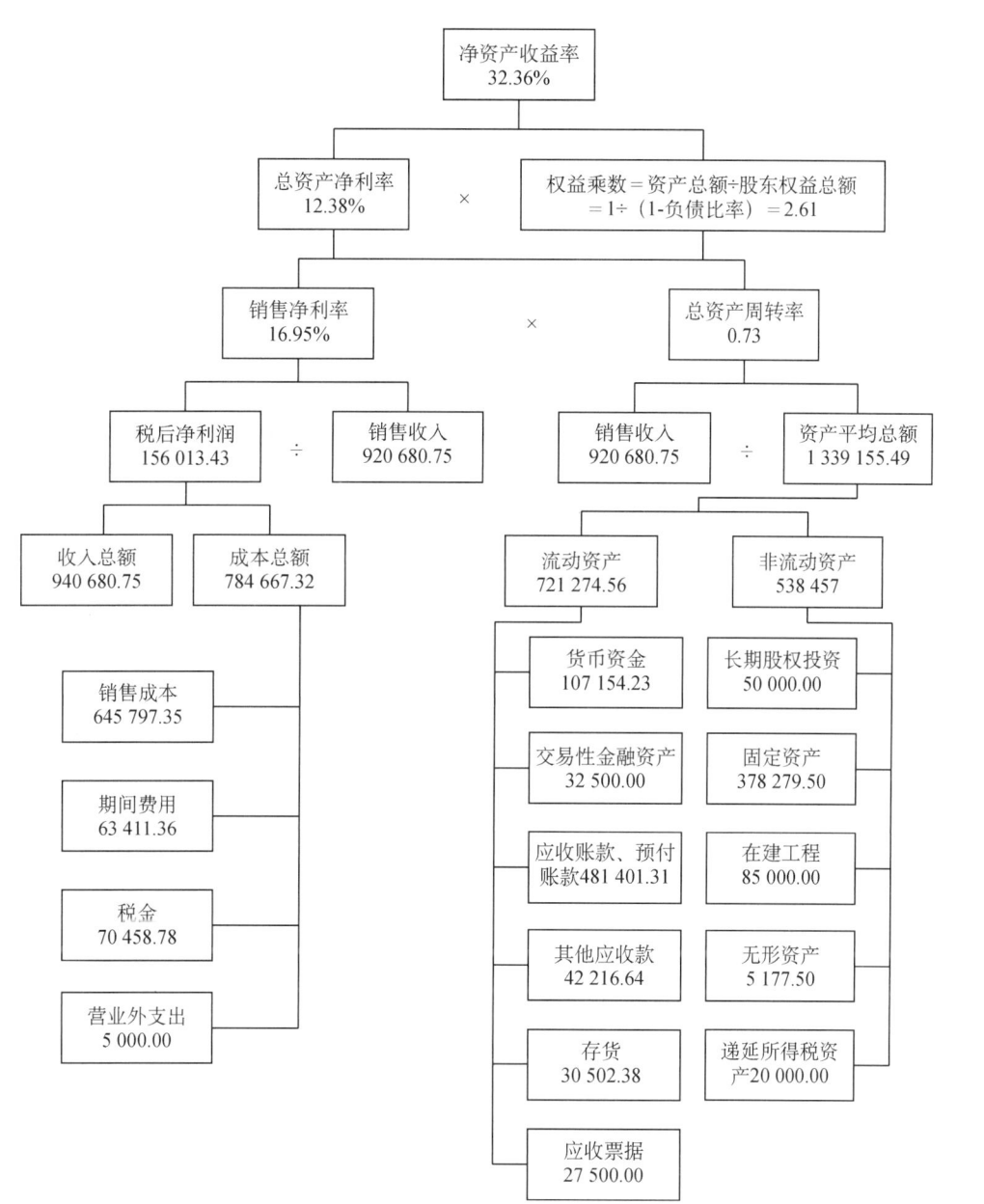

图 7-1 杜邦分析原理图

产周转率,更要分析企业的存货周转率与应收账款周转率,并将其周转情况与资金占用情况结合分析。

（5）图 7-1 中各项数据来源于表 7-4 及表 7-8。收入总额包括营业收入、投资收益及营业外收入。成本费用主要包括销售成本、期间费用、税金和营业外支出。其中,销售成本主要由主营业务成本和其他业务成本构成;期间费用包括销售费用、管理费用以及财务费用;税金包括税金及附加和所得税费用两部分内容。资产平均总额由流动资产和非流动资产两部分组成,数值皆为平均值。其中,流动资产主要包括货币资金、交易性金融资产、应收账款、预付账款、其他应收款、存货以及应收票据;非流动资产主要包括长期股权投资、固定资产、在建工程、无形资产和递延所得税资产。

通过杜邦分析法可以看出,企业的获利能力涉及生产经营活动的方方面面。净资产收益率与企业的筹资结构、销售规模、成本水平、资产管理等因素密切相关,这些因素构成一个完整的系统,而系统内部各因素之间又相互作用。因此,只有协调好系统内部各个因素之间的关系,才能使净资产收益率得到提高,从而实现股东财富最大化的理财目标。

知识拓展7-3

7-12案例:
杜邦公司冒
最小风险谋
取最大利润

财务比率分析的局限性

尽管对企业的报表进行比率分析,可以使信息使用者获得许多关于企业财务状况方面的信息,但是,对企业报表的比率分析仍不足以对企业的整体财务状况作出评价。比率分析的局限性主要由两个方面的因素造成:一是计算比率的会计信息(会计报表)自身的局限性。二是财务比率分析自身的局限性。

1. 会计报表自身的局限性

(1) 会计报表信息并未完全反映企业可以利用的经济资源。我们已经知道,列入会计报表的仅是可以利用的、可以用货币计量的经济资源。实际上,企业有许多经济资源或是受客观条件制约,或是受会计惯例的制约而并未在会计报表中得到体现。例如,企业的人力资源、历史悠久的企业账外存在的大量无形资产、未申请专利的专有技术均不可能在报表中得到反映。因此可以说,会计报表仅反映了企业经济资源的一部分。

(2) 受历史成本惯例的制约,企业的会计报表资料对未来决策的价值受到限制。会计信息处理中广泛遵循的历史成本惯例,使会计信息在通货膨胀面前的信任度大大降低。坚持历史成本惯例(原则),将不同时点的货币数据简单相加,会使信息使用者不知晓他所面对的会计信息的实际含义,也就很难对其现在和未来的经济决策有实质性参考价值。进行比率分析时,经常要考虑将报表中相关的项目进行比较,由于历史成本原则在资产定价中被广泛应用,在计算很多比率的时候,就会出现用市场价值计量的数据与用历史成本计量的数据相比较的情况,使得计算出来的数据不准确,难以反映实际情况。

(3) 企业会计政策运用上的差异使企业自身历史与未来的对比、企业间的对比难以有意义。企业在不同会计年度间采用不同会计方法,以及不同企业以不同会计方法为基础所形成的信息具有极大的不可比性。当企业发生变更会计政策的情况时,一定要做深入的研究,仔细分析政策变更对企业的影响和发生变更的原因。

(4) 企业对会计信息的人为操纵可能误导信息使用者。在企业对外编报会计报表之前,信息提供者往往对信息使用者所关注的财务状况以及对信息的偏好进行过仔细分析与研究,并尽力满足信息使用者对企业财务状况的期望,难免形成"你想看什么,我就尽力提供什么","你希望我的业绩如何,我就编出这样的业绩让你看"的思维与实践。其结果是,极有可能使信息使用者所看到的会计报表信息与企业的实际状况相距甚远,从而误导信息使用者作出错误决策。经常会出现管理者为了修饰流动比率,在报表日前将短期债务还掉,过后再借回来的情况。这些都因此会影响对企业财务状况的全面分析与评价。

2. 财务比率分析自身的局限性

(1) 财务比率分析只能对财务数据进行比较,对财务数据以外的信息没有考虑,很可能造成对实际情况的误解。财务报告是企业整体状况的一个总结,其中,财务报表是用数据反映企业的经营管理情况,除了财务报表,还有许多其他有用的信息会在财务报告中向外公布。由于比率分析的计算和比较过程只涉及财务数据的比较,所以如果分析人员不注意参考非数字信息而对比率进行分析,就会造成对报表理解上的偏差,从而误解公司的实际情况。

(2) 为了达到某种目的,企业可以人为修饰财务比率,造成对财务信息的歪曲。不同的报表使用者对报表不同比率的重视程度不同,如投资者在申请贷款时,银行非常看重企业的清偿能力,企业可能会对反映清偿能力的财务比率进行修饰,以满足银行的要求,达到借款的目的。股东对反映盈利能力的比率比较重视,企业也可以做相应的修饰,改变报表比率。这些修饰通常会误导报表使用者,使他们做出错误的决策。

资料来源:杨岫.财务分析[M].上海:立信会计出版社,2017.

本章小结

本章主要学习了财务报表的编制要求及列报方法。企业编制财务报告的目标是向财务报告使用者提供与企业财务状况、经营成果和现金流量等有关的会计信息,反映企业管理层受托责任履行情况,有助于财务报告使用者作出经济决策。一套完整的财务报告包括资产负债表、利润表、现金流量表、所有者权益(或股东权益)变动表和附注。财务报表分析的基本方法包括比较分析法、比率分析法、趋势分析法和因素分析法。财务比率分析可以从偿债能力、盈利能力和营运能力等方面对企业财务状况的各种比率进行分析。

本章重要概念

财务报告　资产负债表　利润表　现金流量表　现金等价物　财务报表分析

本 章 练 习

一、单选题

1. 下列各项中,属于资产负债表采用的结构的是(　　)。
   A. 报告式　　　　B. 多步式　　　　C. 账户式　　　　D. 数量金额式
2. 下列各项中,以"资产=负债+所有者权益"这一会计等式为依据的是(　　)。
   A. 利润表　　　　　　　　　　　　B. 资产负债表
   C. 现金流量表　　　　　　　　　　D. 所有者权益变动表
3. 下列各项中,在编制资产负债表时,需根据若干总账账户余额相加计算填列的项目是(　　)。
   A. 应收账款　　B. 固定资产　　C. 货币资金　　D. 预付账款
4. 下列各项中,可以帮助财务报表使用者分析评价企业的盈利能力、利润构成及其质量的报表是(　　)。
   A. 利润表　　　　　　　　　　　　B. 资产负债表
   C. 现金流量表　　　　　　　　　　D. 所有者权益表
5. 下列各项中,影响营业利润的是(　　)。
   A. 管理费用　　　　　　　　　　　B. 生产费用
   C. 营业外收入　　　　　　　　　　D. 所得税费用
6. 编制利润表主要是根据(　　)。
   A. 资产、负债及所有者权益各账户的本期发生额
   B. 资产、负债及所有者权益各账户的期末余额
   C. 损益类各账户的本期发生额
   D. 损益类各账户的期末余额

7. (　　)是反映企业经营成果的会计报表。
   A. 资产负债表　　　　　　　　　B. 利润表
   C. 现金流量表　　　　　　　　　D. 会计报表附注
8. 资产负债表中所有者权益的排列顺序是(　　)。
   A. 未分配利润—盈余公积—资本公积—实收资本
   B. 实收资本—资本公积—盈余公积—未分配利润
   C. 实收资本—盈余公积—实收资本—未分配利润
   D. 资本公积—盈余公积—未分配利润—实收资本
9. 甲企业本期主营业务收入为500万元,主营业务成本为300万元,其他业务收入为200万元,其他业务成本为100万元,销售费用为15万元,资产减值损失为45万元,公允价值变动收益为60万元,投资收益为20万元。假定不考虑其他因素,甲企业本期营业利润为(　　)万元。
   A. 300　　　　B. 320　　　　C. 365　　　　D. 380
10. 某企业"原材料"账户期末余额为100 000元,"生产成本"账户期末余额为50 000元,"库存商品"账户期末余额为120 000元,"存货跌价准备"账户期末余额为10 000元。则资产负债表"存货"项目应填列(　　)元。
    A. 300 000　　　B. 260 000　　　C. 280 000　　　D. 270 000

二、多选题

1. 下列各项中,在编制资产负债表时应列入"存货"项目的有(　　)账户。
   A. "材料采购"　　　　　　　　　B. "材料成本差异"
   C. "工程物资"　　　　　　　　　D. "周转材料"
2. 琴岛公司2×24年发生的营业收入为2 000万元,营业成本为1 200万元,销售费用为40万元,管理费用为100万元,财务费用为20万元,投资收益为80万元,资产减值损失为140万元(损失),公允价值变动损益为160万元(收益),营业外收入为50万元,营业外支出为30万元。琴岛公司2×24年的营业利润和利润总额分别为(　　)万元。
   A. 660　　　　B. 740　　　　C. 640　　　　D. 760
3. 下列各项中,应列入利润表"税金及附加"项目的有(　　)。
   A. 增值税　　　　　　　　　　　B. 城市维护建设税
   C. 教育费附加　　　　　　　　　D. 矿产资源补偿费
4. 下列各项目中,直接根据总账账户余额填列的有(　　)。
   A. 固定资产　　B. 资本公积　　C. 应收股利　　D. 短期借款
5. 下列各项中,应在资产负债表"预付款项"项目列示的有(　　)。
   A. "应付账款"账户所属明细账户的借方余额
   B. "应收账款"账户所属明细账户的借方余额
   C. "应收账款"账户所属明细账户的贷方余额
   D. "预付账款"账户所属明细账户的借方余额

三、判断题

1. "制造费用"账户和"管理费用"账户都应当在期末转入"本年利润"账户。　　(　　)
2. 资产负债表中"固定资产"项目应根据"固定资产"账户余额直接填列。　　(　　)

3. 资产负债表是反映企业某一特定时期财务状况的财务报表。　　　　　　　　（　　）
4. 资产负债表的结构主要有账户式和报告式两种。我国企业采用的是报告式资产负债表，因此才出现财务会计报告这个名词。　　　　　　　　　　　　　　　（　　）
5. 利润表是反映企业在一定会计期间经营成果的报表，属于动态报表。　　　（　　）
6. 债权人最关注的是企业投资回报率水平和风险程度，他们希望了解企业的短期盈利能力和长期发展潜力。　　　　　　　　　　　　　　　　　　　　　　　（　　）
7. 投资者更多地关心企业的偿债能力，关心企业的资本结构及长短期负债比例。（　　）
8. 比率分析法是财务分析的最基本、最重要的分析方法。　　　　　　　　　（　　）
9. 流动比率高，说明企业资产运用效果好。　　　　　　　　　　　　　　　（　　）
10. 对债权人而言，企业的资产负债率越高越好。　　　　　　　　　　　　　（　　）

四、简答题

1. 什么是资产负债表？简述资产负债表的结构和内容。
2. 如何填列资产负债表中的各项目的"期末余额"？
3. 什么是利润表？简述多步式利润表的内容。
4. 反映资产营运能力的财务比率有哪些？它们分别如何计算？
5. 评价公司偿债能力的指标有哪些？速动比率与流动比率相比，其优点和缺点各是什么？

五、业务题

1. 琴岛有限责任公司2×24年12月31日有关账户余额如表7-11所示。

表7-11　　　　　　　　　　　　　科目余额表　　　　　　　　　　　　　　单位：元

账户名称	借方余额	账户名称	贷方余额
库存现金	500	短期借款	55 000
银行存款	80 000	应付账款	30 000
应收账款	45 000	其他应付款	15 000
其他应收款	25 000	应交税费	6 000
原材料	128 000	坏账准备	800
库存商品	60 000	应付职工薪酬	22 000
固定资产	350 000	应付利息	9 600
利润分配	12 000	实收资本	400 000
		资本公积	4 500
		盈余公积	42 000
		本年利润	75 000
		累计折旧	40 600
合计	700 500	合计	3 267 390

要求：根据所述资料，编制琴岛有限责任公司2×24年12月31日的资产负债表。

2. 琴岛有限责任公司2×24年度利润表账户本年累计发生额如表7-12所示。

表 7-12　　　　　　　2×24年度利润表账户本年累计发生额　　　　　　　单位:元

账户名称	借方发生额	贷方发生额
主营业务收入		130 000
其他业务收入		2 000
主营业务成本	65 000	
其他业务成本	1 200	
税金及附加	4 500	
销售费用	20 000	
管理费用	19 120	
财务费用	800	
资产减值损失	1 000	
投资收益		3 000
公允价值变动收益		2 500
营业外收入		1 100
营业外支出	500	
所得税费用	7 494	

要求:根据所述资料,编制琴岛有限责任公司2×24年度利润表。

六、案例题

1. 琴岛有限责任公司为增值税一般纳税人,适用的增值税税率为13%。2×24年11月30日,该公司科目余额表如表7-13所示。

表 7-13　　　　　　　　　　　科目余额表　　　　　　　　　　　单位:元

账户名称	借方余额	账户名称	贷方余额
库存现金	236	短期借款	76 000
银行存款	74 052	应付账款	37 350
交易性金融资产	12 200	其他应付款	3 780
应收账款	31 900	应付职工薪酬	28 950
其他应收款	300	应交税费	8 290
原材料	176 570	应付股利	12 100
生产成本	30 182	长期借款	50 000
库存商品	17 270	累计折旧	181 500
长期股权投资	60 000	实收资本	491 500
固定资产	500 000	盈余公积	25 000
无形资产	15 000	本年利润	36 000
利润分配	32 760		
合计	950 470	合计	950 470

其他资料:

应收账款明细账户余额:甲厂为借方 41 900 元;乙厂为贷方 10 000 元。

应付账款明细账户余额:丙厂为贷方 54 350 元;丁厂为借方 17 000 元。

要求:根据上述资料,计算琴岛有限责任公司 2×24 年 11 月 30 日资产负债表中下列项目的金额(列出计算过程,计算结果出现小数的,均保留小数点后两位小数):

(1) 货币资金。

(2) 应收账款。

(3) 预付款项。

(4) 存货。

(5) 固定资产。

(6) 应付账款。

(7) 预收款项。

(8) 未分配利润。

2. 琴岛有限责任公司 2×24 年末资产负债表(简表)如表 7-14 所示。

表 7-14　　　　　　　　　　　　资产负债表(简表)　　　　　　　　　　　　单位:元

资产	期末余额	负债与所有者权益	期末余额
货币资金	50 000	应付账款	
应收账款净额		应交税费	50 000
存货		长期负债	
固定资产净值	588 000	实收资本	600 000
		未分配利润	
总计		总计	

已知:

(1) 期末流动比率为 1.5。

(2) 期末资产负债率为 50%。

(3) 本期存货周转率为 4.5 次。

(4) 本期销售成本为 630 000 元。

(5) 期末存货=期初存货。

要求:根据上述资料,计算并填列表 7-14 中的空白项。

第八章　管理会计基础

> 内容提要
> 重点难点
> 学习目标
> 知识框架
> 思政育人
> 第一节　管理会计的形成、发展和定义
> 第二节　管理会计的基本内容、职能、职能作用和目标
> 第三节　全面预算
> 第四节　经营预测
> 第五节　决策管理
> 第六节　业绩评价
> 第七节　管理会计报告
> 本章小结
> 本章重要概念
> 本章练习

内容提要

本章主要讲解了管理会计的形成与发展及其主要组成部分,包括全面预算、经营预测、决策管理、业绩评价和管理会计报告。

重点难点

本章重点为全面预算、销售预测、成本预测、利润预测,以及经营决策分析和长期投资决策分析;难点为以责任中心为主体的业绩评价、平衡计分卡。

学习目标

通过本章学习,学生应了解管理会计的形成、发展、基本内容和职能等内容;掌握全面预算、销售预测、成本预测、利润预测的相关内容;明确决策的相关概念、经营决策分析、长期投资分析、业绩评价的概念、责任中心的内涵,以及成本中心、利润中心、投资中心的业绩评价等内容;理解基于 EVA 的业绩评价和平衡计分卡,以及管理会计报告。

知识框架

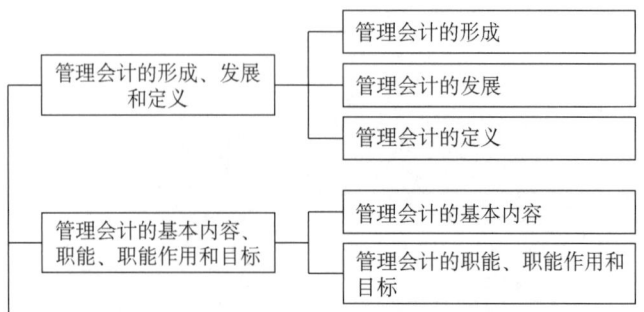

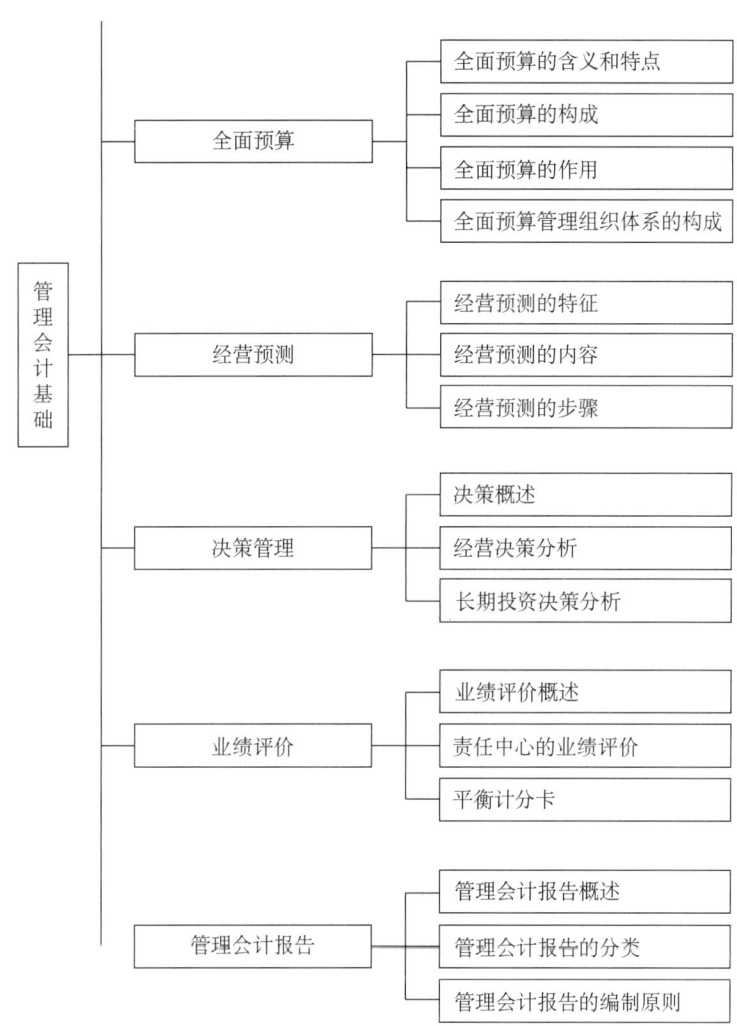

思政育人　30天内从车企变成全球最大的口罩生产商

任何一家成功的企业,都会有一段传奇性的故事。比亚迪就是这么一家企业,在抗击疫情最迫切的关头,它在30天内从车企变成全球最大的口罩生产商。

比亚迪紧急转产援产口罩的背后故事也逐渐浮出水面——在2020年1月31日,"船夫哥"王传福亲自下令:2周内实现口罩生产。从这一刻起,整个比亚迪动了起来,造口罩最主要的瓶颈在于缺乏生产口罩的设备,按照正常的周期,如果采购设备的话最快要40天才能拿到生产设备,比亚迪等不起,整个社会也等不起。公司当机立断,既然市场上买不到设备,那就自己造设备,此时比亚迪强大的模具、设备开发制造能力发挥了重要作用。比亚迪20多年前的创业场景重现,3天出具400多张图纸,齿轮买不到,直接采用线切割机不计成本地制作,滚子买不到,调用电池产线、汽车产线的设备来加工。口罩设备的1 300多个零部件,90%是比亚迪自制,最终只用了7天时间,图纸转化为急需的口罩生产设备。随后,比亚迪又从新能源车、轨道交通、电子、电池产业调集了3 000多名技术精英参与调试。2020年2月17日,比亚迪援产口罩正式下线,随后越来越多产线运转起来,不到1个月的时间已增至100多条生产线,实现日产量500万只,一跃而成全球最大的口罩生产商。

日产500万只口罩,这已经达到了2020年1月底全国口罩产能的四分之一,你是不是觉得比亚迪的这波操作很"疯狂"呢? 还有更疯狂的,那就是比亚迪不但在"疯狂"生产口罩,而且还在大批量生产口罩制造设备,每天的产能为5～10套设备,也就是说,比亚迪已经从根本上解决了口罩紧缺的问题。从一个从造电池起家,主要涉足汽车、新能源、IT三大产业的企业,能在国家、社会有危难的时候发挥制造业优势,进入一个从未涉足过的新领域,并迅速成为全球第一大口罩厂,100多年前晚清进步人士所倡导的"实业兴国"终于实现了。

资料来源:懂车大帝. 比亚迪造口罩的背后:王传福一声令下,建成全球最大口罩生产商[EB/OL]. (2020-03-14)[2024-03-20]. https://www.sohu.com/a/380095491_99947877.

第一节 管理会计的形成、发展和定义

一、管理会计的形成

管理会计是将经济学、组织行为学、管理学等相关学科应用于会计学领域,随着社会经济的发展、科学技术的进步、企业经营管理现代化的需求而逐渐发展起来的。它为企业管理人员提供决策信息,是社会经济发展到一定阶段的产物。

管理会计作为现代会计的一大分支,可追溯到19世纪初期。当时,产业革命正在加速资本主义的发展,企业的生产日益专业化,规模逐步扩大,市场进入到激烈自由竞争的阶段,而企业之前所采用的主观臆断或者仅仅凭借经验的方法已无法满足管理者的需求,因此企业逐渐意识到开辟一种新的会计管理方法的重要性。

起初,管理者主要通过对产品的销售收入,以及对劳动力的控制来稳定地增加利润。但是后来他们很快意识到,通过降低产品成本提高生产效率,也是增加产品利润的较优途径。

被誉为"管理学之父"的弗雷德里克·温斯洛·泰罗(Frederick Winslow Taylor)提出了科学管理的中心问题是提高劳动生产率。为了提高劳动生产率,必须挑选"第一流的工人"。

后来,科学管理运动先驱者之一,劳伦斯·甘特(Laurence Gantt),把标准人工成本法引进到材料和制造费用的成本管理中,形成了"标准材料成本""标准制造费用成本"等标准成本体系。与此同时,在企业管理方面,甘特提出的奖励工资制对管理会计的形成有着推动作用,人们一般将奖励工资制称为"任务加奖金制(task work with bonus)"。

最后,美国著名的会计史学家迈克尔·查特菲尔德(Michael Chatfield)将标准成本计算与期间损益计算结合起来,并运用账簿进行核算,形成标准成本制度。1919年,随着美国全国成本会计师协会(于1957年更名为全国会计师协会)的成立,标准成本制度得以迅速推广,标准成本制度的建立为管理会计的形成奠定了重要基础。在标准成本建立的同时,美国一些企业和政府机关开始对各项管理费用实行预算控制制度。

二、管理会计的发展

(一) 西方管理会计的发展

1. 成本决策阶段(20世纪20年代至20世纪50年代)

20世纪20年代,泰罗提出的以提高劳动生产率、标准化生产和专业化管理为核心的科学管理学说在美国许多企业中受到重视,"标准成本控制""预算控制"和"差异分析"等旨在提高企业生产效率和经济效益的管理方法被引入企业内部的会计实务中。但是这种管理学说重局部,轻整体,很快被现代管理科学取代。现代管理学说认为:管理的重心在经营,经营的重心在决策。在此基础上,以杜邦公司为代表的大型企业倡导并发展的以投资净利率指标为核心的杜邦财务指标体系,用来衡量各个部门的生产效率和整个企业的业绩。

2. 控制管理与决策阶段(20世纪50年代至20世纪80年代)

20世纪50年代,现代管理会计正式形成,除行为科学、组织理论、管理科学等对管理会计产生一定影响外,作为现代经济学的核心——新古典经济学,尤其是边际原理,对管理会计起到主要影响。随着信息经济学、交易成本理论和不确定性理论被广泛引进管理会计领域,加上新技术,如电子计算机大量应用于企业流程管理,管理会计向着精密的数量化技术方向发展。例如,应用数学规划技巧,决定产销限制下的最佳产品组合;应用概率理论和决策理论,在不确定情况下作成本—数量—利润分析;借助数学规划模式,分摊各种成本;利用统计方法,估计固定成本和变动成本。与此同时,投入产出法、线性规划、存货控制和方差分析等计划决策模型在这一时期发展起来,建立了有关流程分析、战略成本管理等理论与方法体系,极大推动了管理会计在企业的有效应用,管理会计职能转向为内部管理人员提供企业计划和信息控制。

3. 管理会计为企业创造价值阶段(20世纪90年代以后)

20世纪90年代以来,以计算机为主导的生产自动化、智能化程度日益提高,直接人工费用普遍减少,间接成本相对增加,明显突破制造成本法中"直接成本比例较大"的假定。在传统成本法中,按照人工工时、工作量等分配间接成本严重扭曲了产品成本信息。另外,传统管理会计分析,其立足点建立在传统核算基础上,对实践的反映和指导意义并不大,对外部环境变化反应不敏感,因此相关性大大削弱。

随着全球化经济的不断发展,各国企业之间的合作日趋频繁,竞争异常激烈。准确市场定位、了解客户需求尤为重要。在这样的背景下,管理会计越来越容易受到非财务信息及外部信息对相关性的冲击。与此同时,越来越复杂的内部组织结构也迫使管理会计在控制方面有新的突破。

于是,西方国家在经营决策、战略、商业运营等各个方面发展出一系列新的管理工具和决策工具,包括:①平衡计分卡(balanced scorecard)。②全面质量管理(total quality management)。③战略管理(strategic management)。④目标管理(management by objective)。

(二)我国管理会计的发展

1. 与国营企业相适应的执行性管理会计阶段(20世纪70年代之前)

中华人民共和国成立初期,我国实行的是计划经济体制,在该体制下,整个国家如同一家企业,而国营企业就如同巨型企业的一个生产车间,国营企业的生产计划由国家统一确定下达。当时国家比较重视企业成本管理制度建设,企业成本项目和成本开支都是由成本管理制度确定的。如果企业成本控制不好,将导致产品的价格失控。国家自然重视以成本为核心的内部责任会计,以期最大限度地降低成本,提高稀缺资源的使用效率。

2. 西方引进的决策管理会计(20世纪70年代至20世纪90年代)

我国管理会计以中共十一届三中全会为转折点。特别是党的十四大明确指出,我国要建立社会主义市场经济体制,实行政企分开,企业成为独立的商品生产者和经营者。为了适应这种新的发展,管理会计也由之前的执行性管理会计向决策性管理会计转变。于是,我国对西方国家的管理会计产生了浓厚的兴趣。许多大中型企业积极采用一些西方管理会计技术,主要用来进行决策分析、成本控制、预测分析。部分企业在管理中已经开始应用本—量—利分析、变动成本法、投资决策、存货控制等管理会计方法。

3. 发展与完善中国特色的管理会计体系(20 世纪 90 年代以后)

我国现阶段部分地区生产力水平仍不是太高,很多企业属于劳动密集型企业。为了提高经济效益,企业必将加强成本的管控,并逐步将成本控制中心从事后控制转向事前控制和事中控制。而对于沿海地区的知识密集型产业,很多企业实施新型的管理模式,积极探索相应的经营战略。为了适应激烈的竞争环境,企业将责任会计的建设作为管理会计发展的突破点,将广为采用的成本中心向责任中心转变,并加强分权管理,引进行为科学管理,并加以合理引导与组织。

三、管理会计的定义

对于管理会计的定义,国内外学术界一直存在各种各样的观点,国内也长期存在着信息系统论和管理活动论的争论。在各种观点中,常被引用的定义来自 1966 年 8 月美国会计学会为庆祝学会成立 50 周年纪念大会而发表的著名的《基本会计理论公报》,该公报定义管理会计为:为了信息使用者可作出有根据的判断与决策而进行辨认、计量和传递经济信息的程序。这个定义强调了经济信息的提供和经济信息的有效利用这两个方面的重要性。会计信息的作用在于它有助于人们作出良好的判断和正确的决策。会计与企业经济信息是密不可分的。

第二节 管理会计的基本内容、职能、职能作用和目标

一、管理会计的基本内容

如今,管理会计几乎涉及企业生产经营的各个领域和企业内部管理的各个环节,成为帮助企业管理者从事企业经营工作而建立的一个专门的会计系统,内容极为丰富。但由于每家企业的经营活动的多样性,以及千差万别的企业内部经营管理水平和状况,迄今为止,管理会计应该包含哪些内容、解决哪些问题,依旧难以定论。然而,一般认为,现代管理会计包含规划控制会计、预测决策会计和责任会计三个部分。它们之间既相辅相成,又相对独立。

规划控制会计可分为规划与控制。规划就是预先选定目标,并拟定具体的方案以达到目的的过程。控制是通过一定手段对实际活动施加影响,使之能按一定的目标或计划进行的过程。规划控制会计主要是负责企业全面预算,并对预算执行情况进行监督与评价。预测决策会计则可分为预测会计与决策会计。预测会计是经济管理的重要手段,其目的是定量或定性地判断、推测和规划经济活动的发展变化规律,并对其作出评价,以指导和调节经济活动,谋求最佳经济效果。决策会计就是在经营过程中通过分析比较对未来是否要采取某项行动或者几种可行性方案进行抉择的过程。责任会计亦称控制业绩会计,它是以各个责任中心为主体,以责、权、效、利相统一的机制形成的为评价和控制企业经营活动的进度和效果服务的信息系统。

二、管理会计的职能、职能作用和目标

(一) 管理会计的职能

管理会计的职能是建立在管理的基础上,为了保证管理职能的有效运用而展开的。它是紧密围绕管理职能为企业管理者提供决策信息支持的服务,是管理会计实践本身存在的必然性所决定的内在功能。总体来讲,管理会计的职能可分为以下几个方面。

1. 预测职能

预测是通过科学的方法预计推测客观事物未来发展的必然性和可能性的行为,它能有效地帮助经营管理部门作出正确的判断和选择,对各种生产经营方案的各项经营指标进行科学的预测。预测职能一般是按照企业未来的总目标和经营方针,充分考虑经济规律的作用和经济条件的约束,选择合理的量化模型对历史数据进行科学的加工和整理,来预测未来经济活动的发展变化,以减少企业经营管理决策的盲目性。

2. 决策职能

决策是在充分考虑各种条件和可能的前提下,按照客观规律的要求,通过一定程序对未来实践的方向、目标和方法作出决定的过程。决策职能是管理会计的一项重要职能,决策的成败关系到企业的未来。事实上,一个正确的决策可以使陷于困境的企业转危为安,而一个错误的决策也可能使一个兴旺的企业走向衰败。在管理会计中,决策是以预测为基础的,对实现一定经营目标可供选择的有关方案进行分析比较,权衡利弊得失,从中选择最优方案。

3. 规划职能

规划职能是将经营决策确定的目标和选定的方案借助于预算使其具体化、数量化,企业以此作为控制和考评经济活动的依据。规划职能要求企业在最终决定方案的基础上,形成能反映整个企业在某一时期内的总目标和任务的全面预算。全面预算将进行分解,形成各个责任单位的责任预算。全面预算可以说是经营管理决策的具体化。

4. 控制职能

控制是对企业经济活动按计划要求进行的监督和调整。一方面,企业应监督计划的执行,确保经济活动按计划的要求进行,从而为完成目标奠定基础;另一方面,企业也应对采取的行动进行反馈,以确定计划阶段对未来期间影响经济变动各因素的估计是否充分、准确。控制是为了使企业的经济活动严格按照决策预定的计划卓有成效地进行,它要求事前控制和事中控制有机地结合起来。控制职能一般要求事前确定预算,并以其作为进行日常经营的管理依据,对预算记录情况进行记录和计量;在运行过程中,对预算与实际之间的偏差进行分析,及时采取措施进行改进和调整。

5. 业绩评价职能

业绩评价是运用财务学、管理学、科学等方法来编制企业内各责任单位的业绩报告,并将其报告与各责任单位的全面预算进行分析比较,评价和考核企业内部各责任单位的履行经营责任情况,实行相应的奖惩制度。业绩评价职能是现代企业管理的一项重要内容,也是管理会计职能中不可缺少的一部分。

(二) 管理会计的职能作用

管理会计不同于财务会计,它可以综合地履行更加广泛的职能。它的职能作用,从财务会计单纯的核算扩展到把解析过去、控制现在和筹划未来有机地结合起来。众所周知,解析

过去是由财务会计来完成的,财务会计系统地提供了企业生产经营活动的历史记录,形成基本的财务信息系统。所以,管理会计没有必要对此进行重复,而管理会计解析过去主要是对财务会计所提供的资料作出进一步的加工、改制和延伸,使之更好地适应筹划未来和控制现在的需要。

预测和决策是筹划未来的主要形式。预测是根据过去和现在预计未来,根据已知推测未来,它着重于提供一定条件下生产经营各个方面未来一定时期内可能实现的数据。而决策是以预测为基础,对为实现一定经营目标可供选择的有关方案,通过分析比较,权衡利害得失,从中选取最优方案。在这些环节中,管理会计的主要作用在于充分利用其所掌握的丰富资料,严密地进行定量分析,帮助管理部门客观地掌握情况,从而提高预测与决策的科学性。

(三) 管理会计的目标

管理会计的最终的目标是提高企业经济效益。

1. 为企业内部经营管理提供信息

它包括管理会计应及时向各级管理人员提供与计划、评价和控制企业经营活动有关的各类信息,如历史的信息和未来的信息;为企业管理者提供与维护企业资产安全、完整及资源有效利用有关的各类信息;为企业外部投资人、债权人和其他企业外部利益关系者提供与决策有关的信息,这些信息将有利于投资、借贷及有关法规的实施。

2. 参与企业的经营管理

管理会计主要是以企业内部的各个责任中心为核算对象,对其工作业绩和成果进行控制和考核,不仅要分析过去、控制现在,更重要的是要规划未来。同时,管理会计也从企业全局出发,认真考虑各项决策和计划之间的协调配合和综合平衡。

第三节 全面预算

一、全面预算的含义和特点

(一) 全面预算的含义

全面预算管理是企业内部控制的一种方法,是兼具控制、激励、评价等功能为一体的综合贯彻企业经营战略的管理机制。正确认识和运用全面预算管理工具,对提高企业管理水平、强化内部控制具有非常重要的意义。

全面预算是关于企业在一定时期内(一般为1年或一个既定的期间)经营、财务等方面的总体预测。它是一种管理工具,也是一套系统的管理方法,通过合理分配企业的人、财、物等战略资源协助企业实现既定的战略目标,并与相应的绩效管理配合,以监控战略目标的实施进度,控制费用支出,并预测资金需求和利润。其编制、执行和调整涉及企业所有部门及主要人员。

全面预算管理是着眼于企业战略的一种管理机制,其根本点在于通过预算的编制和执行来代替管理,使之成为一种自动的管理机制。作为一种管理机制,一方面要与市场机制相对接,一切以市场为起点;另一方面要与企业内部管理组织和运行机制相对接,贯彻责权利对等原则,以及决策权、执行权和监督权三权分离原则,以权利的制衡保证机制的正常运行。

正确认识全面预算管理,要关注以下几个概念的区别:

(1)全面预算不等于预测。预测是基础,全面预算是根据预测结果提出的对策性方案,是针对预测结果采取的一种风险补救及防御系统。有效的全面预算是企业防范风险的重要措施。

(2)全面预算不等于财务计划。全面预算是企业全方位的计划,财务计划只是全面预算的一部分,而非全部;从预算形式上看,全面预算可以是货币式的,也可以是实物式的,而财务计划仅限于货币式的表现;从范围上看,全面预算是一个综合性的管理系统,涉及企业各部门和不同层次,而财务计划的编制和执行主要由财务部门控制。

(3)全面预算不是数据的堆砌和表格的罗列,而是一种与企业治理结构相适应的一套管理系统。健全的全面预算制度是完善的法人治理结构的体现。全面预算管理的目标就是企业的战略目标,全面预算管理使企业的战略意图得以具体贯彻、长期与短期计划得以沟通与衔接。

(二) 全面预算的特点

综观全面预算管理,其核心在于"全面"二字上,它具有全员、全额、全程的特点:

(1)"全员"是指预算过程的全员发动,包括两层含义,一层是指"预算目标"的层层分解,人人肩上有责任,让每一个参与者学会算账,建立"成本"和"效益"意识。"全员"的另一层含义是企业资源在企业各部门之间的一个协调和科学配置的过程。通过企业各职能管理部门和生产部门对预算过程的参与,把各部门的作业计划和企业资源通过透明的程序进行配比,从而可以分清轻重缓急,达到资源的有效配置和利用。

(2)"全额"是指预算金额的总体性,不仅包括财务预算,更重要的是包括业务预算和资本预算。现代企业经营管理不仅关注日常经营活动,还关注投资和资本运营活动;不仅要考虑资金的供给、成本的控制,还要考虑市场需求、生产能力、产量、材料、人工及动力等资源间的协调和配置。只有在业务预算(即销售和生产预算)、资本预算的基础上形成资金预算和预计的财务报表,才能合理预测、统筹安排企业的资源,才能将资源的使用与相关活动结合起来以达到有效控制,保证目标实现。预算因业务活动而产生,我们称之为"作业基础上的预算"。

(3)"全程"是指预算管理流程的全程化,即预算管理不能仅停留在预算指标的下达、预算的编制和汇总上,更重要的是要通过预算的执行和监控、预算的分析和调整、预算的考核与评价,真正发挥预算管理的权威性和对经营活动的指导作用。这就要求企业的预算管理和会计核算系统密切配合,会计的核算过程也就是预算的执行过程,预算执行过程中的任何反常现象都应该通过会计核算系统地体现出来。通过预算的预警制度,及时发现和解决预算执行过程中出现的经营问题或预算目标问题,并通过预算的考核和评价制度,有效地激励经营活动按照预期的计划顺利进行。

二、全面预算的构成

全面预算除了包含传统意义上预算的各个方面,还包含企业与部门的年度运作计划。具体而言,全面预算主要包括经营预算、资本预算和财务预算三大部分。

8-1:全面预算管理案例

(一) 经营预算

经营预算主要包括销售预算、生产预算、成本预算和费用预算四项内容,其中,销售预算是企业最具市场的预测分析,确定在预算期内预计的销售品种、数量、单价和销售收入等指标。销售预算是经营预算的龙头,是编制其他预算的起点。

(二) 资本预算

资本预算主要是对长期使用的资产的采购支出计划和其所需资金的供应来源进行的预算。资本预算在企业的财务决策中非常重要,资产需求预测的错误常常会导致严重的后果,如果企业在资产方面投资过多,将带来不必要的支出,如果投资过少,则会使企业的设备因不够现代化而失去竞争力。

(三) 财务预算

财务预算主要包括现金预算、预计利润表、预计资产负债表和预计现金流量表四项内容。财务预算以经营预算和资本预算为基础,是企业全面预算编制结果的财务体现。

三、全面预算的作用

全面预算的作用主要体现在以下几方面。

1. 有利于企业的各级各部门明确其在计划期间的工作目标

预算作为一种计划,规定了企业一定时期的总目标及各级各部门的具体目标。全面预算有助于全体职工了解本部门和自己与整个企业的经营目标之间的关系,明确自己在业务量、收入、成本费用等方面应达到的水平的努力方向,促使每位职工想方设法,从各自的角度去完成企业的总体战略目标。

2. 有利于协调企业内部各职能部门的工作

全面预算把企业各方面的工作纳入统一计划中,促使企业内部各职能部门的预算相互协调,环环紧扣,达到平衡。在保证企业总体目标最优的前提下,组织各职能部门的生产经营活动。例如,企业的销售、生产、财务等各部门可以分别编制出对自己来说是最好的计划,但该计划在其他部门不一定能行得通。只有通过全面预算进行综合平衡后,才可以体现解决各职能部门冲突的最佳办法。全面预算代表企业的最优方案,可以使各级部门的工作在此基础上协调地进行。

3. 有利于控制企业的日常经济活动

全面预算可以说是控制企业日常经济活动的依据。在预算执行过程中,各级各部门应通过计量、对比,及时发现实际偏离或脱离预算的差异,并分析其差异产生的原因,以便采取必要的措施,保证预定目标的实现。

4. 有利于评定企业各级各部门的工作业绩

企业在执行预算的过程中,发现差异不仅是控制企业日常经济活动的主要依据,还是评定各级各部门及个人工作业绩好坏的重要标准。

在评定各部门工作业绩时,企业要根据预算的完成情况,分析偏离预算的程度和原因,划清责任,奖罚分明,促使各部门为完成预算规定的目标努力工作。

四、全面预算管理组织体系的构成

全面预算管理组织体系由预算管理决策机构、预算管理工作机构和预算管理执行机构三个层次构成。

预算管理决策机构是指组织领导企业全面预算管理的最高权力组织;预算管理工作机

构是指负责预算的编制、审查、协调、控制、调整、核算、分析、反馈、考评与奖惩的组织机构；预算管理执行机构是指负责预算执行的各个责任预算执行主体。

预算管理决策机构和预算管理工作机构不仅承担相应的预算管理责任，同时，预算管理决策机构和预算管理工作机构中的某些成员在预算管理执行机构中担任负责人的职务。因此，对企业的绝大多数职能管理部门而言，它们都具有预算管理工作机构和预算管理执行机构的双重身份。所以，预算管理决策机构、预算管理工作机构和预算管理执行机构并非绝对相互分离的三个层次。

全面预算管理组织体系的具体构成如下。

（一）股东大会

股东大会是企业的最高权力机构。其在全面预算管理中的主要职责如下：

（1）审议批准企业的经营方针和投资计划。

（2）审议批准企业年度预算和决算方案。

（3）对发行企业债券作出决议。

（二）董事会

董事会是具体负责全面预算管理的最高决策机构。其在全面预算管理中的主要职责如下：

（1）决定企业年度经营计划和投资方案。

（2）制定企业年度经营目标，决定年度经营目标偏差的修订。

（3）制定企业年度全面预算方案，提出预算总目标。

（4）决定企业资本性投资预算。

（5）制定企业整体预算考评与奖惩方案。

（6）制定企业年度财务决算。

（三）全面预算管理委员会

全面预算管理委员会是在董事会领导下，专门负责全面预算管理的决策机构，其组织成员包括由企业总经理兼任主任，由副总经理、财务总监兼任副主任，由各预算责任单位负责人兼任委员。其主要职责如下：

（1）制定预算管理的制度、规定等全面预算的纲领文件。

（2）贯彻企业的经营目标及方针，审议、确定目标利润。

（3）审议年度经营计划和预算编制的方针、程序和要求。

（4）审查预算编制委员会提交的整体预算草案，并提出必要的修改意见。

（5）向董事会提交预算执行的月度、季度、年度执行情况及分析报告。

（6）在预算编制和执行过程中，对各预算责任单位之间以及预算责任单位与预算监控、考评部门之间出现的分歧进行协调和仲裁。

（7）将经过审查的预算方案提交董事会审批，待董事会批准后下达正式预算。

（8）根据需要，对预算的调整事项进行审议并作出决定。

（9）审议预算奖惩办法和兑现方案。

（四）全面预算编制委员会

全面预算编制委员会是预算日常管理机构，是在全面预算管理委员会领导下负责组织企业预算的编制、预算监控和考评、预算协调和预算信息反馈工作，其成员大部分由企业内部各职能部门的领导担任。企业财务部门具有信息管理、分析评价、资金管理、费用控制等方面的优势,因此,通常将全面预算编制委员会设在企业财务部。其主要职责如下:

(1) 根据下达的预算总目标及年度经营计划,编制企业预算大纲,确定预算编制的原则和程序,具体分解各预算责任单位的预算指标,分别在投资中心、利润中心和成本(费用)中心设计预算指标体系。

(2) 组织预算培训工作,提供统一编制业务计划和预算所使用的表格,指导各预算责任单位编制业务计划和预算草案,提供相关定员、定额、费用开支标准等基础信息。

(3) 负责初步审查各预算责任单位的业务计划和预算草案。

(4) 汇总编制预算草案并上报预算管理委员会审查。

(5) 负责企业预算管理制度的起草和报批,并负责监控各预算责任单位预算管理制度的执行。

(6) 负责审核各预算责任单位预算偏差分析及预算纠偏措施报告,负责汇总编制预算偏差分析报告并提交预算管理委员会。

(7) 对预算责任单位提出的预算修改、调整方案作出初步判断并提出意见。

(8) 根据全面预算管理需要,调整会计核算工作。

(9) 定期向预算管理委员会提交预算执行报告,负责组织相关部门对预算的执行情况进行考评。

(五) 各预算责任单位

各预算责任单位是全面预算编制、调整、执行及考核的主体,承担相对独立的预算责任,并享有相应权利和利益的企业内部单位,如管理部门、研发部门、采购部门、生产部门、销售部门等。

需要说明的是,预算责任单位的界定过程是根据各环节、各单位在预算总目标的实现过程中的作用和职责分层设置的。任何一个部门既具有管理的职能,同时又具有执行的职能。由于两者的分层依据不同,同一单位或人员在不同组织中可能具有不同的层级,即其在整个预算体系中具有双重甚至多重身份。

第四节 经营预测

经营预测是指企业根据过去的历史资料和现在所取得的经济信息、统计资料为基础,利用各种科学的方法及有关人员多年的实践经验,对未来经济活动可能产生的经济效益和发展趋势作出科学的预测和推测的过程。其主要特点是根据过去和现在预计未来,根据已知推测未知。

一、经营预测的特征

目前,在市场经济条件下,企业的竞争非常的激烈,在这样一个复杂多变的经济环境里,企业为了求生存、谋发展,如果没有科学的经营预测和周密的计划安排,工作上必然处处被动,缺乏应变能力和竞争能力,其结果就很难实现企业的经营目标,更谈不上提高经济效益了。只有科学的预测分析,才能为企业领导的决策提供科学的依据。

经营预测的特征包括以下内容。

（一）依据的客观性

经营预测是以客观准确的历史数据和合乎实际的经验为依据所进行的分析，而不是毫无根据的、纯主观的臆测。

（二）时间的相对性

经营预测事先应明确规定某项预测的时间期限范围。经营预测的时间越短，受不确定因素的影响越小，预测结果越准确。反之，经营预测的时间越长，受不确定因素的影响越大，预测结果的准确性就相对差一点。

（三）结论的可检验性

经营预测应考虑到可能产生的误差，且能够通过对误差的检验进行反馈，调整预测程序的方法，尽量减少误差。

（四）方法的灵活性

经营预测可灵活运用多种方法，在选择预测方法时，应事先进行试点，只有选择那些简便易行、成本低、效率高的一种或几种方法配套使用，才能达到事半功倍的效果。

二、经营预测的内容

经营预测的内容包括销售预测、成本预测、利润预测和资金预测四个方面。

（一）销售预测

销售预测是其他各项预测的前提，是指根据市场调查所得到的有关资料，通过有关因素的分析研究，预计和测算特定产品在一定时期内的市场销售量及变化趋势，进而预测本企业产品未来销售量的过程。销售预测的基本方法可分为销售预测的定性分析法和销售预测的定量分析法两大类，这些方法同样适用于其他经营预测。

1. 销售预测的定性分析法

定性分析法又称非数量分析法，主要是依靠预测人员丰富的实践经验和知识以及主观的判断分析能力，在考虑政治经济形势、市场变化、经济政策、消费倾向等各项因素对经营影响的前提下，对事物的性质和发展趋势进行预测和推测的分析方法。由于经济生活的复杂性，并非所有影响因素都可以进行定量分析，某些因素（例如，政治经济形势的变动、消费倾向、市场前景、宏观环境的变化等）只有定性的特征；再者，定量分析本身也存在着局限性，任何数学方法都不能概括所有复杂的经济变化情况。如果不结合预测期间的政治、经济、市场以及政策方面的变化情况，必然会导致预测结果脱离客观实际。企业必须根据具体情况，把定量分析与定性分析结合起来使用，以得到良好的效果。

销售预测的定性分析法又分为判断分析法和调查分析法两大类。

（1）判断分析法。判断分析法是指销售人员根据直觉判断进行预估，由销售经理加以综合，从而得出企业总体的销售预测的一种方法。销售人员由于接近和了解市场，熟悉自己所负责区域的具体情况，用这种方法得出的预测数据比较接近实际情况；另外，采用这种方法，便于确定分配给各销售人员的销售任务，发挥他们的积极性，激励他们努力完成各自的销售任务。但是，由于受各种因素的影响，销售人员的预测也会出现偏差，对销售人员的预测往往需要进行修正。

【例8-1】 琴岛有限责任公司有三名销售人员和一名经理。每位预测者预计公司销售量和概率如表8-1所示。

表 8－1　　　　　　　　　预计琴岛有限责任公司销售量和概率

项目	销售量(件)	概率	销售量×概率
甲销售员预测：			
最高	1 000	0.2	200
最可能	800	0.5	400
最低	600	0.3	180
期望值			780
乙销售员预测：			
最高	1 200	0.2	240
最可能	1 000	0.6	600
最低	800	0.2	160
期望值			1 000
丙销售员预测：			
最高	1 100	0.2	220
最可能	900	0.5	450
最低	700	0.3	210
期望值			880
经理预测：			
最高	1 000	0.3	300
最可能	900	0.5	450
最低	600	0.2	120
期望值			870

假设经理的预测更准确、更重要，将其预测的权重确定为2，而将销售人员的预测权重均确定为1，则综合预测结果为：

$$综合的预测销售量 = \frac{780 \times 1 + 1\,000 \times 1 + 880 \times 1 + 870 \times 2}{1+1+1+2} = 880(件)$$

这种方法一般适用于不方便直接向顾客调查的公司。

（2）调查分析法。调查分析法是指通过对有代表性顾客的消费意向的调查，了解市场需求的变化趋势，进行销售预测的一种方法。企业的销售取决于顾客的购买，顾客的消费意向是销售预测中最有价值的信息。如果通过调查可以了解到顾客明年的购买量，顾客的财务状况，顾客的爱好、习惯和购买力的变化，顾客购买本企业产品占总需要量的比重，选择供应商的标准等，这些对销售预测将更有帮助。

企业在调查时应注意：首先，选择的调查对象要具有代表性和普遍性，调查对象应能反映市场中不同阶层或行业的需要及购买需要；其次，调查的方法必须简便易行，使调查对象乐于接受调查；最后，对调查所取得的数据与资料要进行科学的分析，特别要注意去伪存真、去粗取精。只有这样,企业所获得的资料才具有真实性、代表性,才能作为预测的依据。

凡是顾客数量有限、调查费用不高、每位顾客意向明确又不会轻易改变的企业,均可以采用调查分析法预测销售。

2. 销售预测的定量分析法

定量分析法又称数量分析法,主要是应用数学的方法,对各种经济信息进行科学的加工处理,建立相应的数学模型,充分揭示各有关变量之间的规律性联系并作出相应的预测结论的方法。销售预测的定量分析法的具体方法又可以分为趋势预测分析法和因果预测分析法。

(1)趋势预测分析法。趋势预测分析法是指根据企业历史的、按发生时间的先后顺序排列的一系列销售数据,应用一定数学方法进行加工处理,按时间数列找出随销售时间而发展变化的趋势,由此推断其未来发展趋势的分析方法。这种方法是假设事物的发展将遵循"延续性原则",是可以预测的。常用的趋势分析法主要有算术平均法、移动平均法、趋势平均法和指数平滑法。

(2)因果预测分析法。影响产品销售的因素是多方面的,既有企业外部因素,又有企业内部因素;既有客观因素,又有主观因素。在这些因素中,有些因素对产品销售起着决定性作用或与产品销售存在某种函数关系,只要找到与产品销售(因变量)相关的因素(自变量)以及它们之间的函数关系,就可以利用这种函数关系进行产品的销售预测,这种销售预测方法就是因果预测分析法。

最常用的因果预测分析法是回归分析法,回归分析法又包括回归直线法、对数直线法和多元回归法等。

(二)成本预测

成本预测是指根据企业未来发展目标和其他有关资料,运用专门方法,预测企业未来成本发展水平及发展趋势的过程。

成本预测是企业进行产品设计方案的选择、零件外购或自制、是否增加新设备、新产品是否投产等决策的基础。通过成本预测,可以掌握未来的成本水平及其变动的趋势,为编制成本计划,进行成本控制、成本分析和成本考核提供依据。

为了保证成本预测达到预期的目标,成本预测应该服从企业总的经营目标,各部门、单位的成本预测应该以企业经营目标为基准进行协调,以保证整个企业的成本预测,决策系统的协调性、一致性。成本预测的方案应该切实可行,包括考虑技术上是否可行,产品质量是否有保证,是否符合国家有关的法律及社会道德的约束等问题。成本预测的方案应该具有应变能力,必须考虑可能发生的因素变化,并拟定应变措施,使成本预测、决策方案具有一定的弹性。

成本预测可以分为近期预测(月、季、年)和远期预测(3年、5年、10年)。远期预测通常用于分析宏观经济变动对企业成本的影响(如生产力布局变动、经济结构变动、价格变动等),为企业确定中长期预算和年度预算提供资料。近期预测着重分析影响成本的各个因素的变动,预算各个方案的成本指标,从中选择最优方案据以确定计划成本指标。在近期预测中,成本预测的侧重点是年度成本预测。一般来说,成本预测的步骤包括以下内容:

(1)根据企业的经营目标,提出初选的目标成本。

(2)初步预测当前生产经营条件下成本可能达到的水平,并找出与初选目标成本的差距。

(3) 提出各种成本降低方案,对比、分析各种成本方案的经济效果。
(4) 选择成本最优方案并确定正式目标成本。

成本预测按产品的不同,又可分为可比产品成本预测和不可比产品成本预测。

(三) 利润预测

利润是企业在一定会计期间进行经营活动的结果,是营业收入减去与之相配比的费用后的余额。利润预测是指在销售预测和成本预测的基础上,按照企业经营目标的要求,通过对影响利润变化的成本、产销量等因素的综合分析,对未来一定时间内可能达到的利润水平和变化趋势所进行的科学预计和推测。

对企业利润的预测可根据利润总额的构成方式分项进行。利润总额的计算公式如下:

$$利润总额 = 营业利润 + 投资净收益 + 营业外收支净额$$

预测时,先分别预测营业利润、投资净收益、营业外收支净额,再将各部分的预测结果相加,得出利润预测数额。

对企业利润的预测可采用直接预测法和因素分析法两种方法。

1. 直接预测法

直接预测法是指根据本期的有关数据,直接推算出预测期的利润数额的方法。预测时,可根据利润的构成方式,先分别预测营业利润、投资净收益、营业外收支净额,再将各部分预测数相加,得出利润预测数额。

营业利润是由产品销售利润和其他业务利润组成的,对这两部分预测利润的计算公式分别如下:

$$\begin{aligned}预测产品销售利润 &= 预计产品销售收入 - 预计产品销售成本 - 预计产品销售税金\\&= 预计产品销售数量 \times (预计产品销售单价 - 预计单位产品成本 -\\&\quad 预计单位产品销售税金)\end{aligned}$$

$$预测其他业务利润 = 预计其他业务收入 - 预计其他业务成本 - 预计其他业务税金$$

预测企业的投资净收益是根据预计企业向外投资的收入减去预计投资损失后的数额得出的。预测营业外收支净额是预计营业外收入减去预计营业外支出后的差额。

将所求的各项预测数额相加,便可计算出下一会计期间的预测利润总额。

【例 8-2】 琴岛有限责任公司生产 A、B、C 三种产品,本期有关销售单价、单位成本和下期产品预计销售量如表 8-2 所示。预测下一会计期间其他业务利润的资料为:其他业务收入为 20 000 元,其他业务成本为 14 000 元,其他业务税金为 4 000 元。

表 8-2 琴岛有限责任公司产品资料 金额单位:元

产品	销售单价	单位成本		下期产品预计销售量(件)
		销售成本	销售税金	
A	100	50	20	5 000
B	240	170	40	2 000
C	80	50	12	8 000

要求:根据资料,预测下一会计期间的营业利润。

预测各产品销售利润额为:

$$A产品:5\,000\times(100-50-20)=150\,000(元)$$
$$B产品:2\,000\times(240-170-40)=60\,000(元)$$
$$C产品:8\,000\times(80-50-12)=144\,000(元)$$
$$合计=354\,000(元)$$

预测其他业务利润为:

$$20\,000-14\,000-4\,000=2\,000(元)$$

所以,预测下一会计期间的营业利润为:

预测营业利润＝预测产品销售利润＋预测其他业务利润＝354 000＋2 000＝356 000(元)

2. 因素分析法

因素分析法是在本期已实现的利润水平基础上,充分估计预测期影响产品销售利润的各因素增减变动的可能,从而预测企业下一会计期间产品销售利润的数额的方法。影响产品销售利润的主要原因有产品销售数量、产品品种结构、产品销售成本、产品销售价格和产品销售税金等。

(四) 资金预测

资金预测是指在销售预测、利润预测和成本预测的基础上,根据企业未来经营发展的目标,并考虑影响资金的各项因素,运用一定方法预计、推测企业未来一定时期内或一定项目所需要的资金数额、来源渠道、运用方向及其效果的过程。

资金需要量的预测在提高企业经营管理水平和企业经济效益方面具有十分重要的意义:资金需要量的预测是进行经营决策的主要依据;资金需要量的预测是提高经济效益的重要手段;资金需要量的预测是编制资金预算的必要步骤。资金需要量的预测包括固定资金需要量的预测和流动资金需要量的预测两大类。

1. 固定资金需要量的预测

固定资金需要量的预测是对未来一定时期内企业进行生产经营活动所需固定资金进行预计和测算。预测固定资金需要量,最先要预测固定资产的需要量。固定资产需要量的预测是根据企业的生产经营方向、生产经营任务和现有的生产能力,预计和测算企业为完成生产经营任务所需要的固定资产数量。固定资产需要量的预测既要保证生产经营的正常需要,又要尽可能地节约资金、减少占用;既要考虑企业现有的技术条件,充分利用、挖掘现有的生产经营能力,又要尽可能地采用先进的科学技术成果,不断提高企业的生产经营技术的现代化水平。

由于企业的固定资产种类繁多,生产经营活动对各类固定资产需要的具体情况非常复杂,所从事的行业不同,其差别也很大。企业不可能逐一详细计算固定资产,而必须对其有重点地进行测算。例如,在工业企业全部固定资产中,生产设备是企业进行生产经营活动的主要物质技术基础,是决定生产经营的基本因素。它品种繁多、构成复杂、数量很大、占用资金最多,因此固定资产需要量的预测应以生产设备为重点。在正确预测生产设备需要量的基础上,其他各类固定资产可以根据生产设备配套的需要量合理地进行测算。

2. 流动资金需要量的预测

预测流动资金需要量的方法很多,最常见的有资金占有比例法、周转期预测法、因素测算法和余额测算法。

三、经营预测的步骤

1. 明确预测目的和要求

预测目的不同,预测的内容、项目所需要的资料以及运用的方法都会有所不同。根据经营活动的需要明确预测的具体要求,并根据具体要求拟定预测项目,制订预测计划以保证预测顺利进行。

2. 明确预测对象

做好经营预测,必须先确定预测对象,即确定预测的内容和范围,进而有针对性地做好各阶段的预测工作。

3. 收集整理资料

进行经营预测必须要有充分的资料,从而为预测提供进行分析的可靠数据。收集资料是预测的基础性工作。收集资料应力求资料完整,资料越完整,预测结果越精确、可靠。同时,要对所收集的大量资料进行整理、归纳,找出与预测对象有关的各项因素之间的相互依存关系。

4. 选择预测方法

不同的预测对象和内容,应选择不同的预测方法。尤其是用定量分析法进行预测时,必须根据预测目的和历史数据的变化类型来选择数学模型,确定各变量之间可能存在的联系,根据有关参数,建立预测模型,将有关数据代入预测模型,求得预测值。

5. 分析预测误差并修正预测值

任何方法的预测不可能完全准确,特别是中、长期预测。尤其是根据数学模型计算出来的预测值可能没有将非计量因素考虑进去,这就需要对其进行修正,使预测值切实为决策提供科学依据。

8-2:扫一扫,练一练

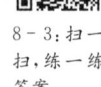

8-3:扫一扫,练一练答案

第五节 决 策 管 理

一、决策概述

正确的决策对于一家企业的生存和发展至关重要。一家处于困境的企业常常由于管理者的正确决策而起死回生,一个经营良好的企业也可能因为一个错误决策而陷入困境。

所有决策的目的都是使企业目标最优化。决策是面向未来的,而未来含有许多不确定性因素,因此,良好的预测是决策的基础,是决策科学化的前提。同时,决策是规划的基础,没有具体的决策结论,就无法作出相应的计划和预算,也无法进行相应的控制和考核。

(一)决策的程序

决策应尽可能做到主客观一致,与企业内外部环境相适应。为此,决策必须按照科学的程序来进行。从本质上说,决策程序就是提出问题、分析问题和解决问题的过程。一般而言,决策的程序有如下几个步骤。

1. 确定决策目标

决策目标是决策的出发点和终点。决策是为了实现一定的经济目标。因此,决策最先要明确某项决策要解决什么问题、达到什么目的。确定决策目标就是要根据企业所面临的内外部环境和条件,确定某项决策究竟要解决什么问题、达到什么目的。例如,企业在生产方面,存在新产品研制和开发问题、生产力如何提高问题、生产设备如何充分利用问题、生产工艺技术革新问题,以及产品生产组合问题等,有关生产决策就是要确定解决上述所列问题的决策。

2. 收集相关信息

确定了决策的目标,决策者就要针对并围绕决策目标,广泛地收集与决策目标相关的信息。这是决策程序中具有重要意义的步骤,它是关系决策成败的关键问题之一。

在当今信息社会,信息是管理决策的重要依据,任何管理决策都离不开信息。决策者所收集的信息必须符合决策所需的质量要求,只有这样,才能使所收集的信息对决策具有相关性。因此,收集与决策目标相关的信息在企业决策程序中要反复进行,贯穿于决策各个步骤之间。也就是说,决策程序中各个步骤都涉及收集相关信息。

3. 提出备选方案

决策就是对未来的各种可能行动方案进行选择或作出决定。为了未来各种可能行动方案作出最优的选择,决策者必须根据所确定的决策目标和所掌握的相关信息,提出实现决策目标的各种备选方案,这是科学决策的基础和保证。

4. 选择最优方案

选择最优方案是整个决策过程中最关键的环节。在这个环节中,决策者必须根据所掌握的相关信息,对各种备选方案的可行性进行充分的论证,全面权衡有关因素的影响,通过不断比较、筛选,选择出最优的可行方案。

5. 方案的实施和修正

决策的付诸实施才是决策的目的,其实施结果也是检验所作决策正确性与否的客观依据。因此,决策方案选定之后,决策者就应该将其纳入企业的计划,并具体组织实施。在方案实施过程中,决策者要对实施的具体情况进行检查和监督,将实施结果与决策目标进行比较,揭示偏离决策目标的程度及其原因,"对症下药",采取相应的措施,纠正偏差,甚至修正原先的决策方案,使之尽量符合客观需要和适应企业内外部环境,以保证决策目标的顺利实现。

(二)决策的相关概念

1. 相关收入

相关收入是指与特定决策方案相联系的、能对决策产生重大影响、在短期经营决策中必须予以充分考虑的收入。如果某项收入只属于某个经营决策方案,即若有这个方案存在,就会发生这项收入,若这个方案不存在,就不会发生这项收入,那么,这项收入就是相关收入。相关收入的计算,要以特定的决策方案的单价和相关销售量为依据。与相关收入相对立的是无关收入。如果无论是否存在某个决策方案,均会发生某项收入,那么该项收入就是该方案的无关收入。显然,在经营决策中是不考虑无关收入的。

2. 相关成本

相关成本是与特定决策方案相互联系的、能对决策产生重大影响、在经营决策中必须予以充分考虑的成本。这里所说的相关成本,是指与某个特定决策方案直接相关的成本,此方案采用,该成本就会发生;否则,该成本就不会发生。相关成本包括边际成本、机会成本、付现成本、专属成本、可延缓成本等。

1) 边际成本

边际成本是指当业务量发生微小变动时所引起的成本变动额。但在实际经济活动中,业务量的微小变动只能小到一个经济单位。因此,在管理会计中,边际成本是指当业务量增加一个单位所引起的成本增加额,在相关范围内,边际成本实际上就是单位变动成本。

【例8-3】 琴岛有限责任公司每增加1个单位产量的生产引起总成本的变化及追加成本的变化,如表8-3所示。

表8-3　　　　　　　　　　　总成本变化及追加成本变化

产量(件)	总成本(元)	边际成本(元)
100	800	—
101	802	2
102	804	2
103	806	2
104	808	2
105	918	110
106	920	2
107	922	2

表8-3可以看出,产量每增加1个单位,边际成本并不总是一个固定数值。当产量从100件递增至104件时,每增加1个单位产量的边际成本为2元。当产量从104件增加到105件时,增加1个单位产量的边际成本就上升为110元;接着,又以每增加1个单位产量的边际成本为2元的变化趋势增加,这是因为当产量从100件增加到104件时,是在相关范围内,固定成本不随产量变化,而只是变动成本随产量变化;当产量从104件增加到105件时,边际成本上升为110元,这表明第105件产品已超出了原来的相关范围,达到这个产量需增加固定成本。在这之后,边际成本又以一个固定数值(2元),在新的相关范围内,随着单位产量的增加而增加。

2) 机会成本

企业在进行经营决策时,必须从多个备选方案中选择一个最优方案,而放弃其他的方案。此时,被放弃的方案可能获得的潜在利益就成为已选中的最优方案的机会成本。也就是说,不选其他方案而选最优方案的代价,就是已放弃方案的获利可能。企业选择方案时,将机会成本的影响考虑进去,有利于对所选方案的最终效益进行全面评价。

【例8-4】 琴岛有限责任公司现有一空置的车间,既可以用于A产品的生产,又可以出租。该车间如果用来生产A产品,收入为35 000元,成本费用为18 000元,可获净利17 000元;用于出租,则可获租金收入12 000元。公司如果选择车间用于生产A产品,则必须作出放弃出租的方案,其本来可能获得的租金收入12 000元应作为生产A产品的机会成本,由生产的A产品负担。这时,公司可以得出正确的判断结论:生产A产品将比出租多获净利5 000元。

可见,机会成本产生于企业的某项资产的用途选择。具体来讲,如果一项资产只能用来实现某一职能而不能用于实现其他职能,不会产生机会成本,如企业购买的一次还本付息债券,只能在到期时获得约定的收益,因而不会产生机会成本。如果一项资产可以同时用来实现若干功能,则可能产生机会成本,如企业购买的可转让债券,既可以到期获得约定收益,又可以在未到期前中途转让以获得转让收益,从而可能产生机会成本。

此外,应注意的是,由于机会成本只是被放弃方案的潜在收益,而非实际支出,不能据以登记入账。但由于资源的有限性,企业必须充分利用资源效益,机会成本在经营决策中应作为一个现实的重要因素予以考虑。

3) 付现成本

付现成本是指在决策方案开始实施时,立即用现金支付的营运成本。在一定意义上来说,决策方案的成本往往都要用现金来支付,但发生的时间有所不同。有的发生在决策方案实施前,如购买原有设备的支出;有的发生在决策方案实施后,如购买原材料采用分期付款方式时的后期付款。管理会计中所说的付现成本,不包括前面所说的方案实施前和实施后用现金支付的成本,只是指方案开始实施时马上用现金支付的成本。

4) 专属成本

专属成本是指那些能够明确归属于特定决策方案的成本。它往往是为了弥补生产能力不足的缺陷,从而增加有关设备而发生的成本。专属成本的确认与取得有关设备的方式有关。若采用购买方式,则购买设备的支出就是该方案的专属成本;若采用租入方式,则设备的租金就是该方案的专属成本。另外,在具体应用时,凡是属于某一方案新增加的固定成本,都可确认为专属成本,如采购材料决策时,到外地采购材料的差旅费支出,就可确认为该采购方案的专属成本。

5) 可延缓成本

可延缓成本是指那些在经营决策中对其暂缓开支不会对企业未来的生产经营产生重大不利影响的成本。可延缓成本也是经营决策中必须考虑的相关成本。

3. 无关成本

无关成本是指不受决策结果影响,已经发生或不管方案是否采用都注定要发的成本。在经营决策中,没有必要考虑无关成本。无关成本主要包括沉没成本、联合成本和不可延缓成本。

1) 沉没成本

沉没成本是指过去已经发生并无法由现在或将来的任何决策所改变的成本。由于沉没成本是对现在或将来的任何决策都无影响的成本,经营决策时不予考虑。

【例8-5】 琴岛有限责任公司有一台旧设备要提前报废,其原始成本为10 000元,已计提折旧8 000元,折余净值为2 000元。2 000元的折余价值就是沉没成本。假设处理这台旧设备有两个方案可供考虑:一是将旧设备直接出售,可获得变价收入500元;二是经修理后再出售,需支出修理费用1 000元,但可获得1 800元。

在进行决策时,由于旧设备折余价值2 000元属于过去已经支出再无法收回的沉没成本,不予考虑,只需将这两个方案的收入进行比较。直接出售可得收入500元,而修理后出售可得净收入800元(1 800-1 000),显然,第二个方案比第一个方案可多得300元(800-

500)。所以,应将旧设备修理后再出售。

可见,沉没成本是企业在以前经营活动中已经支付现金,而在现在或将来经营期间摊入成本费用的支出。固定资产、无形资产、递延资产等均属于企业的沉没成本。

2) 联合成本

联合成本是指为多种产品的生产或多个部门的设置而发生的,应由这些产品或这些部门共同负担的成本。例如,在企业生产过程中,几种产品共同的设备折旧费、辅助车间成本等都属于联合成本。

3) 不可延缓成本

不可延缓成本是与可延缓成本相对立的成本。它是指在经营决策中,若对某项成本暂缓开支,就会对企业未来的生产经营产生重大不利影响的成本。由于不可延缓成本具有较强的刚性,注定要发生,必须保证对它的支付,没有什么可选择的余地,所以在经营决策中没有必要对其加以考虑。

8-4 视频:相关成本与非相关成本

延伸阅读 8-1

警惕协和谬误

决策中沉没成本的概念是科学的,但沉没成本也可能导致协和谬误。

协和谬误是指某件事情在投入了一定成本,进行到一定程度后发现不宜继续下去,却苦于各种原因而将错就错,让人欲罢不能。

沉没成本很可能会延续人们无谓的坚持,已经沉没的本该放弃,可惜大部分人有赌徒式的心理,相信阿基米德的杠杆终将启动。可惜他们在爬到足够撬动杠杆的支点之前,已经窒息了。协和谬误倒是给了人们半途而废的理由,会不会有人担心它的滥觞会左右一些本该坚持的目标?的确有这个可能,但是应该相信人们有足够的理智,他们完全可以比较沉没成本、机会成本和未来收益的关系,看清了以后,必定会坦然地走出协和谬误。

例如,妈妈花了 2 000 元给女儿亚莉购买了一架电子琴。但她对音乐没有什么兴趣,电子琴渐渐落了灰。不久,亚莉妈妈的同事介绍说有一位音乐学院钢琴专业的老师可以当亚莉的家教,这个时候你觉得亚莉妈妈会作何决定呢?亚莉妈妈决定请家教,理由是:电子琴都买了,当然要好好学,请一个老师教教,要不这个琴就浪费了!于是,每月 500 元的付出又坚持了半年,最终还是不得不放弃了,为了不浪费 2 000 元的电子琴,亚莉妈妈继续浪费了 3 000 元的家教费。

当你进行了一项不理性的行动后,应该忘记已经发生的行为和你支付的成本。只要考虑这项活动之后需要耗费的精力和能够带来的好处,再综合评定它能否给自己带来正效应。例如,进行投资时,把目光投向前方,审时度势,如果发现这项投资并不能盈利,应该及早停掉,不要惋惜已经投下去的各项成本,如精力、时间、金钱等。

二、经营决策分析

经营决策分析是指通过计算、分析和比较有关短期经营决策方案的优劣,据以作出选择的过程。经营决策分析不外乎是在本、量、利之间进行总量或差量的比较和优选。常用的决策分析方法有差量分析法、贡献毛益分析法、成本平衡点法等。

定价决策是指企业根据市场及相关因素确定其销售价格的决策,它是企业一项重要的经营决策。在市场经济条件下,企业产品的价格必然要与市场的需求相联系,受到市场供需法则的制约。市场环境复杂多变,定价决策必须具有一定的灵活性。下面介绍几种常用的定价方法。

1. 以完全成本为基础的定价

以完全成本为基础的定价是按产品的完全成本,加上一定百分比的利润确定产品售价的方法。其定价模型为:

$$单价 = 预计单位产品完全成本 \times (1 + 利润加成率)$$

2. 以变动成本为基础的定价

以变动成本为基础的定价是指在产品变动成本的基础上,加上一定数量的边际贡献,以此确定产品的销售价格。此方法一般适用于在企业尚有剩余生产能力的情况下,衡量是否接受追加订货的产品价格的标准。其定价模型为:

$$产品单价 = 产品单位变动成本 \div (1 - 边际贡献率)$$

3. 以市场为基础的定价

以市场为基础的定价是指企业制定产品售价主要以市场需求和消费者对特定价格水平的接受程度作为客观依据。以市场需求为定价基础的基本出发点是价格与市场需求量呈相反方向的变化,价格高则需求量小,价格低则需求量大。市场需求量对企业的产销量有直接的制约作用。在产品供不应求时,企业可适当提高产品的售价,但同时产销量可能会减少;在供过于求时,企业则可适当降低产品的售价,以增加销售量。以市场需求为基础的定价决策的关键问题在于售价与销售量之间的一种平衡,从而使得企业的利润能够最大化。

三、长期投资决策分析

(一) 长期投资的概念

长期投资是指涉及投入大量资金,投资所获得报酬要在长时期内逐渐收回,能在较长时间内影响企业经营获利能力的投资。与长期投资项目有关的决策称为长期投资决策。广义的长期投资包括固定资产投资、无形资产投资和长期证券投资等内容。而固定资产投资在长期投资中所占比例较大,所以狭义的长期投资特指固定资产投资。本节主要论述狭义的长期投资决策。

(二) 长期投资的特征

1. 投资金额大

长期投资,特别是战略性扩大生产能力的投资需要的金额一般都较大,往往是企业多年的资金积累,在企业总资产中占到很大比重。因此,长期投资对企业未来的财务状况和现金流量起到相当大的影响。

2. 影响时间长

长期投资的投资期和发挥作用的时间都较长,项目建成后对企业的经济效益会产生长久的效应,并有可能对企业的前途有决定性的影响。

3. 变现能力差

长期投资的使用期长,一般不会在短期内变现,即使企业由于种种原因想在短期内变现,其变现能力也较差。长期投资项目一旦建成,想要改变是很困难的,不是无法实现,就是代价太大。

4. 投资风险大

长期投资项目的使用期长,面临的不确定因素很多,如原材料供应情况、市场供求关系、技术进步速度、行业竞争程度、通货膨胀水平等都会影响投资的效果。所以,长期投资面临较高的投资风险。

长期投资需要投入较多的资金,而且影响的时间长,投入资金的回收和投资所得收益都要经历较长的时间才能完成。在进行长期投资决策时,一方面要对各方案的现金流入量和现金流出量进行预测,正确估算出每年的现金净流量;另一方面要考虑资金的时间价值,还要计算出为取得长期投资所需资金所付出的代价,即资金成本。现金净流量、资金时间价值和资金成本是影响长期投资决策的重要因素。

8-5:影响企业长期投资决策的因素

第六节 业绩评价

一、业绩评价概述

(一) 业绩评价的含义

业绩评价是指运用科学、规范的管理学、财务学和数理统计等方法,对企业或其各责任中心一定经营期间内的生产经营状况、资本运营效益、经营者业绩等进行定量与定性的考核、分析,并作出客观公正的综合评价。业绩评价的关键在于通过业绩评价,找出影响业绩的关键点,明确影响业绩的关键责任人,以便最终改善业绩。

通过业绩评价,可以将企业战略逐步转化为执行目标;通过业绩评价,可以完善激励机制,提升企业价值;通过业绩评价,可以揭示企业价值创造的动因,提高企业成本管理决策依据的科学性。

(二) 业绩评价的构成要素

业绩评价作为一个系统,是企业整个管理控制系统中的一个子系统,由业绩评价目标、业绩评价主体、业绩评价对象、业绩评价指标、业绩评价标准和业绩评价报告六个基本要素构成。

1. 业绩评价目标

业绩评价目标是业绩评价系统运行的指南和目的,它服从和服务于企业的整体目标。业绩评价目标就是为企业管理当局制定最优战略及为其实施提供有用的信息。

2. 业绩评价主体

在现代企业制度下,公司治理结构中的业绩评价主体可能包括如下几个方面:
(1) 股东与股东大会。
(2) 董事与董事会。
(3) 监事与监事会。
(4) 经理层。

3. 业绩评价对象

业绩评价对象主要有两类:一是团体单位,如企业或者企业的分支机构、职能部门;二是个人,如经营者、高级管理人员和普通员工。

企业在业绩评价时通常将所属部门分为成本(费用)中心、利润中心和投资中心三个主要类型。对于不同的评价对象,其评价要求、评价目标、评价内容和评价指标有所不同。

4. 业绩评价指标

业绩评价指标分为财务评价指标和非财务评价指标。如何选择业绩评价指标是业绩评价系统设计中最重要的一个问题。

5. 业绩评价标准

业绩评价标准是指判断评价对象业绩优劣的标准。业绩评价标准具有规划、控制、考核等功能，业绩评价标准的选择取决于业绩评价的目的。在选择业绩评价标准时，应当从企业全局出发，力求有充分的科学依据。业绩评价常用的标准有以下几种：

(1) 企业的战略目标与预算标准。

(2) 历史标准。

(3) 行业标准或竞争对手标准。

(4) 经验标准。

(5) 企业制度和文化标准。

6. 业绩评价报告

业绩评价报告是业绩评价系统的结论性文件。业绩评价报告的文字与格式应当简洁、明了，便于理解；应当突出关键的问题与原因，提高效率。

业绩评价报告是业绩评价人员以业绩评价对象为单位，通过会计信息系统及其他相关信息系统，获取与业绩评价对象有关的信息，经过加工整理后得出业绩评价对象的评价指标数据，再与事先确定的评价标准进行对照比较，揭示差异及差异产生的原因、责任归属和对企业产生的影响，得出评价对象的业绩优劣的结论后形成的书面总结性报告文件。其格式与写法因业绩评价对象与内容的不同而不同，没有统一的规定。

（三）业绩评价的功能

业绩评价具有以下三个基本功能。

1. 激励与约束功能

一家企业所编制的年度预算一般是以特定子公司或分部为单位，它是根据下年度该单位特定的经营环境为依据制定的该单位下年度生产经营活动的行动指南。一个单位的年度预算一般由该单位的经理人员参与编制，并由该单位的管理人员实际执行。因此，以年度预算为标准的业绩评价具有激励与约束的功能。

2. 项目再评估功能

一家企业所编制的资本预算是对该企业的长期重大投资活动（项目）所进行的可行性研究和收支计划安排。它一般包括一个投资项目的投资报酬率、净现值、现金流量等指标。一个投资项目的实际运行效果是否与预期一致，是企业管理当局极为关心的问题。以资本预算为标准的业绩评价，可以不断提高企业投资预测的准确性，从而起到对项目再评估的作用。

3. 资源再配置功能

将竞争对手的有关指标作为业绩评价的标准，对企业的战略分析和资源的合理配置具有十分重要的意义。成功的企业应该在其所属行业或产品线中具有竞争优势。对一个大型企业集团或跨国公司来说，往往同时经营多个行业或一个行业的多个产品线，要求在其所涉及的行业或产品线都应该具有一定的竞争优势。这时，以竞争对手的有关指标作为评价标准，有助于使企业发现其已经具有的竞争优势并根据这些信息，对其重新进行战略分析并确定应相应采取的战略措施,对原有资源进行调整和重新配置,放弃不具备或不可能获得竞争优势的行业或产品线,增强已经具备竞争优势的行业和产品线,或者重新选择新的经营方向。

二、责任中心的业绩评价

责任中心是指按照各自的管理权限,承担相应经济责任,并能考核其经济责任履行情况的企业内部单位。责任中心通常包括成本中心、利润中心和投资中心三类。对责任中心进行业绩评价,可以分析各责任中心的责任履行过程、结果及其原因,以落实有效的约束和激励机制。对各类责任中心进行业绩评价的最有效标准是各责任中心的责任预算值。

(一)成本中心的业绩评价

成本中心是成本(费用)发生的责任区域,是以成本(费用)作为主要目标和控制数据的责任中心,由于它只能控制成本,无法控制销售和收益,它只需对成本负责。在三类责任中心中,成本中心是最基础、最直接的责任中心。

1. 成本中心的含义

成本中心是指只对成本或费用负责的责任中心。成本中心的范围最广,只要有成本费用发生的地方,都可以建立成本中心,从而在企业形成逐级控制、层层负责的成本中心体系。

成本中心所发生的各项成本,对成本中心来说,有些是可以控制的,即可控成本;有些则是无法控制的,即不可控成本。成本中心只能对其可控成本负责。一般来讲,可控成本应同时符合以下三个条件:

(1)责任中心能够通过一定的方式了解将要发生的成本。
(2)责任中心能够对成本进行计量。
(3)责任中心能够通过自己的行为对成本加以调节和控制。

凡是不能同时符合上述三个条件的成本通常为不可控成本,一般不在成本中心的责任范围之内。

成本的可控与不可控是相对而言的,这与责任中心所处管理层次的高低、管理权限的大小,以及控制范围的大小有直接关系。对企业来说,几乎所有成本都可以被视为可控成本,一般不存在不可控成本;而对企业内部的各个部门、车间、工段、班组来说,则既有其各自专属的可控成本,又有其各自的不可控成本。一项对较高层次的责任中心来说属于可控的成本,对其下属的较低层次的责任中心来说,可能就是不可控成本;反过来,较低层次责任中心的可控成本,则一定是其所属的较高层次责任中心的可控成本。

2. 成本中心业绩评价的基本内容

成本中心业绩评价的基本内容是将实际成本与责任成本(可控成本之和)进行比较,确定两者差异的性质、数额以及形成的原因,并根据差异分析的结果,对各成本中心进行奖惩,以督促各成本中心调整行为误差,保证责任目标的实现。

3. 成本中心业绩评价的主要指标

成本中心业绩评价的主要指标是责任成本增加额、责任成本升降率和与其作业相关的非财务指标等。成本增减额和成本升降率的计算公式分别如下:

$$成本增减额 = 实际成本额 - 预算成本额$$

$$成本升降率 = 成本增减额 \div 预算成本额$$

运用财务指标评价成本中心时的前提条件是要正确区分可控成本和不可控成本。各成本中心只对其可控成本负责,因此对各成本中心的财务业绩评价只能局限于其可控成本,即上述公式中的各项数据只包括责任中心发生的可控成本。

【例8-6】 琴岛有限责任公司包括A、B、C三个成本中心。这三个成本中心某时期的责任成本预算值分别为50 000元、60 000元和70 000元;可控成本实际发生额分别是48 500元、62 500元和69 500元。琴岛有限责任公司成本中心业绩考核与评价表如表8-4所示。

表8-4　　　　　　　　　　成本中心业绩考核与评价表　　　　　　　　金额:元

成本中心	责任成本预算值	可控成本实际发生额	增减额	升降率
A	50 000	48 500	−1 500	−3%
B	60 000	62 500	2 500	4.17%
C	70 000	69 500	−500	−0.71%

注:表中负数表示节约,正数表示超支。

显然,在三个成本中心里,A成本中心的成本预算完成情况最好,B成本中心的成本预算完成情况最不好。

成本中心进行业绩评价的另一个重要问题是非财务指标的运用。成本中心通常运用于较低层次的组织,而财务业绩指标的综合性特征使其在成本中心的运用非常有限,非财务指标更普遍适用于成本中心,因此在对成本中心业绩评价指标的设计中,应特别重视非财务指标在其中的运用,相比较而言,有时非财务指标对于成本中心的业绩评价更为重要。当然,不同成本中心的作业性质和作业内容不同,其非财务指标也不尽相同,必须针对每一个具体作业的具体情况加以确定。

(二)利润中心的业绩评价

利润中心不同于成本中心,它不仅对成本负责,而且还对收入负责,并进一步将两者进行比较考核其利润。利润是销售量、价格、成本和费用等各因素的综合作用的结果。对利润中心的业绩评价通常应该以收益指标为主。由于不同类型、不同层次的利润中心的可控范围不同,其用于评价的收益指标亦不同,具体可包含毛利、贡献毛益和营业利润三种不同层次的收益形式。

1. 毛利

毛利是销售净额经过销售成本抵减后的余额,它是利润表中最有意义的指标之一。作为利润中心的考核指标,它包含了利润中心管理者所能控制的销售收入和销售产品成本两个因素,满足了责任会计制度的基本要求,有利于各部门进行成本分析与控制。

2. 贡献毛益

贡献毛益是销售收入与变动成本总额的差额。采用贡献毛益指标对利润中心进行业绩评价,可以保持利润中心目标与企业总目标的一致,也可以更好地体现可控性原则,还可以有利于高层管理者的决策。例如,当一个部门亏损时,只要它能创造贡献毛益,在没有其他更佳方案的前提下,就应保留该部门。

3. 营业利润

营业利润是在上述贡献毛利基础上,减去各部门应负担的全部营业费用后的余额。采用营业利润作为评价业绩的指标,克服了上述毛利指标带来的利润中心目标和企业目标的不一致问题。但是,由于企业发生的间接费用都是间接地为各部门产品生产和销售服务的,而这些间接费用通常属于共同费用,它们不能直接确认、归属于某一部门,只能根据企业的具体情况,分别采用适当的比例加以分配。共同费用的分配必须有公平、合理的基础,这不仅是保证营业利润可控,并且还是保护各部门积极性的关键。

(三) 投资中心的业绩评价

投资中心是对投资负责的责任中心,其特点是既要对成本和利润负责,又要对投资效果负责。从管理层次看,投资中心是最高一级的责任中心,业绩评价的基本内容是有关责任中心的成本、收入、利润及资金占用等指标的完成情况。

一般来说,投资中心的业绩评价有投资报酬率、剩余收益和经济增加值三个重要的财务指标。

8-6 视频:
投资中心的
业绩评价

1. 投资报酬率

投资报酬率是投资中心一定时期内的营业利润和该期的投资占用额之比。其计算公式如下:

$$投资报酬率 = (营业利润 \div 投资占用额) \times 100\%$$

实务中,为了更详细的情况,投资报酬率公式通常还可扩展如下:

$$投资报酬率 = 销售利润率 \times 投资周转率$$

其中:

$$销售利润率 = 营业利润 \div 营业收入$$
$$投资周转率 = 营业收入 \div 投资占用额$$

【例8-7】承[例8-6],琴岛有限责任公司有X、Y、Z三个投资中心。琴岛有限责任公司投资中心业绩考核与评价表如表8-5所示。

表8-5　　　　　　　投资中心业绩考核与评价表　　　　　　　单位:万元

投资中心	营业收入	营业利润	投资占用额	投资报酬率
X	180 000	24 000	115 000	20.9%
Y	475 000	39 500	490 000	8.06%
Z	390 000	32 500	290 000	11.21%

投资报酬率包含了投入、产出两大因素及其相互关系,从而更为综合地反映了投资中心的经营业绩。在表8-5中,尽管Y部门获利最高,但占用的资金也最多,从而导致其投资报酬率反而最低。

为进一步分析,可将各投资中心的业绩进行分解:

X投资中心:投资报酬率 = (24 000 ÷ 180 000) × (180 000 ÷ 115 000)
　　　　　　　　　　　= 13.33% × 1.565
　　　　　　　　　　　= 20.9%

Y投资中心:投资报酬率 = (39 500 ÷ 475 000) × (475 000 ÷ 490 000)
　　　　　　　　　　　= 8.32% × 0.969
　　　　　　　　　　　= 8.06%

Z 投资中心:投资报酬率=(325 000÷390 000)×(390 000÷290 000)
=8.33%×1.35
=11.2%

销售利润率和投资周转率两个因素各自的着眼点不同:销售利润率表示每100元销售收入带来的利润,它关注的是产品的盈利性。投资周转率表示每1元投资能实现的销售收入,它关注的是资产利用效率。投资周转率越大,意味着资产利用效率越高。投资额一定的情况下,要提高投资周转率就要采用各种方式促进销售。在[例8-7]中,Y、Z两个投资中心的销售利润率都为8.3%,但由于Z投资中心的投资周转率要高于Y投资中心,即Z投资中心的资产利用效率高,最终,它获得高于Y投资中心的投资报酬率。通过对投资报酬率的分解分析,有助于了解投资报酬率高低的真实原因,寻找提高投资报酬率的正确途径。

当然,投资报酬率也有其自身的缺陷,主要是它会使投资者拒绝接受超出企业平均投资报酬率而低于该部门现有报酬率的投资项目,从而损害了企业的整体利益。

2. 剩余收益

剩余收益是一个部门的营业利润超过其预期最低收益的部分。一个部门的预期最低收益是该部门的投资占用额与企业最高管理当局所确定的预期最低投资报酬率的乘积。其计算公式如下:

剩余收益 = 营业利润 − 预期最低收益 = 营业利润 − 投资占用额 × 预期最低报酬率

【例8-8】 承[例8-7],琴岛公司预期最低投资报酬率为10%,其三个投资中心的剩余收益的计算如表8-6所示。

表8-6　　　　　　　　　　　剩余收益计算表　　　　　　　　　　　　单位:万元

投资中心	营业利润	投资占用额	预期最低收益	剩余收益
X	24 000	115 000	115 000×10%=11 500	12 500
Y	39 500	490 000	490 000×10%=49 000	−9 500
Z	32 500	290 000	290 000×10%=29 000	3 500

利用剩余收益指标评价投资中心的经营业绩可以使投资中心的局部利益与企业的整体利益趋于一致。当资金比较充裕时,一般采用剩余收益指标较好,项目只要有利可图即可;当资金比较短缺时,应尽可能充分利用好资金,将其投入到最有利的项目中去,力求尽可能高的投资报酬率。

3. 经济增加值

经济增加值(EVA)是企业税后营业利润减去资本成本总额后的余额。其计算公式为:

经济增加值 = 税后营业利润 − 资本成本总额

经济增加值与剩余收益不同,经济增加值扣除的是资本成本而不是最低报酬率,是债务成本和股权成本的加权资本成本,其战略性要稍强。经济增加值是一种全面财务管理和薪金激励体制的框架,它把资本预算、绩效评价和激励报酬有效地结合起来。以经济增加值为目标导向的管理几乎涵盖了管理决策的所有方面,从战略计划、资源分配、兼并与分立、确定年度目标,一直到日常经营决策等,而所有这些活动的目的都是增加经济增加值。

8-7:扫一扫,练一练

8-8:扫一扫,练一练答案

三、平衡计分卡

平衡计分卡是由美国哈佛大学的卡普兰（Kaplan）教授和诺顿（Norton）教授率先提出的。平衡计分卡作为一种管理方法，其注意力主要放在组织目标的实现方面。该方法认识到，企业要向员工、供应商、顾客、合伙人、社区和股东等不同利益相关集团负责。由于不同利害关系人的目标和要求不同，企业必须在这些相互矛盾和竞争的不同要求之间进行平衡。从本质上看，平衡计分卡实际上是在衡量和评价企业在满足不同利害关系人要求方面的业绩。平衡计分卡在将企业使命和战略转化为具体目标和业绩指标的同时，也在平衡企业各方利害关系人之间的不同要求。

平衡计分卡的基本内容表现为以下四个方面。

1. 财务方面

评价企业业绩传统上通常采用财务绩效指标，企业的利益相关者（包括股东、经理人、员工、债权人）都是按照财务指标判断企业是否成功。平衡计分卡保留有关财务方面的内容是因为财务指标对概述可计量经济结果是有价值的，财务业绩指标能反映出公司的战略是否对提高企业净利有帮助。典型的财务业绩指标包括如上所述的利润、投资报酬率、经济增加值等。

2. 客户方面

在客户方面，管理者要确定经营单位将要面对的竞争性客户和市场份额，并计量经营单位在这个目标范围内的业绩情况。典型的客户方面的核心业绩指标包括客户满意程度、客户保持程度、新客户的获得、客户可获利能力和市场份额等。

3. 内部作业流程方面

内部作业流程是内部经营过程在平衡计分卡上的反应，包括创新、经营和售后服务三个主要过程。创新过程包括确定市场和开发产品、提供服务两个方面。经营过程是把现有的产品和服务生产出来并交付给客户，这一过程强调效率、一致。售后服务过程包括保证书、修理及退、换货，支付手段的管理等。

4. 学习与成长方面

在平衡计分卡的学习和成长方面，确立了企业必须建立长期的成长和进步的基础结构。企业的学习和成长来自人员、信息系统和企业的程序三个方面。平衡计分卡中的财务目标、客户目标和内部作业流程目标，通常显示出在现有人员、系统和程序的生产能力与实现突破性业绩目标所要求的生产能力之间的巨大差距。为了弥补这些差距，企业必须作出投资于培训雇员、提高信息技术和信息系统，以及组织企业程序改进等措施。

作为一种战略导向的综合绩效评价系统，平衡计分卡对传统绩效评价的改善主要体现在以下几个方面：

（1）平衡计分卡将战略目标具体化。平衡计分卡的设计先要分析企业目标和基本战略对于经营活动各方面的基本要求，并由此确定各方面工作的着重点，有利于保证目标与战略在具体经营活动中的体现。

（2）平衡计分卡的运用，从绩效评价体系构建的方法上加强了内部沟通，也就使各个层次的具体职员能更好地理解企业的目标和战略，从而有助于促进内部决策目标的战略一致性。

(3) 平衡计分卡以客户为尊,重视竞争优势的获取和保持。
(4) 平衡计分卡重视非财务业绩的计量,促进了结果考核和过程控制的结合。
(5) 平衡计分卡利用多方面考核所具有的综合性,促进了短期利益和长期利益的平衡。

8-9:平衡计分卡案例

第七节 管理会计报告

一、管理会计报告概述

管理会计报告是管理会计信息输出的呈现方式之一,报告是管理会计循环的环节之一,为企业各层级进行规划、决策、控制和评价等管理活动提供有用信息。在管理会计报告这一概念产生之前,"报告"就一直伴随着管理会计。管理会计报告概念的提出和广泛重视,则体现了会计信息服务于企业内部管理决策的重要性,也代表着管理会计的深入发展和重要性;同时也说明了管理会计信息输出的呈现方式越来越被重视。

(一) 管理会计报告的定义

管理会计报告没有一个广泛认可的定义,甚至对于名称也有不同的称法,如内部财务报告、内部管理报告、内部报告等。与管理会计中其他的工具和方法,如成本管理、预算管理等相比,管理会计报告在概念、内涵、要素、维度、体系等基本问题上尚未形成统一认识。根据《管理会计应用指引第 801 号——企业管理会计报告》的规定,管理会计报告是指企业运用管理会计方法,根据财务和业务的基础信息加工整理形成的,满足企业价值管理和决策支持需要的内部报告。

企业内部流转着各种报告形式的文本,如战略规划报告、人力资源报告、研究开发报告、绩效评价报告等,但并非所有这些内部报告都是管理会计报告。管理会计工作的呈现方式,即提供信息服务的方式,有很多种。未必所有的信息都通过报告形式的文本来呈现。管理会计报告试图去归纳、设计、规范管理会计的信息输出,以更好地实现管理会计工作的目标。管理会计报告的边界与管理会计的边界相同,管理会计覆盖哪些内容和方面,作为管理会计工作呈现方式之一的管理会计报告就需要努力去覆盖那些内容和方面。管理会计的目标就是管理会计报告的终极目标。企业可以通过管理会计报告去设计和打造一个上下联通的信息沟通和控制渠道,使管理者的决策能力和员工的执行能力在瞬息万变的经营环境下始终与公司战略保持一致,从而持续地提升公司价值。

(二) 管理会计报告的特征

根据《管理会计应用指引第 801 号——企业管理会计报告》的规定,管理会计报告具有以下特征:

(1) 相关性:提供的信息与企业各层级、各部门管理决策密切相关。
(2) 灵活性:编制的周期、格式、内容、流程、方法等可以随需而定。
(3) 分层次:用于满足各个层级、各个环节的管理者需求。
(4) 多维度:信息维度更丰富,可按照多种标准进行分类。
(5) 可预见:用面向未来、基于过去的信息分析现在、预见未来。

(三) 管理会计报告的目标

因为管理会计具有服务于企业内部、方法灵活、面向未来、会计信息不受企业会计准则约束的特点,所以管理会计报告作为管理会计结果的载体,其目标是为企业各层级进行规划、决策、控制和评价等管理活动提供有用信息。管理会计报告的目标具体包括:

(1)解析过去:对过去发生的财务数据和业务数据进行深入的加工、重组和分析,为管理层更好地对未来规划决策和控制现状提供支持。

(2)掌控当下:管理会计报告在控制中通过一系列指标纠正实施过程中的偏差,使企业的经济活动能够严格按照预定的战略方向有效进行。

(3)规划未来:预测和战略决策是规划未来的主要形式,管理会计报告充分利用所掌握的财务信息和非财务信息,利用现代化信息手段和管理会计工具,进行严密的科学分析,及时、全面地帮助企业管理层规划未来,提高预测和战略决策的科学性。

(四)管理会计报告与财务会计报告的区别和联系

财务会计报告通过确认、计量、记录和报告四个步骤所制成,严格遵守了企业会计准则或者其他会计制度,其报告的模式较为固定。相比之下,管理会计报告不仅综合了企业的财务信息和非财务信息,还结合了统计和数学的方法,用来对企业经营活动进行预测和分析,帮助企业提高经济效益。两者之间的区别在于:

(1)报告格式的灵活性、是否要严格遵守会计法定规则等。

(2)管理会计报告包含多种信息,有财务信息和非财务信息;而财务会计报告中仅仅是财务信息。

(3)管理会计报告重在向内部使用者披露信息,以协助其进行决策或管理;而财务会计报告披露的主要对象是外部信息使用者,但内部管理者也对此重视。

(4)管理会计报告是面向未来的报告,旨在帮助管理者决策和价值管理;而财务会计报告是面向过去的报告,旨在为利益相关者提供决策信息。

(5)从内容上来说,管理会计报告可能涵盖的是企业整体,也可能是企业的管理单元,针对性强;而财务会计报告涵盖了企业经营活动的全过程。

管理会计财务与会计报告报告的区别如表8-7所示。

表8-7　　　　　　　　　管理会计报告与财务会计报告的区别

项目	管理会计报告	财务会计报告
编制格式	格式灵活、具有针对性	企业会计准则以及其他会计制度
信息种类	财务信息、非财务信息;面向未来	财务信息;面向过去
主要服务对象	内部投资者	内部和外部投资者
目的	内部管理者价值管理和决策	为内部和外部使用者提供信息
内容	企业整体或者单个管理单元	涵盖整个企业经营活动的全过程

管理会计报告与财务会计报告之间既有区别,也有联系。其联系体现在:

(1)从财务数据的源头来看,两者都使用了财务数据,可以说财务报表的编制是许多管理会计报告编制的基础,在此之上,管理会计再进行深加工形成满足管理者管理和决策需求的管理会计报告。

(2)从内容来看,管理报告不仅包含了财务信息,还包含了非财务信息;而财务报告中也会披露一些内部管理计划和企业或者部门的方案等管理信息。

(3) 从信息可靠性来看。财务会计报告信息质量要求具有可靠性，这是在管理会计报告信息的可靠性基础之上所建立的，只有保障了管理会计报告信息的可靠性，财务会计报告信息的可靠性才有保障。

二、管理会计报告的分类

企业管理会计报告体系可以按照多种标志进行分类，包括但不限于：

(1) 按照企业管理会计报告使用者所处的管理层级，可以分为战略层管理会计报告、经营层管理会计报告和业务层管理会计报告。

(2) 按照企业管理会计报告内容，可以分为综合企业管理会计报告和专项企业管理会计报告。

(3) 按照管理会计功能，可以分为管理规划报告、管理决策报告、管理控制报告和管理评价报告。

(4) 按照责任中心，可以分为投资中心报告、利润中心报告和成本中心报告。

(5) 按照报告主体整体性程度，可以分为整体报告和分部报告。

企业有着不同的管理层级，尤其是在大型企业集团中，管理层级更是错综复杂。不同层级的管理者需要的信息内容不同，需要的信息繁简程度、及时程度和报告形式也不同。因此，按照企业管理会计报告使用者所处的管理层级进行分类，是最能体现不同管理、不同需要的基本分类。

现主要阐述战略层管理会计报告、经营层管理会计报告和业务层管理会计报告的内容。

（一）战略层管理会计报告

战略层是指企业的最高决策层，其决策直接影响企业的成败，且其影响会长期存在，如企业的市场定位、重大融资决策、投资决策、商业模式选择、经营战略等。战略层关注企业如何进行资源配置，需要充分了解宏观经济环境和产业政策，把握行业未来发展前景，准确分析企业的资源优势。因此，战略层管理会计报告并不需要细微和局部的信息，而是需要全局性、综合性的信息，能够揭示未来发展前景、帮助制定战略的信息，以及对战略执行情况进行反馈、帮助进一步优化资源配置的信息。关乎企业成败的战略决策不是一个日常活动，战略层管理会计报告的使用频率不像其他层级管理会计报告那么高，但由于其重要性，对报告的质量要求也很高。

战略层管理会计报告是为战略层开展战略规划、决策、控制和评价以及其他方面的管理活动提供相关信息的对内报告。战略层管理会计报告的对象是企业的战略层，包括股东大会、董事会和监事会等。战略层管理会计报告包括但不限于战略管理报告、综合业绩报告、价值创造报告、经营分析报告、风险分析报告、重大事项报告、例外事项报告等。这些报告可独立提交，也可根据不同需要整合后提交。

1. 战略管理报告

战略管理报告的内容一般包括内外部环境分析、战略选择与目标设定、战略执行及其结果，以及战略评价等。战略管理报告一般是在 SWOT 分析、价值链分析等战略分析基础上，侧重于本企业与竞争对手的优劣对比，列示获取竞争优势的要素（如产品、市场份额、定价、成本、产量等方面的信息），以此制定企业竞争战略、设定竞争目标、规划战略执行的路径和方法、进行战略评价。

2. 综合业绩报告

综合业绩报告的内容一般包括关键绩效指标预算及其执行结果、差异分析和其他重大绩效事项等。综合业绩报告是在设定竞争目标的基础上，基于获取竞争优势的要素确定关键绩效指标，以此编制战略预算（通常表现为企业的资本预算），在战略执行中对预算执行结果进行差异分析，并修订和完善战略。

3. 价值创造报告

价值创造报告的内容一般包括价值创造目标、价值驱动的财务因素与非财务因素、内部各业务单元的资源占用与价值贡献，以及提升公司价值的措施等。

4. 经营分析报告

经营分析报告的内容一般包括经营决策执行情况回顾、本期经营目标执行的差异及其原因、影响未来经营状况的内外部环境与主要风险分析、下一期的经营目标及管理措施等。

5. 风险分析报告

风险分析报告的内容一般包括企业全面风险管理工作回顾、内外部风险因素分析、主要风险识别与评估、风险管理工作计划等。

6. 重大事项报告

重大事项报告是针对企业的重大投资项目、重大资本运作、重大融资、重大担保事项、关联交易等事项的报告。

7. 例外事项报告

例外事项报告是针对企业发生的管理层变更、股权变更、安全事故、自然灾害等偶发事项的报告。

（二）经营层管理会计报告

经营层是指企业的中层管理人员，其决策是对企业整体战略的分解和落实，负责把战略层的宏大战略落实执行。经营层需要对接战略层，根据战略层的战略意图进行本管理层级的管理，保证其部门的顺畅运行和资源的合理使用。经营层的管理特点决定了其既需要概括性的总体信息，也需要细节性的信息。有关成本、收入、资产、绩效、投资等方面的信息都是这一层级需要关注的。这一层级的管理决策具有日常性，因此经营层管理会计报告使用的频率较高，内容比战略层报告更为细致和详尽。

经营层管理会计报告是为经营管理层开展与经营管理目标相关的管理活动提供相关信息的对内报告。经营层管理会计报告主要包括全面预算管理报告、投资分析报告、项目可行性报告、融资分析报告、盈利分析报告、资金管理报告、成本管理报告、绩效评价报告等。

1. 全面预算管理报告

全面预算管理报告的内容一般包括预算目标制定与分解、预算执行差异分析和预算考评等。

2. 投资分析报告

投资分析报告的内容一般包括投资对象、投资额度、投资结构、投资进度、投资效益、投资风险和投资管理建议等。

3. 项目可行性报告

项目可行性报告的内容一般包括项目概况、市场预测、产品方案与生产规模、厂址选择、工艺与组织方案设计、财务评价、项目风险分析，以及项目可行性研究结论与建议等。项目可行性报告通常由投资等业务部门编制,财务部门主要负责其中的财务评价、项目风险分析。

4. 融资分析报告

融资分析报告的内容一般包括融资需求测算、融资渠道与融资方式分析及选择、资本成本、融资程序、融资风险及其应对措施和融资管理建议等。融资分析报告可以以企业为主体编制,也可以以工程或项目为主体编制。

5. 盈利分析报告

盈利分析报告的内容一般包括盈利目标及其实现程度、利润的构成及其变动趋势、影响利润的主要因素及其变化情况,以及提高盈利能力的具体措施等。企业还应对收入和成本进行深入分析。盈利分析报告可基于企业集团、单个企业,也可基于责任中心、产品、区域、客户等进行。上市公司的盈利预测就属于盈利分析报告的一种。

6. 资金管理报告

资金管理报告的内容一般包括资金管理目标、主要流动资金项目(如现金、应收票据、应收账款、存货)的管理状况、资金管理存在的问题及其解决措施等。企业集团资金管理报告的内容一般还包括资金管理模式(集中管理还是分散管理)、资金集中方式、资金集中程度、内部资金往来等。

7. 成本管理报告

成本管理报告的内容一般包括成本预算、实际成本及其差异分析、成本差异形成的原因及其改进措施等。

8. 绩效评价报告

绩效评价报告的内容一般包括绩效目标、关键绩效指标、实际执行结果、差异分析、考评结果,以及相关建议等。绩效评价报告可以以企业或责任中心为主体编制,其关键绩效指标可以是利润、利润率、经济增加值等,编制方法可以基于财务指标也可以基于财务指标和非财务指标的结合(如平衡计分卡)。

(三)业务层管理会计报告

业务层是指企业的基层管理人员,其决策非常具体,即时性很强。这一层级的管理者最终执行了企业的各项政策和战略,真正决定了企业产品的销售、机器的利用、成本的耗费等,如车间主任、采购主管、销售主管等。业务层所面对的决策非常具体,所需要的客户分析管理信息也非常具体细致,因此业务层管理会计报告非常具体,甚至需要反映每位生产工人、每位销售人员、每条生产线、每台设备的详细信息。也就是说,业务层管理会计报告应做到内容具体、数据充分。

业务层管理会计报告是为企业开展日常业务或作业活动提供相关信息的对内报告。其报告的对象是企业的业务部门、职能部门以及车间、班组等。业务层管理会计报告应根据企业内部各部门、车间或班组的核心职能或经营目标进行设计,主要包括研究开发报告、采购业务报告、生产业务报告、配送业务报告、销售业务报告、售后服务业务报告、人力资源报告等。

1. 研究开发报告

研究开发报告的内容一般包括研发背景、主要研发内容、技术方案、研发进度、项目预算等。研究开发报告通常由研究开发部门根据竞争战略、经营目标、对技术和产品的需要编制,主要负责研发背景、主要研发内容、技术方案、研发进度等技术层面的工作;财务部门主要负责基于技术发展的项目预算(按研发项目进度给予资金支持)和研发绩效评价。

2. 采购业务报告

采购业务报告的内容一般包括采购业务预算、采购业务执行结果、差异分析和改善建议等。采购业务报告通常由采购部门编制,重点反映采购质量、数量、时间和价格等方面的内容;财务部门主要负责基于业务部门的采购业务活动的成本计算和资金管理。

3. 生产业务报告

生产业务报告的内容一般包括生产业务预算、生产业务执行结果、差异分析和改善建议等。生产业务报告通常由生产部门编制,重点反映生产成本、生产数量、产品质量和生产时间等方面的内容;财务部门主要负责基于生产部门的生产经营业务活动的成本计算和资金管理。

4. 配送业务报告

配送业务报告的内容一般包括配送业务预算、配送业务执行结果、差异分析和改善建议等。配送业务报告要重点反映配送的及时性、准确性和配送损耗等方面的内容,如妥投率就应该成为配送业务报告的关键绩效指标。

5. 销售业务报告

销售业务报告的内容一般包括销售业务预算、销售业务执行结果、差异分析和改善建议等。销售业务报告通常由销售部门编制,重点反映销售的数量结构和质量结构等方面的内容;财务部门应重点关注应收账款周转率和销售收现率等的管理。

6. 售后服务业务报告

售后服务业务报告的内容一般包括售后服务业务预算、售后服务业务执行结果、差异分析和改善建议等。售后服务业务报告重点反映售后服务的客户满意度等方面的内容。

7. 人力资源报告

人力资源报告的内容一般包括人力资源预算、人力资源执行结果、差异分析和改善建议等。人力资源报告通常由人力资源管理部门编制,重点反映人力资源使用及考核等方面的内容;财务部门应重点关注人力资源的效果评价。

三、管理会计报告的编制原则

为适应支持管理决策的需要,管理会计报告在报告内容、信息类型、表现形式等方面均有极大的弹性。这种弹性使得管理会计报告能够根据决策需要进行适当创新,这种创新也意味着需要更加明确管理会计报告的编制原则,以保证管理会计报告聚焦于支持管理决策、提升企业价值。管理会计报告的编制原则是指在管理会计报告的设计、编制、传递等过程中需要遵循的基本原则。

(一)责任匹配原则

管理会计报告的使用者是企业内部各个层级的管理者,他们依据其管理权限承担不同的经济责任。管理会计报告的内容应该与之匹配,针对不同责任中心的管理者提供不同的信息,这使得责任中心的管理者能够根据报告对其可控成本和收入做出正确的决策。管理会计报告应该从报告使用者的视角而不是会计人员的视角来设计和提供。施工现场的管理者与总部办公室的管理者所需要的信息差异巨大。集团公司总经理关注的是整体的运行情况,子公司总经理关注的是子公司的业绩,低层的管理者可能更关注现场工作的每个员工的表现。

(二) 例外原则

为了避免管理者信息过载,日常经营活动中的常规事宜应交由制度化的流程予以控制。随着部门的扩展和复杂化,管理者不可能深入每个细节去监督、检查。故此,管理会计报告应该将那些进展符合预期、比较顺利的情况与进展不符合预期、需要管理者关注的情况区别开,即管理会计报告应该强调例外原则。按照既定路线进展的项目,通常情况下不应该是管理会计报告的重点。例如,制造成本超过标准成本30%显然是例外,需要重点关注;而制造成本偏离标准成本0.2%显然就不应该是管理会计报告的重点。

(三) 比较原则

只披露实际发生的数据往往不能直接服务于管理决策,实际数据应该与一定的参照对象进行比较,这样才能使信息使用者更好地对情况做出判断。常见的参照对象包括预算值、事先确定的标准、历史数据、行业数据等。管理会计报告中应揭示重要的趋势和联系。例如,不仅报告期末各类存货的数量,而且报告各类存货数量变化的趋势,还揭示存货数量上升与销售情况、供应链管理情况之间的联系。

(四) 及时原则

管理会计报告应该及时提供。由于管理决策本身的动态性,支持管理决策的信息必须及时。滞后提供的报告与没有提供报告一样对决策毫无用处。故此,企业需要确定管理会计报告提供的频率,针对不同类型的信息采用不同的方式和频率。

(五) 标准化原则

为了降低管理会计报告所提供信息的复杂性,减少信息传递过程中的信息扭曲和理解偏差,便于管理者理解和准确把握,管理会计报告应尽可能地标准化。标准化主要是指管理会计报告的风格、设计、篇幅、数据口径、名词界定等。由于管理会计报告服务于决策、价值创造的目的,其内容、指标等要随着管理决策的需要而动态调整。故此,标准化并不意味着绝对固化,而是在保证决策支持目的得以实现的前提下,保持信息基本要素的相对稳定,便于管理者更便捷地使用报告信息。

(六) 清晰原则

清晰一是指信息准确;二是指信息简单明晰,可理解性强。管理会计报告所提供的信息必须准确地反映与之相关的业务活动,否则就会导致决策失误。管理会计报告的信息应该简单明晰,避免使用过于技术性的会计术语,复杂的报表和细节可以略去或者放在附件备查。报告的设计能够让报告使用者付出最小的努力就掌握所有重要的情况。作为这一原则的延伸,随着管理者层级的提高,管理会计报告所提供的数据应该以更概要的形式提供。车间主任和负责生产的副总经理都需要生产制造方面的信息,但负责生产的副总责任区域更大,故需要信息的细致深入程度也不同。不能为了创设管理会计报告这一管理工具,而人为将其复杂化。管理会计报告应尽可能简化,提供最少而不是最多的信息。对高层管理者的管理会计报告尤其如此,这种报告常以一个简单的摘要开始,其余部分包括大量的支持性细节作为备查,不一定非要报告使用者阅读。为了使管理会计报告简单明晰、便于理解,对于不那么直白易懂的内容,一般都会有一些解释性的评论。这些解释性的评论用来提醒报告使用者注意某些重要情况,简要解释发生某种状况的原因,指出已经采取的对策,提出未来可以采取的措施。

(七) 成本收益原则

管理会计报告的使用收益要大于信息的制造、存储和使用成本。在不影响使用的情况下,片面追求报告外在形式的美观没有价值。对于常规性的定期报告,报告编制是一个程序化的过程,成本收益原则主要在初始设计时应用。对于涉及特殊情况的特别报告,是否提供报告,提供何种详略程度和准确程度的报告,都应考虑其成本和相关收益。

本 章 小 结

本章主要学习了管理会计的形成与发展,管理会计的基本内容与职能,全面预算的内涵、构成、作用,销售预测、成本预测、利润预测的特点和内容,经营决策分析,长期投资分析,业绩评价的概念,责任中心的内涵和管理会计报告。

本章重要概念

管理会计　经营预测　经营决策　长期投资决策　业绩评价　平衡计分卡

本 章 练 习

一、单选题

1. 现代管理会计开始于(　　)。
   A. 20世纪20年代　　　　　　　　B. 20世纪80年代
   C. 20世纪90年代　　　　　　　　D. 20世纪50年代
2. 下列各项中,现代管理会计不包括(　　)。
   A. 责任会计　　　　　　　　　　B. 预测决策会计
   C. 控制会计　　　　　　　　　　D. 环境会计
3. (　　)是进行经营决策的基础。
   A. 本量利分析　　　　　　　　　B. 预测分析
   C. 成本控制　　　　　　　　　　D. 成本性态分析
4. 对制造业企业来说,经营预测的对象包括对产品销售市场、产品生产成本、利润和(　　)等方面的预测。
   A. 资金需要量　　　　　　　　　B. 流动资金需要量
   C. 固定资金需要量　　　　　　　D. 材料需要量
5. 下列各项中,不属于定量分析法的是(　　)。
   A. 调查分析法　　　　　　　　　B. 算术平均法
   C. 回归分析法　　　　　　　　　D. 购买力指数法
6. 下列成本中,(　　)为相关成本。
   A. 机会成本　　　　　　　　　　B. 共同成本
   C. 联合成本　　　　　　　　　　D. 沉没成本

7. 下列成本中,( )为无关成本。
   A. 专属成本　　　　　　　　　B. 沉没成本
   C. 机会成本　　　　　　　　　D. 可延缓成本
8. 对于那些只发生费用支出的部门,建立的责任中心是( )。
   A. 投资中心　　　　　　　　　B. 利润中心
   C. 销售中心　　　　　　　　　D. 成本中心
9. 投资中心的利润与其投资额的比率称作( )。
   A. 投资报酬率　　　　　　　　B. 税前净利
   C. 内部报酬率　　　　　　　　D. 剩余收益
10. 下列指标中,不能用于企业内部业绩评价的是( )。
    A. 投资报酬率　　　　　　　　B. 剩余收益
    C. 经济增加值　　　　　　　　D. 市场增加值

二、多选题

1. 管理会计的基本职能包括( )。
   A. 计划　　　　　　　　　　　B. 评价
   C. 控制会计　　　　　　　　　D. 帮助投资者和债权人作出合理的决策
2. 下列各项中,属于定性分析法的有( )。
   A. 判断分析法　　　　　　　　B. 平滑指数法
   C. 回归分析法　　　　　　　　D. 调查分析法
3. 由于经济活动的复杂性,并非所有影响因素都可以通过定量进行分析。下列因素中,只有定性的特征的有( )。
   A. 市场前景　　　　　　　　　B. 政治形势
   C. 宏观环境　　　　　　　　　D. 购买力指数
4. 下列各项中,属于责任中心内容的有( )。
   A. 成本中心　　　　　　　　　B. 包装中心
   C. 销售中心　　　　　　　　　D. 投资中心
5. 下列各项指标中,属于考核投资中心投资效果的有( )。
   A. 责任成本　　　　　　　　　B. 投资报酬率
   C. 剩余收益　　　　　　　　　D. 营业收入

三、判断题

1. 管理会计具备的职能,是由人们的认知水平决定的。　　　　　　　　　　( )
2. 凡是顾客数量有限,调查费用不高,每位顾客意向明确又不会轻易改变的,均可以采用调查分析法进行销售预测。　　　　　　　　　　　　　　　　　　　　　　( )
3. 凡是亏损产品都应该停产。　　　　　　　　　　　　　　　　　　　　( )
4. 责任会计的核心在于利用会计信息对各分权单位的业绩进行计量。　　　( )
5. 在一定的时空条件下,可控成本与不可控成本可以实现相互转化。　　　( )

四、简答题

1. 资金需要量的预测的意义有哪些?
2. 什么是平衡计分卡?

会计学模拟试题

模拟试题（一）

| 得分 | | 一、单选题(本大题共10小题,每小题1分,共10分,将答案填在下表内) |

1	2	3	4	5	6	7	8	9	10

1. "实收资本"账户通常按照（　　）设置明细科目。
   A. 企业投资人　　　B. 企业债权人　　　C. 客户　　　　　D. 供应商
2. "资产＝负债＋所有者权益"这一等式不是（　　）。
   A. 设置账户的理论依据
   B. 总分类账户与明细分类账户平行登记的理论依据
   C. 编制资产负债表的理论依据
   D. 复式记账的理论依据
3. 企业生产的产品完工,应将其生产成本转入（　　）账户。
   A. "库存商品"　　B. "营业成本"　　C. "营业外支出"　　D. "本年利润"
4. 企业用银行存款预付购货款,将引起企业的（　　）。
   A. 一项资产增加,另一项资产减少　　B. 资产增加,同时负债减少
   C. 资产和负债同时增加　　　　　　　D. 资产和负债同时减少
5. 在一定时期内多次记录发生地同类型经济业务的原始凭证是（　　）。
   A. 一次凭证　　　B. 累计凭证　　　C. 汇总凭证　　　D. 通用凭证
6. "制造费用"账户属于（　　）账户。
   A. 资产类　　　　B. 负债类　　　　C. 成本类　　　　D. 损益类
7. 下列各项经济业务中,应编制转账凭证的是（　　）。
   A. 收到销售商品的款项存入银行　　　B. 从银行提取现金
   C. 购买原材料货款未付　　　　　　　D. 接受某单位现金投资
8. 下列各项中,应采用数量金额式账簿的是（　　）。
   A. 应收账款明细账　　　　　　　　　B. 管理费用明细账
   C. 应付账款明细账　　　　　　　　　D. 原材料明细账
9. 下列各项中,能通过试算平衡查找的错误是（　　）。
   A. 某项经济业务未入账　　　　　　　B. 某项经济业务重复记账
   C. 应借应贷账户中借贷方向颠倒　　　D. 应借应贷账户中借贷金额不等
10. 通过"累计折旧"账户对"固定资产"账户进行调整,反映固定资产的（　　）。

A. 原始价值 B. 折旧额 C. 净值 D. 增减价值

得分 　　**二、判断题**(本大题共 10 小题,每小题 1 分,共 10 分,将答案填在下表内)

1	2	3	4	5	6	7	8	9	10

1. 购销合同不属于会计凭证。
2. "生产成本"账户期末若有借方余额,表示企业月末有在产品。
3. 所有经济业务的发生,都会引起会计恒等式两边同时发生变化。
4. 现金日记账应该使用订本账。
5. 若试算结果借贷平衡,说明企业日常的记账工作一定是正确的。
6. 原始凭证在任何情况下不得涂改、挖补。
7. 不同账务处理程序之间的主要区别在于登记总账的依据和方法不同。
8. 资产负债表属于动态报表。
9. 会计期间是人为划分出来的。
10. 自制原始凭证必须由单位会计人员自行填制。

得分 　　**三、名词解释题**(本大题共 5 小题,每小题 4 分,共 20 分)

1. 资产。
2. 会计账户。
3. 权责发生制。
4. 会计凭证。
5. 全面预算管理。

得分 　　**四、计算题**(本大题共 3 小题,每小题 10 分,共 30 分)

1. 2×24 年 1 月初,琴岛有限责任公司资产总计 375 000 元,负债总计 100 000 元。该公司 2×24 年 1 月发生如下经济业务:
   (1) 用银行存款购入设备 20 000 元。
   (2) 接受投资者投入原材料 1 000 元。
   (3) 取得短期借款 9 000 元并存入银行。
   (4) 购入原材料 30 000 元,货款尚未支付。
   (5) 以银行存款偿还上月原材料价款 6 000 元。
   (6) 从银行提取现金 8 000 元。
   (7) 按规定将资本公积 20 000 元转为实收资本。
   要求:计算琴岛有限责任公司 2×24 年 1 月末的资产、负债、所有者权益总额。
2. 琴岛有限责任公司 2×24 年 1 月发生如下经济业务:
   (1) 销售产品一批,价款 300 000 元尚未收到。
   (2) 用银行存款支付本月电费 500 元。
   (3) 预付本年度 1~6 月的办公用房租金 6 000 元。
   (4) 负担上年预付的本月财产保险费 800 元。

(5) 收回某单位前欠货款 150 000 元存入银行。

(6) 预收货款 60 000 元存入银行。

(7) 计提本月短期借款利息 2 600 元。

要求：分别按权责发生制和收付实现制计算 1 月份的收入、费用和利润（需列出计算过程）。

3. 根据账户期初余额、本期发生额和期末余额的计算方法，填写表 1 括号处。

表1　　　　　　　　　　　　账户及其相关资料

账户名称	期初余额		本期发生额		期末余额	
	借方	贷方	借方	贷方	借方	贷方
原材料	0		30 000	（　）	14 600	
应收账款	160 000		140 000	（　）	140 000	
预收账款		20 000	（　）	15 000		10 000
实收资本		320 000	100 000	200 000		（　）
应付账款		（　）	30 000	20 000		0

得分	

五、账务处理题（本大题共 15 小题，每小题 2 分，共 30 分）

琴岛有限责任公司 2×24 年 12 月发生如下经济业务：

1. 12 月 1 日，收到投资者投入资金 200 000 元，存入银行。

2. 12 月 3 日，采购甲材料，买价为 50 000 元，增值税进项税额为 6 500 元，运杂费为 500 元，款项尚未支付。材料已经验收入库。

3. 12 月 4 日，发出甲材料，其中制造 A 产品耗用 55 000 元，制造 B 产品耗用 45 000 元，车间一般耗用 8 000 元，公司管理部门耗用 2 000 元。

4. 12 月 30 日，计提固定资产折旧费 7 000 元，其中车间固定资产计提折旧费用为 5 000 元，公司管理部门（即厂部）固定资产计提折旧费用为 2 000 元。

5. 12 月 30 日，分配本月应付工资总额 95 000 元，其中制造 A 产品工人工资为 40 000 元，制造 B 产品工人工资为 30 000 元，车间管理人员工资为 25 000 元。

6. 12 月 7 日，向银行借入 2 年期借款 100 000 元，存入银行。

7. 结转本月发生的制造费用 38 000 元，其中 A 产品为 20 000 元，B 产品为 18 000 元。

8. 结转本月完工入库 A、B 产品成本，其中 A 产品为 100 000 元，B 产品为 80 000 元。

9. 12 月 31 日，银行存款支付上月所欠货款 25 000 元。

10. 12 月 31 日，收到利达公司违约罚款 30 000 元，存入银行。

11. 12 月 31 日，开出现金支票支付产品展览费 5 000 元。

12. 12 月 31 日，计算并结转本年所得税费用 24 000 元。

13. 12 月 31 日，结转本年净利润 280 000 元。

14. 12 月 31 日，从本年税后利润中提取盈余公积金 40 000 元。

15. 12 月 31 日，决定向股东分配现金股利 300 000 元。

要求：运用借贷记账法编制会计分录。

模拟试题（二）

得分 一、单选题（本大题共 10 小题，每小题 1 分，共 10 分，将答案填在下表内）

1	2	3	4	5	6	7	8	9	10

1. 下列各项中，不属于会计核算的环节的是（　　）。
   A. 确认　　　　　B. 记录　　　　　C. 报告　　　　　D. 报账
2. 下列关于会计主体的概念的说法中，不正确的是（　　）。
   A. 可以是独立法人，也可以是非法人
   B. 可以是一家企业，也可以是企业内部的某一个单位
   C. 可以是一个单一的企业，也可以是由几个企业组成的企业集团
   D. 当企业与业主有经济往来时，将企业与业主作为同一个会计主体处理
3. 下列项目中，不属于材料采购成本的是（　　）。
   A. 材料的买价　　　　　　　　　B. 运杂费
   C. 购入材料负担的增值税　　　　D. 入库前整理挑选费用
4. "应收账款"账户的期初余额为借方 2 000 元，本期借方发生额为 8 000 元，本期贷方发生额为 6 000 元，该账户的期末余额为（　　）。
   A. 借方 5 000 元　　　　　　　　B. 贷方 8 000 元
   C. 借方 4 000 元　　　　　　　　D. 贷方 5 000 元
5. 下列各项中，引起资产和权益同时减少的业务是（　　）。
   A. 购买材料货款未支付　　　　　B. 向银行借款直接偿付应付账款
   C. 用银行存款偿付应付账款　　　D. 工资计入产品成本但未支付
6. 从数量上看，所有者权益是（　　）的余额。
   A. 流动资产减去流动负债　　　　B. 长期资产减去长期负债
   C. 全部资产减去流动负债　　　　D. 全部资产减去全部负债
7. 用来记录经济业务，明确经济责任作为记账的书面证明称为（　　）。
   A. 通知凭证　　　B. 记账凭证　　　C. 会计凭证　　　D. 原始凭证
8. 企业用现金购买办公用品，该笔经济业务涉及的会计分录应该编制在（　　）上。
   A. 付款凭证　　　　　　　　　　B. 收款凭证
   C. 转账凭证　　　　　　　　　　D. 上述三种均可
9. 现金日记账的格式一般采用（　　）。
   A. 多栏式　　　　　　　　　　　B. 数量金额式
   C. 三栏式　　　　　　　　　　　D. 横线登记式
10. 将记账凭证分为收款凭证、付款凭证和转账凭证的依据是（　　）。
    A. 记载经济业务内容的不同　　　B. 凭证填制手续的不同
    C. 凭证用途的不同　　　　　　　D. 所包括的会计科目是否单一

得分 | 二、判断题(本大题共 10 小题,每小题 1 分,共 10 分,将答案填在下表内)

1	2	3	4	5	6	7	8	9	10

1. 会计中期是指短于一个完整的会计年度的报告期间,包括半年度、季度和月度等。
2. 不论是盈利还是亏损,都是财务成果。
3. 收入类账户与费用类账户一般没有期末余额,但有期初余额。
4. 期末结账时,应用蓝色圆珠笔划线。
5. 银行存款日记账应该使用活页账。
6. "累计折旧"账户的性质虽然属于资产类账户,但其结构等同于负债类账户。
7. 无论哪种账务处理程序,都需要日记账、明细账分别与总账定期核对。
8. 现金存入银行时,为避免重复记账只编制银行存款收款凭证,不编制现金付款凭证。
9. 审核无误的原始凭证是登记账簿的直接依据。
10. 经济合同可以作为原始凭证。

得分 | 三、名词解释题(本大题共 5 小题,每小题 4 分,共 20 分)

1. 负债。
2. 会计科目。
3. 收付实现制。
4. 借贷记账法。
5. 平衡计分卡。

得分 | 四、计算题(本大题共 3 小题,每小题 10 分,共 30 分)

1. 琴岛有限责任公司 2×24 年度利润表账户本年累计发生额如表 1 所示。

表 1　　　　　　　　　　　利润表账户本年累计发生额

2×24 年　　　　　　　　　　　　　　　　　　　　　单位:元

账户名称	借方发生额	贷方发生额
主营业务收入		130 000
其他业务收入		2 000
主营业务成本	65 000	
其他业务成本	1 200	
销售费用	20 000	
管理费用	19 120	
财务费用	800	
营业外收入		1 100
营业外支出	500	
所得税费用	7 494	

要求:根据上述资料计算公司的营业利润、利润总额、净利润。

2. 琴岛有限责任公司2×24年年末资产负债表简表如表2所示。

表2　　　　　　　　　　　　　　　资产负债表(简表)　　　　　　　　　　　　　　　单位:元

资产	期末数	负债与所有者权益	期末数
货币资金	50 000	应付账款	1 000 000
应收账款净额	1 000 000	应交税费	80 000
存货	3 000 000	长期负债	850 000
固定资产净值	5 880 000	实收资本	6 000 000
		未分配利润	2 000 000
总计	9 930 000	总计	9 930 000

要求:2×24年年末,分别计算琴岛有限责任公司的下列指标:
(1) 流动比率。
(2) 速动比率。
(3) 资产负债率。
(4) 销售净利率。
(5) 净资产收益率。

3. 琴岛有限责任公司本月初关于总账账户的余额及发生的经济业务如下:
(1) 借入短期借款30 000元,存入银行。
(2) 接受投资者投入设备,价值9 600元。

要求:根据以上经济业务,填写表3括号处。

表3　　　　　　　　　　　　　　　账户及其相关资料

账户名称	期初余额		本期发生额		期末余额	
	借方	贷方	借方	贷方	借方	贷方
银行存款	60 600		( )		( )	
固定资产	1 400		( )		( )	
短期借款		11 000		( )		( )
实收资本		51 000		( )		( )
合计	62 000	62 000	( )	( )	( )	( )

得分	

五、账务处理题(本大题共15小题,每小题2分,共30分)

琴岛有限责任公司2×24年12月发生如下经济业务:

1. 12月1日,向银行借入2年期借款300 000元,存入银行。

2. 12月1日,向银行借入6个月期的借款50 000元,存入银行,年利率为6%,利息按月计提,按季支付。

3. 12月3日,接受明阳公司投入机器设备一台作为投资,价值为100 000元,双方最终协商入账价值为80 000元。

4. 12月4日,将50 000元资本公积转增资本。
5. 12月4日,购入一台需要安装的设备,价值为100 000元,发生包装运杂费2 000元,增值税率为13%,款项以银行存款支付。
6. 12月4日,该设备投入安装,共发生安装费3 000元,以银行存款支付。
7. 12月11日,销售闲置乙材料3 000元,增值税税率为13%,款项收到存入银行。
8. 12月15日,向华丽公司销售甲产品30 000元,增值税税率为13%,款项尚未收到。
9. 12月16日,购入需要安装的设备安装完成,结转完工设备成本。
10. 12月17日,张某出差回来报销差旅费,实花3 500元,原借4 000元,多余款项以现金交回。
11. 12月18日,用现金支付广告费3 000元。
12. 12月20日,银行存款支付环境管理部门罚款4 000元。
13. 12月23日,收到佳丽公司捐赠一笔收入40 000元,存入银行。
14. 12月31日,结转本月销售甲产品成本20 000元。
15. 12月31日,计提当月短期借款的利息。

要求:运用借贷记账法编制会计分录。

本章练习参考答案

第一章 总 论

一、单选题

1	2	3	4	5
D	B	A	B	D

二、多选题

1	2	3	4	5
ABCDE	ABCD	ABCDE	ABCD	ABCDE

三、判断题

1	2	3	4	5
×	√	√	×	×

四、简答题

1. 会计核算职能是指会计人员以货币为主要计量单位,通过确认、计量、记录、报告,从数量上反映企事业单位已经发生或完成的经济活动,为经营管理提供完整的、系统的以财务信息为主的经济信息。

会计监督职能是指会计人员按照一定的目的和要求,利用会计核算所提供的经济信息,对企事业单位经济活动的合法性、合理性和有效性进行指导和控制,使其达到预期目标。

会计核算职能和会计监督职能是相辅相成、辩证统一的。会计核算是基础,如果没有会计核算提供可靠、完整的会计资料,会计监督就没有客观依据,也就无法进行会计监督;反之,会计核算又必须以会计监督为保证。没有科学、严格的会计监督,会计核算就失去了存在的意义,由此也不可能提供真实、可靠的会计信息,从而起不到发挥会计管理、提高经济效益的作用。因此,正确的会计核算是会计监督的基础和前提,而加强会计监督又能强化会计核算。

2. 设置会计科目和账户、复式记账、填制和审核凭证、登记会计账簿、成本计算、财产清查、编制财务会计报告。

第二章 会计要素与科目

一、单选题

1	2	3	4	5	6	7	8	9	10
A	C	B	C	A	A	D	C	D	C

【重难点解释】

第5题:预收账款属于流动负债,所以选择A选项。

第6题:B选项和C选项均属于流动资产,D选项属于非流动负债。

第8题:投资人投入的资金形成所有者权益,债权人投入的资金形成负债,所有者权益和负债的合计是企业拥有的资产。所以,选择C选项。

第9题:A选项是销售商品收入,B选项是提供劳务收入,C选项是让渡资产使用权收入,它们都属于企业日常活动形成的收入。D选项出售固定资产的收入属于非日常活动的利得。所以,选择D选项。

二、多选题

1	2	3	4	5
ACD	AD	AB	ABCD	ABC

三、判断题

1	2	3	4	5
√	√	×	√	×

【重难点解释】

第3题:负债和所有者权益的合计为权益。

第5题:资产、负债和所有者权益是静态、时点的概念,它反映企业在某一特定时点的财务状况,而不是时期。

四、业务题

资产:1、2、3、8、10、13、17。

负债:5、6、7、9、15。

所有者权益:16、18。

收入:11。

费用:4、12、14。

利润:无。

第三章　会计等式与复式记账

一、单选题

1	2	3	4	5	6	7	8	9	10
D	B	C	A	A	D	A	A	D	B

二、多选题

1	2	3	4	5
ABC	ABC	ACD	ACD	ABCD

【重难点解释】

第3题:选项B通过银行收到投资者投入的资本金,涉及银行存款和实收资本两个会计科目,银行存款和实收资本都增加,所以借记资产类账户,贷记所有者权益类账户。

第4题:选项B有可能由于银行存款的减少使得应付账款的减少,负债不可能增加。

三、判断题

1	2	3	4	5
×	×	×	×	√

【重难点解释】

第1题:试算平衡不是万能的,一些错误试算平衡无法发现。

第2题:损益类账户没有期初和期末余额。

四、业务题

(1) 借:原材料　　　　　　　　　　　　　　　　　　　1 000 000
　　　贷:应付账款　　　　　　　　　　　　　　　　　　　　　1 000 000

(2) 借:银行存款　　　　　　　　　　　　　　　　　　　5 000 000
　　　贷:短期借款　　　　　　　　　　　　　　　　　　　　　5 000 000

(3) 借:应付账款　　　　　　　　　　　　　　　　　　　　　30 000
　　　贷:银行存款　　　　　　　　　　　　　　　　　　　　　　　30 000

(4) 借:短期借款　　　　　　　　　　　　　　　　　　　　　600 000
　　　贷:银行存款　　　　　　　　　　　　　　　　　　　　　　　600 000

(5) 借:银行存款　　　　　　　　　　　　　　　　　　　　　100 000
　　　贷:库存现金　　　　　　　　　　　　　　　　　　　　　　　100 000

(6) 借:固定资产　　　　　　　　　　　　　　　　　　　4 000 000
　　　贷:银行存款　　　　　　　　　　　　　　　　　　　　　4 000 000

(7) 借:资本公积　　　　　　　　　　　　　　　　　　　2 000 000
　　　贷:实收资本　　　　　　　　　　　　　　　　　　　　　2 000 000

(8) 借:应付账款　　　　　　　　　　　　　　　　　　　　　120 000
　　　贷:实收资本　　　　　　　　　　　　　　　　　　　　　　　120 000

五、案例题

(1) 对资产、负债和所有者权益增减变动的影响如表1所示。

表1　　　　　　　对资产、负债和所有者权益增减变动的影响　　　　　　单位:万元

序号	会计要素		
	资产	负债	所有者权益
1	+100	+100	
2	+500	+500	
3	−3	−3	
4	−60	−60	
5	+10,−10		
6	+400,−400		
7			+200,−200
8		−12	+12

(2)
资产总额 = 6 500 + 8 000 + 100 + 500 − 3 − 60 = 15 037(万元)
负债总额 = 6 500 + 100 + 500 − 3 − 60 − 12 = 7 025(万元)
所有者权益总额 = 8 000 + 12 = 8 012(万元)
所以,资产 = 负债 + 所有者权益。

第四章 会计凭证与会计账簿

一、单选题

1	2	3	4	5	6	7	8	9	10
A	A	B	C	A	B	B	C	A	A

【重难点解释】

第2题：购货发票是外来原始凭证，所以选择 A 选项。

第8题：收入类、费用类总账账户所属的明细账户一般采用多栏式账簿，所以选择 C 选项。

二、多选题

1	2	3	4	5
ABCD	ABCD	BCD	AD	BC

【重难点解释】

第4题：原材料、库存商品、产成品等存货明细账一般采用数量金额式明细账，所以选择 AD 选项。

三、判断题

1	2	3	4	5
√	×	×	√	×

【重难点解释】

第2题：累计凭证是指在一定时期内多次记录发生的同类型经济业务且多次有效的原始凭证。限额领料单是典型的累计凭证。

第3题：记账凭证又称记账凭单，是指会计人员根据审核无误的原始凭证，按照经济业务的内容加以归类，并据以确定会计分录后所填制的会计凭证，作为登记账簿的直接依据。

第五章 账务处理程序

一、单选题

1	2	3	4	5	6	7	8	9	10
B	B	C	A	D	B	B	C	C	A

二、多选题

1	2	3	4	5
ABC	BCD	BCD	AD	ABD

三、判断题

1	2	3	4	5
×	√	√	√	×

四、简答题

答案略。

五、案例题

答案略。

提示：可从账务处理程序的内容和适用范围等方面展开分析。

第六章　制造业企业主要经济业务的核算

一、单选题

1	2	3	4	5	6	7	8	9	10
C	A	A	B	D	D	D	B	D	A

【重难点解释】

第2题："固定资产"账户只反映固定资产的原始价值。

第6题：管理费用 = 6.2 + 9.6 + 7.8 = 23.6(万元)。

二、多选题

1	2	3	4	5
ABCD	ABCD	BCD	BCD	AD

【重难点解释】

第3题：管理部门固定资产的折旧费用记入"管理费用"账户；销售部门固定资产的折旧费用记入"销售费用"账户；车间固定资产的折旧费用记入"制造费用"账户。

三、判断题

1	2	3	4	5
√	×	×	√	√

四、业务题

(1) 借：原材料　　　　　　　　　　　　　　　　1 000 000
　　　贷：应付账款　　　　　　　　　　　　　　　　1 000 000

(2) 借：银行存款　　　　　　　　　　　　　　　　5 000 000
　　　贷：短期借款　　　　　　　　　　　　　　　　5 000 000

(3) 借：应付账款　　　　　　　　　　　　　　　　30 000
　　　贷：银行存款　　　　　　　　　　　　　　　　30 000

(4) 借：短期借款　　　　　　　　　　　　　　　　600 000
　　　贷：银行存款　　　　　　　　　　　　　　　　600 000

(5) 借：银行存款　　　　　　　　　　　　　　　　100 000
　　　贷：库存现金　　　　　　　　　　　　　　　　100 000

(6) 借：固定资产　　　　　　　　　　　　　　　　4 000 000
　　　贷：银行存款　　　　　　　　　　　　　　　　4 000 000

(7) 借：资本公积　　　　　　　　　　　　　　　　2 000 000
　　　贷：实收资本　　　　　　　　　　　　　　　　2 000 000

(8) 借：应付账款　　　　　　　　　　　　　　　　120 000
　　　贷：实收资本　　　　　　　　　　　　　　　　120 000

第七章 财务报告

一、单选题

1	2	3	4	5	6	7	8	9	10
C	B	C	A	A	C	B	B	B	B

【重难点解释】

第9题：营业利润＝营业收入－营业成本－税金及附加－销售费用－管理费用－财务费用－资产减值损失＋公允价值变动收益(－公允价值变动损失)＋投资收益(－投资损失)

其中，营业收入＝主营业务收入＋其他业务收入

营业成本＝主营业务成本＋其他业务成本

因此，本期营业利润＝500＋200－300－100－15－45＋60＋20＝320(万元)。

第10题：存货项目金额＝100 000＋50 000＋120 000－10 000＝260 000(元)。

二、多选题

1	2	3	4	5
ABD	BD	BCD	BD	AD

三、判断题

1	2	3	4	5
×	×	×	×	√
6	7	8	9	10
×	×	×	×	×

四、简答题

答案略。

五、业务题

1. 琴岛有限责任公司 2×24 年 12 月 31 日资产负债表如表 2 所示。

表 2　　　　　　　　　　　　　　资产负债表

编制单位：琴岛有限责任公司　　　2×24 年 12 月 31 日　　　　　　　　　　　　　单位：元

资产	期末余额	上年年末余额	负债和所有者权益（或股东权益）	期末余额	上年年末余额
流动资产：			流动负债：		
货币资金	80 500		短期借款	55 000	
交易性金融资产			交易性金融负债		
衍生金融资产			衍生金融负债		
应收票据			应付票据		
应收账款	44 200		应付账款	30 000	
应收款项融资			预收款项		

（续表）

资产	期末余额	上年年末余额	负债和所有者权益（或股东权益）	期末余额	上年年末余额
预付款项			合同负债		
其他应收款	25 000		应付职工薪酬	22 000	
存货	188 000		应交税费	6 000	
合同资产			其他应付款	24 600	
持有待售资产			持有待售负债		
一年内到期的非流动资产			一年内到期的非流动负债		
其他流动资产			其他流动负债		
流动资产合计	337 700		流动负债合计	137 600	
非流动资产：			非流动负债：		
债权投资			长期借款		
其他债权投资			应付债券		
长期应收款			其中：优先股		
长期股权投资			永续债		
其他权益工具投资			租赁负债		
其他非流动金融资产			长期应付款		
投资性房地产			预计负债		
固定资产	309 400		递延收益		
在建工程			递延所得税负债		
生产性生物资产			其他非流动负债		
油气资产			非流动负债合计		
使用权资产			负债合计	137 600	
无形资产			所有者权益（或股东权益）：		
开发支出			实收资本（或股本）	400 000	
商誉			其他权益工具		
长期待摊费用			其中：优先股		
递延所得税资产			永续债		
其他非流动资产			资本公积	4 500	
非流动资产合计	309 400		减：库存股		
			其他综合收益		
			专项储备		

(续表)

资产	期末余额	上年年末余额	负债和所有者权益（或股东权益）	期末余额	上年年末余额
			盈余公积	42 000	
			未分配利润	63 000	
			所有者权益（或股东权益）合计	509 500	
资产总计	647 100		负债及所有者权益（或股东权益）总计	647 100	

2. 琴岛有限责任公司 2×24 年度利润表如表 3 所示。

表 3　　　　　　　　　　　　　　　　利润表

编制单位：琴岛有限责任公司　　　　　2×24 年度　　　　　　　　　　　单位：元

项目	本期金额	上期金额
一、营业收入	132 000	（略）
减：营业成本	66 200	
税金及附加	4 500	
销售费用	20 000	
管理费用	19 120	
研发费用	0	
财务费用	800	
其中：利息费用	800	
利息收入		
加：其他收益		
投资收益（损失以"－"号填列）	3 000	
其中：对联营企业和合营企业的投资收益	0	
以摊余成本计量的金融资产终止确认收益（损失以"－"号填列）		
净敞口套期收益（损失以"－"号填列）		
公允价值变动收益（损失以"－"号填列）	2 500	
信用减值损失（损失以"－"号填列）		
资产减值损失（损失以"－"号填列）	1 000	
资产处置收益（损失以"－"号填列）		
二、营业利润（亏损以"－"号填列）	25 880	
加：营业外收入	1 100	
减：营业外支出	500	

(续表)

项目	本期金额	上期金额
三、利润总额（亏损总额以"－"号填列）	26 480	
减：所得税费用	7 494	
四、净利润（净亏损以"－"号填列）	18 986	
（一）持续经营净利润（净亏损以"－"号填列）		
（二）终止经营净利润（净亏损以"－"号填列）		
五、其他综合收益的税后净额		
（一）不能重分类进损益的其他综合收益		
1. 重新计量设定受益计划变动额		
2. 权益法下不能转损益的其他综合收益		
3. 其他权益工具投资公允价值变动		
4. 企业自身信用风险公允价值变动		
……		
（二）将重分类进损益的其他综合收益		
1. 权益法下可转损益的其他综合收益		
2. 其他债权投资公允价值变动		
3. 金融资产重分类计入其他综合收益的金额		
4. 其他债权投资信用减值准备		
5. 现金流量套期		
6. 外币财务报表折算差额		
……		
六、综合收益总额		
七、每股收益：		
（一）基本每股收益		
（二）稀释每股收益		

六、案例题

1. (1) 货币资金 = 236 + 74 052 = 74 288(元)
    (2) 应收账款 = 41 900(元)
    (3) 预付款项 = 17 000(元)
    (4) 存货 = 176 570 + 30 182 + 17 270 = 224 022(元)
    (5) 固定资产 = 500 000 − 181 500 = 318 500(元)
    (6) 应付账款 = 54 350(元)
    (7) 预收款项 = 10 000(元)
    (8) 未分配利润 = 36 000 − 32 760 = 3 240(元)
2. 存货周转次数 = 630 000 ÷ 存货 = 4.5(次)

期初存货 = 期末存货 = 630 000 ÷ 4.5 = 140 000(元)

应收账款净额 = 864 000 − 588 000 − 50 000 − 140 000 = 86 000(元)

流动比率 = 流动资产 ÷ 流动负债 =（864 000 − 588 000）÷ 流动负债 = 1.5

则:流动负债 = 276 000 ÷ 1.5 = 184 000(元)

应付账款 = 184 000 − 50 000 = 134 000(元)

资产负债率 = 50%

则:负债总额 = 432 000(元)

长期负债 = 432 000 − 184 000 = 248 000(元)

未分配利润 = 432 000 − 600 000 = −168 000(元)

第八章　管理会计基础

一、单选题

1	2	3	4	5	6	7	8	9	10
D	D	B	A	A	A	A	B	D	A	D

二、多选题

1	2	3	4	5
ABC	AD	ABC	AD	BC

三、判断题

1	2	3	4	5
×	√	×	√	√

四、简答题

　　1. 资金需要量的预测在提高企业经营管理水平和企业经济效益方面具有十分重要的意义;资金需要量的预测是进行经营决策的主要依据;资金需要量的预测是提高经济效益的重要手段;资金需要量的预测是编制资金预算的必要步骤。

　　2. 平衡计分卡作为一种管理方法,主要关注组织目标的实现。平衡计分卡实际上是在衡量和评价公司在满足不同利害关系人要求方面的业绩。平衡计分卡在将公司使命和战略转化为具体目标和业绩指标的同时,也在平衡公司各方利害关系人之间的不同要求。

会计学模拟试题参考答案

模拟试题(一)参考答案

一、单选题(本大题共 10 小题,每小题 1 分,共 10 分,将答案填在下表内)

1	2	3	4	5	6	7	8	9	10
A	B	A	A	B	C	C	D	D	A

二、判断题(本大题共 10 小题,每小题 1 分,共 10 分,将答案填在下表内)

1	2	3	4	5	6	7	8	9	10
√	√	×	√	×	√	√	×	√	×

三、名词解释题(本大题共 5 小题,每小题 4 分,共 20 分)

1. 资产是过去的交易或事项形成的,由企业拥有或控制的,预期能带来经济利益流入的资源。
2. 会计账户是用来反映会计要素增减变动及结果的工具。
3. 权责发生制是以收入的权利和支出的义务的归属作为判断当期收入和费用的标准。
4. 会计凭证是记录经纪业务、明确经济责任、据以登记账簿的书面证明。
5. 全面预算管理是企业内部控制的一种方法,是兼具控制、激励、评价等功能为一体的综合贯彻企业经营战略的管理机制。

四、计算题(本大题共 3 小题,每小题 10 分,共 30 分)

1. 资产 = 375 000 + 20 000 − 20 000 + 1 000 + 9 000 + 30 000 − 6 000 + 8 000 − 8 000 = 409 000(元)(4 分)

   负债 = 100 000 + 9 000 + 30 000 − 6 000 = 133 000(元)(3 分)

   所有者权益 = 275 000 + 1 000 + 20 000 − 20 000 = 276 000(元)(3 分)

2. (1) 按权责发生制计算:

   收入 = 300 000(元)

   费用 = 500 + 1 000 + 800 + 2 600 = 4 900(元)

   利润 = 300 000 − 4 900 = 295 100(元)(5 分)

   (2) 按收付实现制计算:

   收入 = 150 000 + 60 000 = 210 000(元)

   费用 = 500 + 1 000 + 800 + 2 600 = 4 900(元)

   利润 = 210 000 − 4 900 = 205 100(元)(5 分)

3. 每空 2 分,共 10 分。

表 1 账户及其相关资料

账户名称	期初余额		本期发生额		期末余额	
	借方	贷方	借方	贷方	借方	贷方
原材料	0		30 000	(15 400)	14 600	
应收账款	160 000		140 000	(160 000)	140 000	

(续表)

账户名称	期初余额		本期发生额		期末余额	
	借方	贷方	借方	贷方	借方	贷方
预收账款		20 000	(25 000)	15 000		10 000
实收资本		320 000	100 000	200 000		(420 000)
应付账款		(10 000)	30 000	20 000		0

五、账务处理题(本大题共 15 小题,每小题 2 分,共 30 分)

1. 借:银行存款　　　　　　　　　　　　　　　　　　　　200 000
    贷:实收资本　　　　　　　　　　　　　　　　　　　　200 000
2. 借:原材料——甲材料　　　　　　　　　　　　　　　　50 500
    应交税费——应交增值税(进项税额)　　　　　　　　　6 500
    贷:应付账款　　　　　　　　　　　　　　　　　　　　57 000
3. 借:生产成本——A 产品　　　　　　　　　　　　　　　55 000
    ——B 产品　　　　　　　　　　　　　　　45 000
    制造费用　　　　　　　　　　　　　　　　　　　　　　8 000
    管理费用　　　　　　　　　　　　　　　　　　　　　　2 000
    贷:原材料——甲材料　　　　　　　　　　　　　　　　110 000
4. 借:制造费用　　　　　　　　　　　　　　　　　　　　5 000
    管理费用　　　　　　　　　　　　　　　　　　　　　　2 000
    贷:累计折旧　　　　　　　　　　　　　　　　　　　　7 000
5. 借:生产成本——A 产品　　　　　　　　　　　　　　　40 000
    ——B 产品　　　　　　　　　　　　　　　30 000
    制造费用　　　　　　　　　　　　　　　　　　　　　　25 000
    贷:应付职工薪酬　　　　　　　　　　　　　　　　　　95 000
6. 借:银行存款　　　　　　　　　　　　　　　　　　　　100 000
    贷:长期借款　　　　　　　　　　　　　　　　　　　　100 000
7. 借:生产成本——A 产品　　　　　　　　　　　　　　　20 000
    ——B 产品　　　　　　　　　　　　　　　18 000
    贷:制造费用　　　　　　　　　　　　　　　　　　　　38 000
8. 借:库存商品——A 产品　　　　　　　　　　　　　　　100 000
    ——B 产品　　　　　　　　　　　　　　　80 000
    贷:生产成本——A 产品　　　　　　　　　　　　　　　100 000
    ——B 产品　　　　　　　　　　　　　　　80 000
9. 借:应付账款　　　　　　　　　　　　　　　　　　　　25 000
    贷:银行存款　　　　　　　　　　　　　　　　　　　　25 000
10. 借:银行存款　　　　　　　　　　　　　　　　　　　　30 000
    贷:营业外收入　　　　　　　　　　　　　　　　　　　30 000
11. 借:销售费用　　　　　　　　　　　　　　　　　　　　5 000
    贷:银行存款　　　　　　　　　　　　　　　　　　　　5 000
12. 借:本年利润　　　　　　　　　　　　　　　　　　　　24 000
    贷:所得税费用　　　　　　　　　　　　　　　　　　　24 000

13. 借：本年利润 280 000
    贷：利润分配 280 000
14. 借：利润分配 400 000
    贷：盈余公积 400 000
15. 借：利润分配 300 000
    贷：应付股利 300 000

模拟试题(二)参考答案

一、单选题(本大题共 10 小题,每小题 1 分,共 10 分,将答案填在下表内)

1	2	3	4	5	6	7	8	9	10
D	D	C	C	C	D	D	A	C	A

二、判断题(本大题共 10 小题,每小题 1 分,共 10 分,将答案填在下表内)

1	2	3	4	5	6	7	8	9	10
√	√	×	×	×	√	√	×	×	×

三、名词解释题(本大题共 5 小题,每小题 4 分,本题共 20 分)

1. 负债是过去的交易或事项形成的,会导致企业经济利益流出的一种现时义务。
2. 会计科目是对会计要素进一步分类以后形成的具体项目。
3. 收付实现制是以款项是否实际收到和付出作为确定本期收入和费用的标准。
4. 借贷记账法是以"借"和"贷"为记账符号的一种复式记账方法。
5. 平衡计分卡是常见的绩效考核方式之一,平衡计分卡是从财务、客户、内部运营、学习与成长四个角度,将组织的战略落实为可操作的衡量指标和目标值的一种新型绩效管理体系。

四、计算题(本大题共 3 小题,每小题 10 分,共 30 分)

1. 营业利润 = (130 000 + 2 000) − (65 000 + 1 200) − 20 000 − 19 120 − 800 = 25 880(元)(4 分)
   利润总额 = 258 800 + 1 100 − 500 = 26 480(元)(3 分)
   净利润 = 26 480 − 7 494 = 18 986(元)(3 分)

2.
   (1) 流动比率 = 4 050 000 ÷ 1 080 000 × 100% = 375%(2 分)
   (2) 速动比率 = 1 050 000 ÷ 1 080 000 × 100% = 97.22%(2 分)
   (3) 资产负债率 = 1 930 000 ÷ 9 930 000 × 100% = 19.44%(2 分)
   (4) 销售净利率 = 1 500 000 ÷ 3 000 000 × 100% = 50%(2 分)
   (5) 净资产收益率 = 1 500 000 ÷ 8 000 000 × 100% = 18.75%(2 分)

3.

表 3 账户及其相关资料

账户名称	期初余额		本期发生额		期末余额	
	借方	贷方	借方	贷方	借方	贷方
银行存款	60 600			(30 000) 1 分	(90 600) 1 分	

(续表)

账户名称	期初余额		本期发生额		期末余额	
	借方	贷方	借方	贷方	借方	贷方
固定资产	1 400		(9 600) 1分		(11 000) 1分	
短期借款		11 000		(30 000) 1分		(41 000) 1分
实收资本		51 000		(9 600) 1分		(60 600) 1分
合计	62 000	62 000	(39 600) 0.5分	(39 600) 0.5分	(101 600) 0.5分	(101 600) 0.5分

五、账务处理题(本大题共 15 小题,每小题 2 分,共 30 分)

1. 借:银行存款　　　　　　　　　　　　　　　　　　　　　　300 000
   　　贷:长期借款　　　　　　　　　　　　　　　　　　　　　300 000
2. 借:银行存款　　　　　　　　　　　　　　　　　　　　　　 50 000
   　　贷:短期借款　　　　　　　　　　　　　　　　　　　　　 50 000
3. 借:固定资产　　　　　　　　　　　　　　　　　　　　　　 80 000
   　　贷:实收资本　　　　　　　　　　　　　　　　　　　　　 80 000
4. 借:资本公积　　　　　　　　　　　　　　　　　　　　　　 50 000
   　　贷:实收资本　　　　　　　　　　　　　　　　　　　　　 50 000
5. 借:在建工程　　　　　　　　　　　　　　　　　　　　　　102 000
   　　应交税费——应交增值税(进项税额)　　　　　　　　　　 13 000
   　　贷:银行存款　　　　　　　　　　　　　　　　　　　　　115 000
6. 借:在建工程　　　　　　　　　　　　　　　　　　　　　　 3 000
   　　贷:银行存款　　　　　　　　　　　　　　　　　　　　　 3 000
7. 借:银行存款　　　　　　　　　　　　　　　　　　　　　　 3 390
   　　贷:其他业务收入　　　　　　　　　　　　　　　　　　　 3 000
   　　　　应交税费——应交增值税(销项税额)　　　　　　　　　 390
8. 借:应收账款　　　　　　　　　　　　　　　　　　　　　　 33 900
   　　贷:主营业务收入　　　　　　　　　　　　　　　　　　　 30 000
   　　　　应交税费——应交增值税(销项税额)　　　　　　　　　 3 900
9. 借:固定资产　　　　　　　　　　　　　　　　　　　　　　105 000
   　　贷:在建工程　　　　　　　　　　　　　　　　　　　　　105 000
10. 借:管理费用　　　　　　　　　　　　　　　　　　　　　　 3 500
    　　库存现金　　　　　　　　　　　　　　　　　　　　　　 500
    　　贷:其他应收款　　　　　　　　　　　　　　　　　　　　 4 000
11. 借:销售费用　　　　　　　　　　　　　　　　　　　　　　 3 000
    　　贷:库存现金　　　　　　　　　　　　　　　　　　　　　 3 000
12. 借:营业外支出　　　　　　　　　　　　　　　　　　　　　 4 000
    　　贷:银行存款　　　　　　　　　　　　　　　　　　　　　 4 000

13. 借：银行存款　　　　　　　　　　　　　　　　　　　　40 000
　　　贷：营业外收入　　　　　　　　　　　　　　　　　　　　　40 000
14. 借：主营业务成本　　　　　　　　　　　　　　　　　　20 000
　　　贷：库存商品——甲产品　　　　　　　　　　　　　　　　　20 000
15. 借：财务费用　　　　　　　　　　　　　　　　　　　　　　250
　　　贷：应付利息　　　　　　　　　　　　　　　　　　　　　　　250

参 考 文 献

[1] 财政部. 企业会计准则(2024年版)[M]. 北京:经济科学出版社,2024.
[2] 刘永泽,陈立军. 中级财务会计[M]. 大连:东北财经大学出版社,2021.
[3] 注册会计师全国统一考试精编教材编委会. 注册会计师全国统一考试精编教材:会计[M]. 北京:企业管理出版社,2023.
[4] 徐伟丽,程晶晶,齐培培. 管理会计[M]. 上海:立信会计出版社,2016.
[5] 陈国辉,迟旭升. 基础会计[M]. 大连:东北财经大学出版社,2021.
[6] 陈德英,马俊云,李小林. 基础会计[M]. 上海:立信会计出版社,2022.
[7] 朱小平,秦玉熙,袁蓉丽. 基础会计[M]. 北京:中国人民大学出版社,2021.